돈이 되는 유망지역만 콕 찍어주는

돈이 되는 유망지역만 콕 찍어주는

경기도 부동산 실전투자 교과서

부동산 애널리스트 **김종선**

비전코리아

왜 지금 경기도에 주목해야 하는가?

2007년 12월 31일 현재 경기도는 27개 시 4개 군에 총 418만 3,962세대 1,134만 241명의 인구가 살고 있는 대한민국을 대표하는 지역이다. 경기도 시·군 현황을 살펴보면, 그동안 경기도가 경제·사회·문화적 측면에서 비약적인 성장을 보여왔다는 점이 우선 눈에 띈다. 실수요 목적이든 재테크 목적이든 관계없이 부동산에 관심이 있는 사람이라면 누구나 한 번쯤 짝사랑했을 법한 지역들로 꽉 차 있음을 알 수 있다. 물론 그 중심에는 경기도 각 시·군에 걸쳐 조성이 완료된 총 110곳에 이르는 택지개발사업이 있고 특히 수도권 제1기 신도시들이 매우 큰 역할을 담당해온 것이 사실이다.

수도권 제1기 신도시는 분당신도시(성남시), 일산신도시(고양시), 평촌신도시(안양시), 산본신도시(군포시), 중동신도시(부천시)를 가리킨다. 그 면면에서 느껴지는 것처럼 이들 수도권 제1기 신도시들은 하나같이 주거·문화·경제·교통·행정 등 전체적인 측면에서 수도권을 대표하는 핵심도시로서 그 기능을 다하고 있다. 이에 따라 자연스럽게 부동산 가격 역시 전국 최고수준을 자랑하고 있는 상태다.

그렇다면 경기도를 주목해야 하는 이유가 현재 수도권을 대표하는 신도시들이 경기도에 자리 잡고 있어서일까? 답부터 말하자면 아니다. 경기도를 주목해야 하는 진짜 이유는 과거나 현재가 아닌 미래에서 찾아야 하기 때문이다.

2008년 6월 현재 경기도에서 진행 중이거나 진행 예정인 택지개발지구가 무려 70곳에 달하고 있고, 그중에는 부동산 재테크에 큰 관심이 없는 사람들조차도 한 번쯤은 들어보았을 수도권 제2기 신도시가 보석처럼 반짝거리고 있다는 점이 바로 경기도를 주목해야 하는 진정한 이유인 것이다.

수도권 제2기 신도시인 판교신도시(성남시), 동탄1신도시(화성시), 동탄2신도시(화성시), 김포한강신도시(김포시), 파주신도시(파주시), 광교신도시(수원시), 양주(옥정·회천)신도시(양주시), 고덕국제도시(평택시) 등은 수도권 제1기 신도시와 마찬가지로 수도권을 대표하는 핵심도시로 그 기능을 발휘할 것으로 예상된다. 이는 곧 경기도의 미래가치를 돋보이게 하는 동력인 동시에 'BUY경기도'를 적극 고려해야 하는 이유라고 할 수 있다.

'2020 수도권광역도시계획'을 보면 서울을 중심으로 경기도의 주요 도시들인 파주시, 동두천시, 수원시, 평택시, 이천시, 남양주시 등이 1차·2차 거점도시 및 지역중심도시로 각각 중요한 역할을 담당하고 있음을 알 수 있다. 국가 전체적인 측면에서 경기도가 차지하는 비중이 어떠한지를 단적으로 알 수 있게 해주는 대목이 아닐 수 없다.

'BUY 경기도'에 적극 나서야 하는 또 다른 이유가 있으니 수도권 규제완화가 바로 그것이다. 수도권 규제완화에 따라 가장 수혜가 기대되는 곳이 바로 경기도이기 때문이다. 현재 경기도는 행정구역 전체가 수도권정비계획법에 따른 규제를 적용받고 있는 상태로 과밀억제권역인 수원, 성남 등 14개 시는 공량총량제 등 공업입지 제한과 함께, 4년제 대학의 신·증설 금지, 대규모 택지개발 금지 등 개발사업의 제한을 받고 있다.

특히 오산, 안산 등 14개 시·군은 성장관리권역으로, 광주, 양평, 여주 등 8개 시·군은 자연보전권역으로 각각 묶여 각종 개발이 제한되고 있는 상태다. 또한 5,322㎢와 4,010㎢에 달하는 면적이 각각 군사시설보호구역과 개발제한구역의 적응을 받아 각종 개발행위가 제한되고 있고, 자연보전권역 중 북한강 및 남한강, 경안천 일원 7개 시·군은 팔당특별대책권역, 상수원보호구역, 수변구역 지정에 따른 중복 규제까지 가해지고 있는 상태다.

따라서 최근 국토해양부가 중장기적으로 수도권을 획일적으로 규제하고 있는 '3대 권역제'를 대신해 해당 지역의 특성에 따라 선별적으로 규제하는 방식으로 규제 위주의 수도권 정책을 대폭 수정할 방침을 공식화한 것은 수도권 제2기 신도시, 경기도의 미래가치를 더욱 돋보이게 하는 촉매제가 될 것으로 예상된다.

그럼 우리가 왜 경기도에 주목해야 할까?

정답은 그곳에 부동산 재테크의 미래가 있기 때문이다. 이제 'BUY 경기도'로 부자의 길을 탐색하기 바란다.

Contents

|프롤로그|　왜 지금 경기도에 주목해야 하는가?　　4

01
뜯어보면 볼수록 돈 되는
부동산 투자 유망지

01 고양시, 최적의 명품신도시

1. 고양시의 현황과 개발계획　　19

　고양시는 어떤 곳인가　　20

　2020년 고양시 도시기본계획 뜯어보기　　22

　3개의 대생활권과 7개의 중생활권을 파악하라　　23

　개발가능지는 이곳이다　　27

　고양시 개발축은 이곳이다　　27

　일산서 대생활권, 여기가 포인트다　　28

　일산동 대생활권, 여기가 포인트다　　29

　덕양 대생활권, 여기가 포인트다　　30

2. 고양시를 공략하는 투자 포인트　　31

　투자 포인트 1　고양시는 명품신도시 후보지　　31

　투자 포인트 2　'고양 브로멕스 프로젝트'에 물어보라　　32

　투자 포인트 3　뉴타운을 주목하라　　33

　투자 포인트 4　기존 도심 중 가치투자 대상을 선점하라　　33

　투자 포인트 5　새 정부의 화두는 한반도 대운하　　36

<u>02</u> 파주시, 떠오르는 블루칩

1. 파주시의 현황과 개발계획	39
파주시는 어떤 곳인가	40
2025년 파주시 도시기본계획 뜯어보기	43
파주시 도시공간구조 구상의 핵심은 이것이다	46
토지이용 종합구상에 나타난 4개축, 투자의 나침반이다	47
파주시 개발가능지를 파악하라	48
2. 파주시를 공략하는 투자 포인트	49
투자 포인트 1 시가화예정용지를 읽으면 돈이 보인다	49
투자 포인트 2 교통의 요지에 돈을 묻어라	52
투자 포인트 3 도심 및 비도심 주거환경계획을 파악하라	54
투자 포인트 4 파주시에도 피해야 할 곳이 있다	55
투자 포인트 5 한반도 대운하를 주시하라	56

<u>03</u> 평택시, 환황해권 국제화 중심도시

1. 평택시의 현황과 개발계획	59
평택시, 이런 곳이다	59
2020년 평택시 도시기본계획 뜯어보기	61
평택시 도시공간구조를 읽어라	63
평택시 생활권 구상을 파악하라	66
2. 평택시를 공략하는 투자 포인트	70
투자 포인트 1 개발가능지를 알아야 성공한다	70
투자 포인트 2 단계별 개발계획을 활용하라	70
투자 포인트 3 시가화예정용지를 분석하라	76
투자 포인트 4 뛰어난 자족기능의 고덕 국제신도시	77
투자 포인트 5 평택항 배후단지를 주목하라	78

투자 포인트 6 뉴타운을 노려라 79

'BUY 평택시', 이것만은 주의하라 80

04 성남시, 비상은 이미 시작되었다

1. 성남시의 현황과 개발계획 83

성남시의 진짜 모습은 이것이다 84

2020년 성남시 도시기본계획 뜯어보기 86

성남시 공간구조 구상을 주목하라 87

또 하나의 투자 포인트, 생활권을 주목하라 91

토지이용계획의 핵심을 파악하라 93

여수동 신행정타운＋모란역세권 개발＝구도심 환골탈태 프로젝트 95

대장동 전원주택단지의 향방을 주목하라 96

개발제한구역(그린벨트) 우선해제지역을 주목하라 97

자족기능을 보완해줄 동원동 제1산업단지를 주목하라 100

신흥동 제1공단 산업부지의 활용 방향을 주목하라 101

2. 성남시를 공략하는 투자 포인트 102

투자 포인트 1 단계별 개발계획을 활용해 위험을 분산하라 102

투자 포인트 2 교통여건 개선을 주목하라 105

투자 포인트 3 도촌 택지개발사업지구가 돈 된다 112

투자 포인트 4 '도시·주거환경 정비기본계획'을 주목하라 113

투자 포인트 5 판교, 아직 잔치는 끝나지 않았다 117

'BUY 성남시', 이것만은 주의하라 118

05 오산시, 새로운 도약을 준비한다

1. 오산시의 현황과 개발계획 120

오산시, 이런 곳이다 121

2020년 오산시 도시기본계획 뜯어보기   123

현재는 미래를 예측할 수 있게 해주는 바로미터   124

오산시 공간구조 구상의 핵심은 3개 중심이다   126

오산시 투자, 생활권을 파악하라   129

오산시 개발가능지를 파악하라   130

2. 오산시를 공략하는 투자 포인트   134

투자 포인트 1   토지이용계획을 주목하라   134

투자 포인트 2   단계별 개발계획에 따라 투자하라   138

투자 포인트 3   기존 도심을 주목하라   140

투자 포인트 4   뉴타운 사업 추진지역을 주목하라   141

투자 포인트 5   세교 택지개발지구와 개발수혜지역을 주목하라   142

'BUY 오산시', 이것만은 주의하라   143

06 용인시, 최고의 고품격 도시를 꿈꾼다

1. 용인시의 현황과 개발계획   146

용인시, 어떤 곳인가   147

2020년 용인시 도시기본계획 뜯어보기   152

수지생활권 투자는 추가적인 기반시설 확보 수준을 활용하라   154

기흥 · 구성생활권, 신도시 자족생활권이라는 점에 주목하라   155

용인생활권, 경전철 예정지역과 도심공업기능 이전을 주목하라   155

남이생활권, 남부 복합자족생활권이다   156

백원생활권, 관광 · 휴양기능의 강화가 포인트다   158

2. 용인시를 공략하는 투자 포인트   159

투자 포인트 1   개발가능지들을 장기적 관점으로 접근하라   159

투자 포인트 2   단계별 개발계획을 고려하라   161

투자 포인트 3   시가화예정구역을 주목하라   169

투자 포인트 4 역세권 정비구상을 주목하라		169
투자 포인트 5 도시·주거환경 정비기본계획을 분석하라		169
투자 포인트 6 동천, 신봉, 성복, 수지, 죽전, 보정, 동백, 흥덕,		
상현지구를 주목하라		174
'BUY 용인시', 이것만은 조심하라		175

07 수원시, 명품도시로 발돋움한다

1. 수원시의 현황과 개발계획	178
이곳이 바로 수원시다	180
2020년 수원시 도시기본계획 뜯어보기	182
화성생활권 여기가 포인트다	184
영통생활권은 앞으로도 탄탄대로다	185
광교생활권은 광교신도시 수혜지역이 포인트다	186
서수원생활권은 공공기관 이전에 따른	
개발가능지 주변이 포인트다	186
북수원생활권은 SK케미컬 이전부지와	
화서역 역세권이 포인트다	191
2. 수원시를 공략하는 투자 포인트	192
투자 포인트 1 교통축을 파악하라	192
투자 포인트 2 도시 발전축을 읽으면 돈이 보인다	194
투자 포인트 3 자족기능 강화에 주목하라	195
투자 포인트 4 구도심이 돈 되는 세상이다	196
투자 포인트 5 호재 많은 권선구를 주목하라	198
투자 포인트 6 만인의 연인 광교신도시	199

08 김포시, 미래가 기대되는 도시

1. 김포시의 현황과 개발계획   204

김포시, 이런 곳이다   205

2020년 김포시 도시기본계획 뜯어보기   206

김포시 도시공간구조 구상은 이렇다   207

김포시 생활권 구상을 읽어라   209

2. 김포시를 공략하는 투자 포인트   211

투자 포인트 1   단계별 개발계획으로 효율적으로 투자하라   211

투자 포인트 2   최대의 투자 포인트는 김포 한강신도시   213

투자 포인트 3   구도심을 주목하라   216

투자 포인트 4   한반도 대운하의 조강터미널   217

투자 포인트 5   개발축을 주목하라   218

투자 포인트 6   '시가화예정용지' 가 돈 된다   220

투자 포인트 7   겹호재가 돋보이는 통진읍   221

'BUY 김포시' , 이것만은 기억하자   222

09 남양주시, 떠오르는 가치주

1. 남양주의 현황과 개발계획   224

남양주시, 어떤 곳인가   225

2020년 남양주시 도시기본계획 뜯어보기   226

남양주시의 현재 모습 이렇다   228

이것이 남양주시 도시공간구조의 핵심이다   233

생활권 구상을 읽으면 투자처가 보인다   236

도시기본계획에 나타난 토지이용계획의 핵심을 잡아라   239

2. 남양주시를 공략하는 투자 포인트   241

   투자 포인트 1 시가화예정용지를 주목하라   241

   투자 포인트 2 개발가능지에 돈을 묻어라   243

   투자 포인트 3 단계별 개발계획을 주목하라   244

   투자 포인트 4 도시 발전축을 주목하라   246

   투자 포인트 5 도심 및 시가지 정비 방향을 읽어라   248

   투자 포인트 6 역세권 개발을 주목하라   251

   투자 포인트 7 강화되는 자족기능을 주목하라   253

   'BUY 남양주' 이것만은 주의하라   255

02

주목하면 할수록 돈 되는
도시·주거환경정비 기본계획

주거생활의 질을 높이는 도시·주거환경정비 기본계획   258

1. 부천시의 새로운 도약!

   그 중심에는 도시·주거환경정비 기본계획이 있다   267

2. 성남시, 도시·주거환경정비 기본계획으로 비상을 꿈꾼다   274

3. 안양시, 가치투자, 그리고 도시·주거환경정비 기본계획   279

4. 의정부시 저평가 메리트?

   도시·주거환경정비 기본계획에서 찾아라   286

5. 안산시의 대형 호재, 도시·주거환경정비 기본계획 속에 있다   290

6. 용인시에 날개를 달아줄 도시·주거환경정비 기본계획   296

7. 수원시, 광교신도시와 함께 날아오를

   도시·주거환경정비 기본계획을 잡아라   302

03

경기도 뉴타운이 비상한다

엄청난 파급 효과를 불러올 뉴타운 사업   310

1. 고양시, 이제는 명품 뉴타운이다   312
　　원당 뉴타운 | 능곡 뉴타운 | 일산 뉴타운

2. 부천시, 환골탈태의 핵심 뉴타운   319
　　소사 뉴타운 | 원미 뉴타운 | 고강 뉴타운

3. 돋보이는 구리시, 돋보이는 인창 · 수택지구 뉴타운   326

4. 광명시 투자 포인트, 광명 뉴타운에 물어라   330
　　광명 뉴타운

5. 뉴타운, 군포시를 춤추게 하다   334
　　금정역세권 뉴타운 | 군포역세권 뉴타운

04

부동산 재테크, 또 다시 길을 주목하라

길이 나는 곳에 돈이 난다   342

1. 제2경부고속도로, 40여 년 만에 찾아온 황금 기회   344

2. 제2서해안고속도로, 수도권과 서해안을 연결하는 도로   347

3. 수도권 제2외곽순환도로, 서울을 둘러싸는 중추 순환도로   350

4. 제2영동고속도로, 동서로 연결하는 또 하나의 개발축   352

5. 용인 경전철, 미래가치가 돋보이는 유망지역   354

6. 성남~여주선, 돈 되는 전철 노선   355

|에필로그| 358

01 뜯어보면 볼수록 돈 되는 부동산 투자 유망지

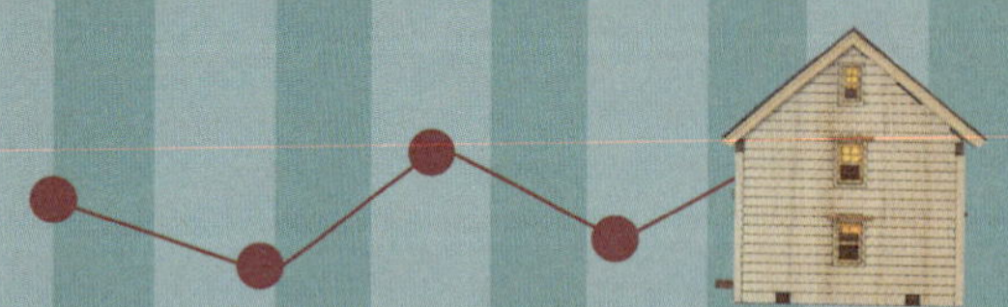

경기도는 새로운 경기도, 발전하는 경기도 그리고 BUY 경기도로 거듭나기 위해서 '2020 수도권 광역도시계획'을 발표했다. 수도권 규제완화에 따라 가장 수혜가 기대되는 곳이 바로 경기도이기 때문이다. 1부에서는 경기도 27개의 도시 가운데 뜯어보면 뜯어볼수록 돈이 되는 부동산 투자 유망지역을 9개 도시로 선별했다. 'BUY 경기도!'의 핵심전략이 바로 이 이 도시들을 어떻게 공략하느냐에 달려 있다.

01 고양시, 최적의 명품신도시

1. 고양시의 현황과 개발계획

2. 고양시를 공략하는 투자 포인트

02 파주시, 떠오르는 블루칩

1. 파주시의 현황과 개발계획

2. 파주시를 공략하는 투자 포인트

03 평택시, 환황해권 국제화 중심도시

1. 평택시의 현황과 개발계획

2. 평택시를 공략하는 투자 포인트

04 성남시, 비상은 이미 시작되었다

1. 성남시의 현황과 개발계획

2. 성남시를 공략하는 투자 포인트

05 오산시, 새로운 도약을 준비한다

1. 오산시의 현황과 개발계획

2. 오산시를 공략하는 투자 포인트

06 용인시, 최고의 고품격 도시를 꿈꾼다

1. 용인시의 현황과 개발계획

2. 용인시를 공략하는 투자 포인트

07 수원시, 명품도시로 발돋움한다

1. 수원시의 현황과 개발계획

2. 수원시를 공략하는 투자 포인트

08 김포시, 미래가 기대되는 도시

1. 김포시의 현황과 개발계획

2. 김포시를 공략하는 투자 포인트

09 남양주시, 떠오르는 가치주

1. 남양주의 현황과 개발계획

2. 남양주시를 공략하는 투자 포인트

01

고양시,
최적의 **명품신도시**

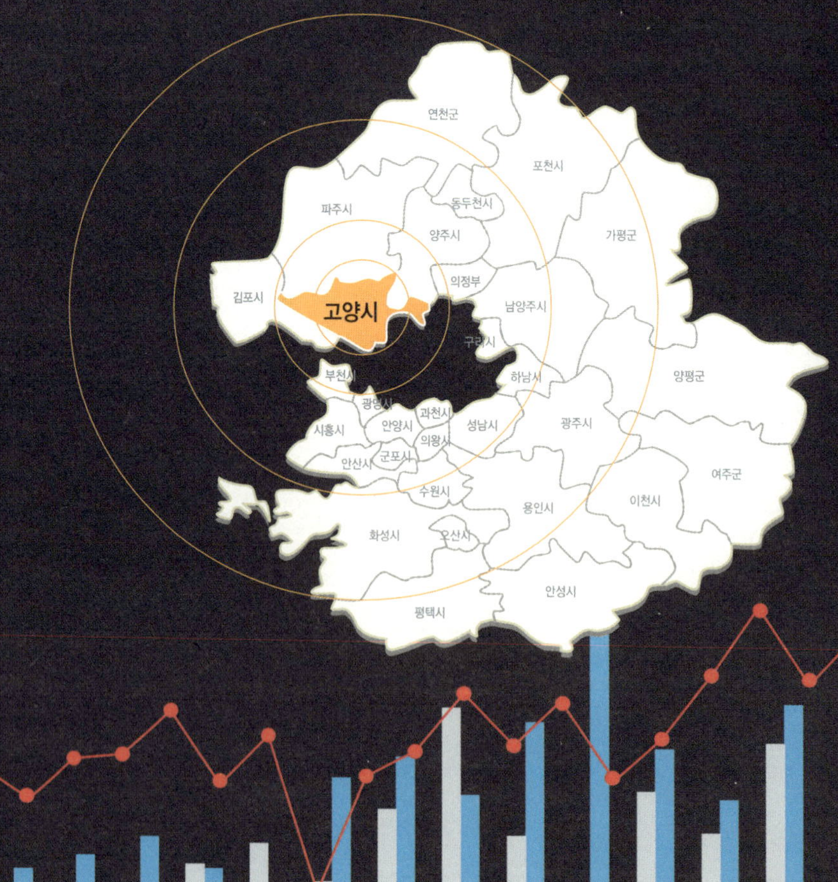

고양시의 현황과 개발계획

다음은 경기도의 어느 특정 시에 대한 설명들이다. 이미 큰 제목을 보았더라도 무시하고 곰곰이 음미하면서 생각해보자. 과연 어느 곳을 가리키는 특징들일까?

첫째, 경기도 북서쪽에 있고, 남동쪽으로 서울, 북동쪽으로 양주, 북서쪽으로 파주, 남서쪽으로 한강을 끼고 김포와 접하고 있는 수도권 서북부의 핵심도시이며, 남북관계호전에 따른 수혜가 기대되는 곳.

둘째, 지난 2006년 역동적으로 발전하는 세계 10대 도시로 선정된 곳.

셋째, 전체 면적 267.33㎢로 우리나라 국토의 0.3%, 경기도 전체 면적의 2.6%를 차지하고 있는 곳.

넷째, 강력한 명품신도시 후보지면서 동시에 수도권을 대표하는 수도권 제1기 신도시가 있는 곳.

다섯째, 지역적 특성으로 산업단지를 조성할 수 없다는 약점을 극복하기 위해 '브로멕스(Broadcasting and Multimedia Complex) 프로젝트'를 추진하여 자족도시를 실현하려는 곳.

여섯째, 국제전시장인 킨텍스(Kintex)와 한류우드로 유명하고 세계꽃박람회가 개최되는 곳.

일곱째, 1990년대 신도시가 조성된 이래 신도심과 구도심 간의 격차가 크게 발생해 현재는 적극적으로 구도심 개발을 추진 중에 있는 곳.

정답은 고양시. 그렇다. 모두 고양시를 설명하는 말들이다. 현재 고양시가 갖고 있는 최대 강점을 단순하면서도 명확하게 잘 나타내주고 있다.

고양시는 어떤 곳인가

'분당급 신도시'로 '동탄2지구'가 확정·발표되기 전까지 부동산 시장은 과연 어느 곳이 분당급 신도시로 최종 선택될 것이냐를 놓고 설왕설래했다. 더욱이 경기도에서 명품신도시 조성을 꾸준히 추진하겠다는 계획이 이미 발표되었던 터라 그 관심은 상상을 초월할 정도였다. 이런 분위기 속에 강력한 후보지로 거론되던 곳 중 한 곳이 바로 고양시 송포동, 법곳동, 구산동, 가좌동, 송산동 일대였다.

이 지역들이 자천타천 거론되던 주요 이유 중의 하나는 그 지리적 위치 때문이다. 일단 이 지역 일대는 논밭이 대부분인 평야지대로 아직 개발의 손길이 미치지 않은 곳들이다. 하지만 일산신도시와 파주출판단지 사이에 위치하고 있을 뿐만 아니라 한류우드, 한국국제전시단지 개발에 따른 파급 효과가 매우 큰 곳이라는 장점이 있다. 고양시에 투자자들의 관심이 부쩍 늘고 있는 또 다른 이유는 신규 개발계획과 함께 기존 구도심 개발이 적극 추진되고 있다는 점에서도 찾을 수 있다.

1990년대 일산신도시가 들어선 이래 고양시에는 일산신도시를 중심으로 하는 신도심과 기존 구도심 간에 적지 않은 격차가 존재해왔다. 이는

〈그림 1-1〉 고양시 현황도

부동산에 관심이 없는 사람들조차도 익히 알고 있는 사실이다. 그러나 도시 내 신·구도심 간 양극화 문제는 특별히 고양시만의 문제가 아닌 수도권 전체의 문제라고 할 수 있다. '2020년 수도권 광역도시계획'에서 수도권의 약점 요인으로 "수도권 내 도시개발은 신규 토지개발에 중점을 둔 반면, 기성시가지는 상대적으로 방치되어 급속히 노후·불량화되고 있으며, 일부에서는 재건축·재개발이 무질서하게 진행되면서 기반시설 부족과 경관 파괴로 기성시가지 내 도시환경이 열악해지고 있다"는 점을 지적하고 있는 것만 봐도 신·구도심 간 양극화 문제의 심각성을 확인할 수 있다.

그런데 신·구도심 간 발전격차가 수도권 전체의 문제임에도 불구하고 고양시에 이목이 집중되는 이유는 뭘까? 바로 개발효과 때문이다. 아무리 낙후되어 도심재생사업의 필요성이 있다고 해도 개발효과가 적다면 개발의 필요성은 크게 줄어들 수밖에 없다. 결국 고양시가 가장 강력한 명품신도시 후보지로 주목을 받는 이유는 뛰어난 개발효과 때문인 것이다.

현재 고양시는 한 단계 도약을 위한 다양한 개발 프로젝트를 활발히 추진하고 있다. 특히 자족기능의 강화에 초점을 두면서 개발계획을 수립하고 이를 착착 진행하고 있어 과거 고양시의 가장 큰 약점으로 지적되어 왔던 자족기능 문제를 근본적으로 해결할 수 있을 것으로 예상된다. 세계적인 규모로 조성된 한국국제전시장(킨텍스), 한류우드, 동북아 최고의 디지털 미디어 클러스터를 목표로 적극 추진 중인 '고양 브로멕스 프로젝트'가 좋은 예다. 위와 같은 도시기능의 강화를 통해 고양시는 오는 2020년 인구 114만 명의 수도권 서북부 중심도시로 거듭날 전망이다.

2020년 고양시 도시기본계획 뜯어보기

2020년 고양시 도시기본계획에 따르면 고양시는 녹색전원도시, 문화 · 복지도시, 정보교류도시로 특화해 발전할 전망이다. 이를 위해 고양시 전체를 일산 도심권을 중심으로 하는 1도심에 2지구 중심, 화정 부도

〈표 1-1〉 고양시의 공간구조계획

구 분		주요 시가지	공간에서의 위상
도심	1도심	일산	• 서울 · 파주와 대응하면서 자족적 경쟁력 확보 • 각 중(中)생활권 중심지 • 국제업무컨벤션, 지식정보, 금융, 중심상업 · 위락 기능 담당
부도심	1부도심	화정	• 각 중생활권 중심지 • 미디어정보, 화훼농업, 유통 · 물류 기능
지역중심	2지역	삼송, 화전	• 각 지역 생활권의 중심지
지구중심	3지구	가좌, 고봉, 벽제	• 비도시지역이나 외곽지역의 중심지

자료 : 2020년 고양시 도시기본계획

(그림 1-2) 고양시 도시공간구조 구상도

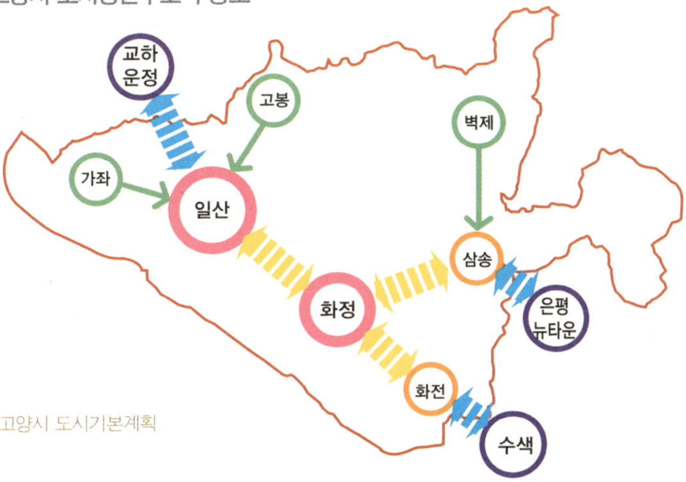

자료 : 2020년 고양시 도시기본계획

심권을 중심으로 하는 1부도심에 2지역과 1지구 중심으로 발전시켜 나갈 계획이다.

　고양시 도시공간구조 구상도와 공간구조계획을 잘 살펴보면 일산신도시의 가치는 미래시점에서도 고양시를 대표할 수 있을 것이라는 전망을 가능케 해준다. 여전히 일산신도시가 매력적인 투자처라고 할 수 있다. 또한 부도심인 화정 역시 각 생활권의 중심지이면서 자족기능의 강화를 통해 현재에 비해 엄청난 발전이 이루어질 수 있는 지역으로 부족함이 없는 지역이라고 할 수 있다.

3개의 대생활권과 7개의 중생활권을 파악하라

　2020년 고양시 도시기본계획에서 고양시 공간구조계획과 연계해 반드시 챙겨보아야 할 것이 있다. 바로 3개의 대(大)생활권과 7개의 중(中)생활권으로 구성된 생활권이다.

　각각의 생활권은 법정동명을 기준으로 설정되었는데, 아무래도 가장 관심을 끄는 부분으로 일산서 대생활권을 들 수 있다. 바로 가장 강력한 명품신도시 후보지역이기 때문이다. 재미있는 사실은 위와 같은 예상이 도시기본계획으로 뒷받침되고 있다는 점이다.

일산서 대생활권은 전원의 저밀주거와 함께 개발사업에 의한 일부 고밀 주거기능을 갖춘 대화 생활권과, 국제전시 및 관람기능과 중심상업·위락 기능을 갖춘 일산 중생활권을 포함하는 곳으로 고양시의 핵심지역

〈표 1-2〉 고양시 생활권 특성

대생활권	중생활권	법정동명	생활권별 특성
일산서	대화	구산, 가좌, 덕이, 법곳, 대화	• 전원의 저밀 주거와 개발사업에 의한 일부 고밀 주거기능
	일산	탄현, 일산, 주엽	• 국제전시 및 관람기능 • 중심상업·위락기능
일산동	고봉	설문, 지영, 성석, 문봉, 사리현, 식사, 중산, 풍동, 산황	• 계획적 개발에 의한 산업기능
	백마	정발산, 마두, 백석, 장항	• 지식기반 정보산업기능 • IT·관광기능 • 국제회의 및 컨벤션기능
덕양	삼송	내유, 관산, 대자, 고양, 벽제, 선유, 원당, 신원, 삼송, 오금, 지축, 효자, 북한	• 관광·휴양기능 • 개발사업에 의한 중밀도 주거기능
	화정	주교, 성사, 내곡, 대장, 화정, 신평, 토당, 행신, 강매, 행주외, 행주내	• 화훼산업특화 및 유통·물류기능
	화전	원흥, 동산, 도내, 용두, 화전, 향동, 현천, 덕은	• 미디어기능/저밀 주거기능 • 관광·휴양기능

자료 : 2020년 고양시 도시기본계획

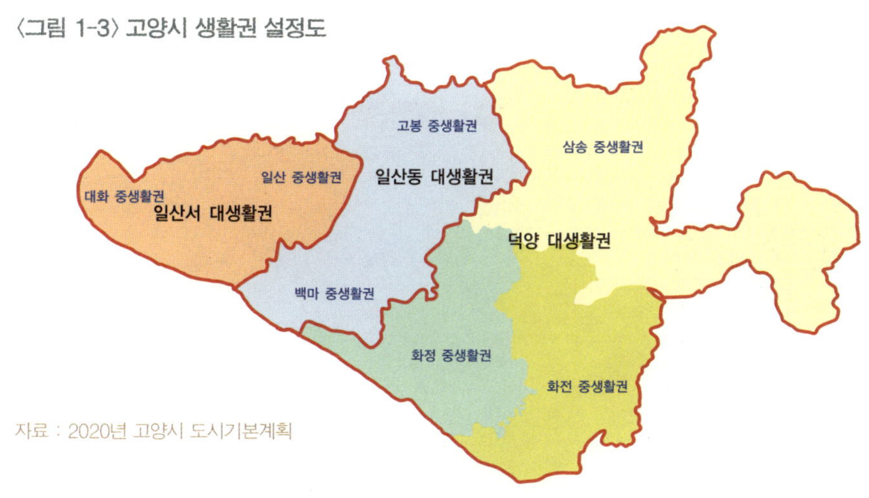

〈그림 1-3〉 고양시 생활권 설정도

자료 : 2020년 고양시 도시기본계획

으로 탈바꿈할 수 있도록 도시기본계획이 수립된 곳이다. 한마디로 말하면 개발사업을 통해 신도시로 조성할 수 있는 길이 열려 있는 곳이라는 뜻이다.

이제 각 생활권이 어떻게 나뉘어 있는지 좀 더 자세히 알아보자. 이는 생활권 설정도를 통해서 확인할 수 있다. 2020년이 되면 각각의 대생활권의 인구는 일산서 대생활권이 33만 명, 일산동 대생활권이 27만 명, 덕양 대생활권이 46만 명에 이르게 된다. 현재보다 각각 5만여 명, 4만 1,000여 명, 7만 4,000여 명이 증가할\ 수치다.

이는 고양시 전체에 시가화예정지 총 1,402만㎡이 공급됨에 따라 각각의 대생활권에 공급될 시가화예정지가 반영된 결과이다. 고양시에 공급될 시가화예정용지는 총 12곳이다. 일산서 대생활권에 약 80만㎡ 규모로 2곳, 일산동 대생활권에 약 328만㎡ 규모로 5곳, 덕양 대생활권에는 871만㎡ 규모로 4곳, 그리고 제2종 지구단위계획 물량이 각 생활권별로 공급될 계획이다.

〈그림 1-4〉 고양시 토지이용 현황

개발제한구역
국도39호선
일산구
덕양구
지방도310호선
농협진흥지역
대지
임야
하천
기타
자료 : 2020년 고양시 도시기본계획

〈그림 1-5〉 고양시 도시기본계획에 따른 개발가능지

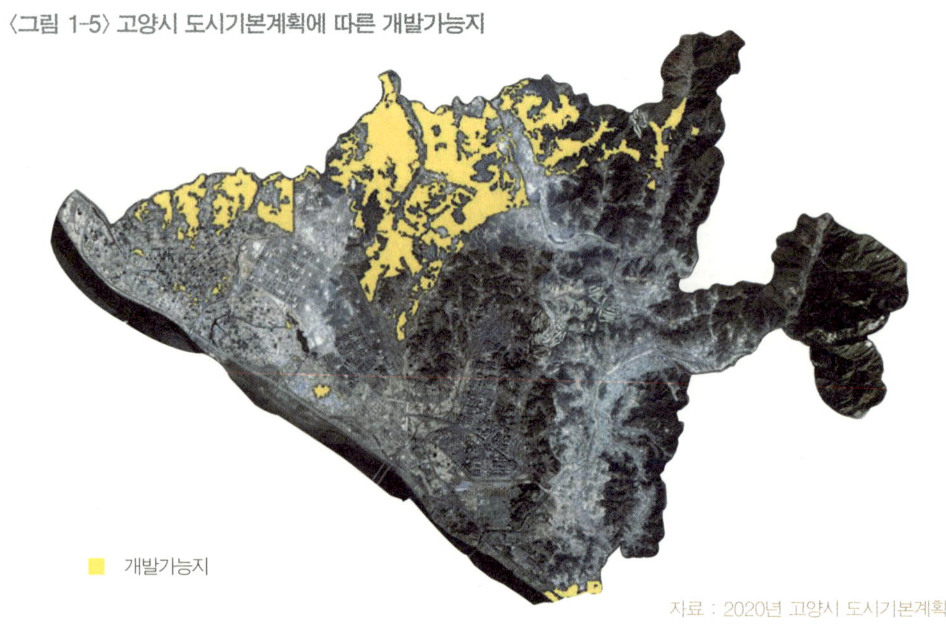
개발가능지
자료 : 2020년 고양시 도시기본계획

개발가능지는 이곳이다

〈그림 1-4〉와 〈그림 1-5〉는 보는 바와 같이 각각 고양시의 현재 토지이용 현황과 도시기본계획에 따른 개발가능지를 나타낸 그림이다. 〈그림 1-4〉를 보면 지방도 310호선과 국도 39호선이 만나는 곳을 중심으로 위쪽 부분에 대부분의 개발가능지가 몰려 있다는 사실을 발견할 수 있다. 국도 39호선은 서울~의정부를 연결하는 도로이고, 지방도 310호선은 오금동~파주를 연결하는 도로다. 대부분의 개발가능지를 지나는 국도 39호선과 지방도 310호선은 재테크 1번지이자 황금노선이라고 할 수 있다. 한편 개발가능지를 생활권으로 따져 본다면 삼송 중(中)생활권, 고봉 중생활권, 일산 중생활권, 대화 중생활권에 개발가능지가 집중되었음을 알 수 있다. 장기적으로 이들 지역이 유망한 투자처가 될 수 있다.

고양시 개발축은 이곳이다

향후 고양시는 개발축을 중심으로 성장할 것이 확실하다. 이는 2025년 고양시 도시기본계획(안)에서도 확인할 수 있다. 이에 따르면 고양시의 개발축은 크게 3개로 설정되어 있다. 동서성장축, 동서성장보조축, 정비 및 보전축이 그것이다.

동서주성장축은 자족도시 일산으로 변모해 나가는 기반이 될 킨텍스를 중심으로 하는 고부가가치의 지식기반 정보산업 벨트축〔파주출판문화단지~가좌대화~킨텍스~장항동(지식기반정보단지)~대장동(행정업무타운)~능곡~행신~화전(항공대테크노파크)~덕은동(미디어밸리)~상암DMC〕이다. 동서성장보조축은 지방도 356호선과 지방도 359호선을 따라 〔파주운정~탄현~일산~풍동식사~화정~삼송지축~은평뉴타운〕이다.

한편 남북성장보조축은 개발가용지가 풍부한 고봉을 시점으로 도시개발사업이나 택지개발사업을 통하여 계획적 개발을 유도〔식사~풍동~장항동(지식기반정보단지)〕하는 방향으로 설정되었다. 마지막으로 정비 및 보전축은 개발제한구역과 외곽산림지역을 중심으로 한강~국사봉~개명산으로 이어지도록 설정되었다. 개발축을 중심으로 장기적 관점에서 투자를 할 경우 결코 실패하지 않을 것으로 예상된다.

일산서 대생활권, 여기가 포인트다

일산서 대생활권에서 주목해야 할 곳은 단연 두 곳의 시가화예정용지와 그 주변이다. 일산 동구 송포동 일원에는 킨텍스가 74만 7,100㎡ 규모로 확장된다. 이곳에는 전시관, 컨벤션센터, 공연행사장, 문화센터, 공항터미널 등 국제 업무시설과 그 부대시설들이 들어서게 된다. 탄현 도시개발지구는 5만 2,892㎡ 규모로 기존의 탄현동 주상복합부지를 도시기본계획에 따라 시가화예정지구로 지정한 것이다.

탄현 도시개발지구는 일산신도시 옆 탄현역 주변에 위치하고 있는데, 이곳에는 대규모 주상복합아파트 단지가 조성될 예정이다. 시가화예정용지로 지정되기 전부터 분당의 파크뷰와 비교되면서 수도권 서북부지역 집값을 뒤흔들 초고층·초대형 주상복합 아파트로 주목을 받아왔다는 점에서 큰 관심을 가져볼 만한 곳이라고 할 수 있다. 백석역 일대 개발, 한류우드 사업과 함께 대형 호재로 작용할 수 있다는 점 역시 탄현 도시개발지구의 강점 중 하나다.

결국 일산 대생활권의 투자 포인트는 토지의 경우 비록 가격이 많이 상승하기는 했지만 킨텍스 인근의 장항동, 법곳동, 대화동 일대 및 탄현역 주변이 유망하고 아파트의 경우에는 대화지구 내 아파트 단지, 문촌마을, 강선마을, 성저마을 등과 같은 일산신도시 대화동 일대 아파트 단지와 탄

현역 일대 탄현 1, 2구역 및 덕이 택지개발지구 등을 투자 유망한 곳으로 꼽을 수 있다.

일산동 대생활권, 여기가 포인트다

일산동 대생활권에는 총 5곳의 시가화예정용지가 도시기본계획에 반영되어 있다. 설문산업단지, 경진학교, 한류우드, 지식기반정보단지, 풍산지구 등이 그것이다. 이 중 가장 주목해야 할 곳은 단연 일산 동구 장항동, 백석동 일원에 201만 9,835㎡ 규모로 조성되는 지식기반정보단지와 99만 1,735㎡ 규모로 조성되는 한류우드 사업이다.

특히 장항동 지식기반정보단지는 브로멕스 프로젝트 추진에 중추적 기능을 담당할 것이라는 점에서 매우 중요한 곳이다. 이곳에는 방송 및 멀

티미디어파크, 정보통신센터, 주거시설 등이 들어설 예정이다. 브로멕스 프로젝트가 고양시 자족도시 만들기 프로젝트라는 사실을 알 수 있게 해주는 대목이다. 실제로 브로멕스 프로젝트에 의해 조성되는 지식기반정보단지는 고양시 성장 주축에 위치해 있다. 주요 수혜지역은 장항동, 백석동 일원 토지다.

그러나 이들 지역은 구산동, 송포동 일대와 함께 명품신도시가 들어설 것이라는 기대감으로 가격이 이미 큰 폭으로 오른 상태라 단기적인 접근은 곤란한 지역이다. 다행히 장기적인 관점에서는 여전히 매력적인 투자처로 볼 수 있는 만큼 이를 고려한 투자 전략의 수립이 필요한 곳이다.

덕양 대생활권, 여기가 포인트다

덕양 대생활권은 총 4곳의 시가화예정용지가 도시기본계획에 반영되어 있다. 덕양구 삼송동 일원에 509만 809㎡ 규모의 국민임대주택단지로 조성되는 삼송 택지개발지구, 지축동 일원에 117만 3,553㎡ 규모로 조성되는 지축 택지개발지구, 항동동·덕은동 일대에 117만 6,859㎡ 규모로 조성되는 항동 택지개발지구, 덕은동 일원에 126만 9,421㎡ 규모로 조성되는 미디어밸리가 그것이다.

이 중 가장 큰 관심을 기울여야 할 부분은 고양시에서 의욕적으로 추진하고 있는 브로멕스 프로젝트의 한 축을 담당하게 될 미디어밸리가 조성되는 덕은동 일대다. 이곳에는 영화촬영 세트장과 관련된 시설들이 들어서 브로멕스밸리로 개발될 예정이다. 그동안 서울 상암동과 가깝다는 장점에도 불구하고 대부분의 지역이 그린벨트로 묶여 있는 관계로 비교적 가격상승이 적었다는 장점이 있는 지역이다.

비슷한 지역으로 돔스튜디오, 대규모 R&D센터가 들어서는 삼송동 '브

로멕스 힐사이드' 주변지역이 있다. 이곳 역시 투자가치가 높아 관심을
기울여볼 만한 지역이라고 할 수 있다.

2

고양시를 공략하는
투자 포인트

투자 포인트 1 고양시는 명품신도시 후보지

고양시와 관련해서 많은 사람들이 묻곤 하는 질문이 "과연 명품신도시
가 조성될 것인가?"라는 것과 관련된 것이다. 과연 고양시에 명품신도시
가 조성될까? 그것은 최종 결정이 내려질 때까지 그 누구도 알 수 없는 일
이다. 다만 객관적 조건이 가장 잘 갖춰진 곳이 고양시 송포동, 법곳동,
구산동, 가좌동, 송산동 일대인 것만큼은 확실하다. 따라서 가장 가능성
이 높은 것이 사실이다.

2008년 6월 현재 가격흐름을 보면 농림지역 농지를 기준으로 했을 때
3.3㎡당 송포동 60만~160만 원 ,법곳동 50만~150만 원, 구산동 45만
~80만 원, 가좌동 70만~110만 원 수준에서 시세가 형성되어 있다. 물론
이들 지역은 농림지역에 속하고 지목이 전(田) 혹은 답(畓), 즉 논밭이라는
점 때문에 신중한 접근이 필요한 지역이기는 하다. 또한 설령 이들 지역
이 명품신도시로 최종 확정되었다고 해도 수용대상이 될 가능성도 높다.

그러므로 지나치게 높은 가격에 매수하는 것은 좋지 않다. 자칫 매수가격 보다 낮은 가격에 수용될 가능성도 있기 때문이다. 이런 위험을 줄이기 위해 신도시 예정지역보다는 그 인근지역에 투자하는 것이 바람직하다.

투자 포인트 2　'고양 브로멕스 프로젝트'에 물어보라

방송영상산업 클러스터인 고양 브로멕스 프로젝트는 장항동 킨텍스 지 원단지 및 삼송, 덕은, 현천동 일대를 중심으로 5개 권역에 약 373만 5,554㎡ 부지에 순차적으로 권역별 특성화 전략에 따라 영화와 방송 등에 대한 제작과 교육 전단계를 아우르는 방송영상산업시설을 구축하려는 야 심찬 계획이다. 이를 통해 고양시는 동북아 최고의 디지털 미디어 클러스 터로 발돋움하고자 한다.

이미 미디어 및 IT관련 기업이 입주해 활발한 사업을 진행하고 있는 장 항동 브로멕스 타워와 대화동 브로멕스 킨텍스, 돔스튜디오와 대규모 R&D센터가 들어서게 될 삼송동 '브로멕스 힐사이드', 영화촬영 세트장과 부대시설이 들어서게 될 덕은동 '브로멕스 밸리' 등이 자리를 잡게 되면 한류우드에서 고양 브로멕스를 거쳐 상암 DMC로 이어지는 거대 방송영 상밸리가 구축된다. 그야말로 디지털 미디어 클러스터라고 불릴 만하다.

당연히 이들 지역의 부동산 가격은 초강세를 보이게 될 것으로 예상된 다. 현재는 계획의 진행 초기단계라고 할 수 있다. 최근 몇 년간 호재요인 이 가격에 반영되는 패턴을 보면 개발계획 발표 전까지 기대감으로 큰 폭 의 가격상승이 이루어진 후 개발계획이 발표되면 가격조정을 거쳐 최종 적으로 개발계획이 실현되면 다시 가격이 상승하는 패턴을 보이고 있는 데 이와 같은 흐름을 고려할 때 2008년까지가 최적의 매수타이밍이 될 것 으로 예상된다

투자 포인트 3 뉴타운을 주목하라

2020년 고양시 도시기본계획에 따라 우선적으로 추진되고 있는 구도심 개발지역은 3곳으로 덕양구 원당·주교·성사동 일원(130만㎡), 덕양구 능곡·토당동 일원(25만 9,000㎡), 일산 서구 일산동 일원(107만㎡) 등이다. 개발방식은 뉴타운 사업과 주거환경정비사업이 병행될 예정인데, 관심을 끄는 부분은 뉴타운 사업으로 개발이 진행될 지역인 주교동·성사동 일원의 원당지구(17만㎡), 일산동 일원의 일산지구(21만㎡), 토당·행신동 일원의 능곡지구(25만 9,000㎡) 등이다.

뉴타운 사업에 주목해야 하는 이유는 '도시재정비촉진을 위한 특별법'에 의한 뉴타운 사업은 체계적으로 광역도시기반시설을 조성하면서 개발이 이루어지는 사업방식이기 때문이다. 2008년 6월 말 현재 가격흐름은 3.3㎡를 기준으로 원당지구 1,000만~1,750만 원, 능곡지구 1,100만~1,900만 원, 일산지구 1,050만~1,360만 원의 시세를 형성하고 있다.

뉴타운 사업대상지역은 원칙적으로 실수요 목적의 투자자들이 노리는 것이 좋다. 실수요자가 아닌 이상 취득도 어려울 뿐만 아니라 장기간 자금이 묶일 가능성이 높기 때문이다. 반면 실수요자라면 현재 가격에 매수하더라도 보유에 따른 가격상승을 충분히 기대할 수 있는 만큼 적극적인 매수전략을 구사하는 것이 좋을 듯하다.

투자 포인트 4 기존 도심 중 가치투자 대상을 선점하라

고양시는 기존 도심에도 유망한 택지지구들이 산재해 있다. 그중 대표적인 몇 곳을 든다면 기존 택지지구로는 행신지구, 화정지구, 탄현지구, 중산지구를 꼽을 수 있고, 신규 공급되는 택지지구로는 덕이지구, 식사지구를 들 수 있다.

행신지구와 화정지구

행신지구와 화정지구는 고양시 남쪽에 위치하고 있어 서울 경계와 인접해 있는 중급 규모의 택지지구이다. 행신지구는 덕양구 행신동과 도내동 일대에 조성되어 있고, 화정지구는 화정역 주변에 조성된 택지지구로 두 지구의 공통적 장점은 서울 접근성이 양호하다는 점과 경원선 개통에 따른 수혜지역이라는 점을 들 수 있다. 이 밖에도 행신지구는 상암 DMC, 수색뉴타운 등의 수혜를 기대할 수 있을 뿐만 아니라 덕이지구 분양이 본격화될 경우 역시 수혜를 기대할 수 있다는 장점이 있다. 화정지구는 롯데마트 등 대형할인점과 구청, 경찰서 등 관공서 이용이 편리하다는 장점이 있다.

전체적으로 보았을 때 두 지구 모두 아직은 일산신도시에 비해 편의시설이 부족하다는 단점이 있다. 그러나 이를 감안하더라도 미래가치 측면에서 볼 때 여전히 저평가 메리트가 있는 곳이라고 할 수 있다. 이는 현재 시세에 잘 나타나 있는데 2008년 6월 현재 행신지구 시세는 3.3㎡당 중소형 850만~1,150만 원, 대형 1,100만~1,450만 원 수준이고 화정지구 시세는 중소형 700만~1,100만 원, 대형 1,000만~1,560만 원 수준으로 전체적으로 여전히 저평가 메리트가 있다.

탄현지구와 중산지구

탄현지구와 중산지구는 서로 인접해 있는 택지지구다. 탄현지구 아래쪽에 일산신도시가 있고 오른쪽에 중산지구가 있다. 중산지구와 탄현지구 역시 행신·화정지구와 마찬가지로 경의선 개통에 따른 수혜지역이라는 장점이 있다. 특히 탄현지구는 탄현역에서 도보로 불과 5분 정도 거리에 떨어진 곳에 있어 역세권 프리미엄이 상당하다. 또한 탄현 도시개발지구에 고급 주상복합아파트가 들어서게 될 경우 직접적 수혜지역이 될 것으로 예상된다는 점 역시 빼놓을 수 없는 장점이 되고 있다.

탄현지구와 중산지구 모두 앞서 언급한 행신·화정지구에 비해 중·대형 규모의 아파트가 많고 비교적 최근에 입주했다는 장점이 있다. 구체적인 투자 유망지역으로는 탄현마을 동성, 건영4·5단지, 현대, 한신6단지, 부영3단지, 삼익2단지, 경남1단지, 중산마을 경남10단지, 동신10단지, 두산9단지, 코오롱2단지 등을 들 수 있다. 이들 지역의 시세는 2008년 6월 말 현재 3.3㎡당 중소형 700만~1,170만 원, 대형 1,100만~1,200만 원 수준이다.

덕이지구와 식사지구

덕이지구와 식사지구는 민간 도시개발사업으로 공급되는 대규모 택지지구이다. 먼저 덕이지구를 보면 뛰어난 대중교통환경을 자랑하는 곳임을 알 수 있다. 경의선 탄현역, 3호선 대화역과 가까울 뿐만 아니라 자유로 이산포 IC에도 접근하기 쉬워 서울 접근성이 뛰어나다. 뿐만 아니라 대화·가좌동, 탄현1,2지구, 중산지구 등 대규모 택지개발지구가 어울려 시너지 효과를 발휘할 수 있을 것으로 기대를 모으고 있다.

다음으로 식사지구를 보면 지리적으로 일산신도시, 풍동지구와 인접해 있으며, 대중교통편의성 측면에서도 경의선 복선 전철구간 백마역, 신설 예정역인 풍산역을 이용하기 편리하고 서울외곽순환도로 고양 IC에서 5분 정도 거리에 위치하고 있어 교통편리성 측면에서 상당한 장점이 있는 지역으로 평가받고 있는 곳이다. 덕이, 식사지구는 분명 상당한 가격상승 가능성이 있는 우수한 지역임에 틀림없다.

다만 도시개발사업지구에서 공급되는 물량은 모두 고양시 지역 거주자에게 우선 공급된다는 단점도 존재한다. 따라서 고양시 이외 지역 거주자라면 지역 1순위에서 미달이 되었을 경우 이를 확인하고 청약에 임하는 노력을 해야 좋은 결과를 기대할 수 있을 것으로 예상된다.

투자 포인트 5 새 정부의 화두는 한반도 대운하

참여정부하에서 부동산 시장의 최대 이슈가 행정중심 복합도시와 혁신도시, 기업도시라면 새 정부에서의 부동산 시장의 화두는 단연 한반도 대운하라고 할 수 있다. 아직까지는 의견이 분분한 가운데 특별한 움직임을 보이지 않고 있으나, 어떤 형태로든 추진될 가능성이 높다는 점에서 주목해볼 필요가 있다.

고양시에는 이산포터미널과 행주터미널이 들어설 것으로 예상된다. 이산포터미널은 한강 나루 중 한 곳으로 이산포 IC 부근인 고양시 일산서구 법곶동 주변에 들어서게 되는 여객전용터미널이다. 행주터미널은 고양시 덕양구 행주내동 행주대교 인근에 들어서게 되는 화물터미널이다. 한반도 대운하 구간에는 총 47곳의 여객터미널과 12곳의 화물터미널이 들어서게 되는데, 이 중 12곳이 여객터미널과 화물터미널이 함께 들어서게 됨에 따라 실제 터미널 수는 47곳이 된다.

여객터미널은 관광유람선이나 페리와 같이 사람을 실어 나르는 배가 정박하게 되는데, 여객터미널 주변은 요트장, 낚시터, 조정 경기장 등 레저시설과 현지 특성을 최대한 살린 각종 문화공간들이 들어서게 될 것으로 예상된다. 이런 이유로 여객터미널은 모두 관광지 접근성이 좋으면서 동시에 도심에서 가까운 곳들이 선택되었다. 실제로 이산포터미널은 일산시민들을 위한 선착장으로 개발될 예정이다. 페리호를 이용해 서울로 출퇴근할 수 있는 날이 다가오고 있는 것이다.

이산포터미널의 최대 수혜지역은 가장 강력한 명품신도시 후보지역 가운데 한 곳이라고 할 수 있는 법곳동 일대를 들 수 있으며, 인근 지역인 파주신도시, 덕이지구, 식사지구 역시 수혜가 예상되는 지역이라고 할 수 있다.

한편 화물터미널은 대규모 공단, 농산물 생산이 많은 곳, 연계할 수 있는 교통수단과의 접근성이 확보된 곳, 물류센터 부지의 확보가 가능한 곳 등을 중심으로 선정되었다. 화물터미널에는 컨테이너를 옮겨 실을 수 있는 부두시설, 선석이 마련되어 상품을 가까운 외국으로 바로 수출까지 할 수 있게 된다. 따라서 내륙에 항구가 생기는 효과를 거둘 수 있게 되는 것이다. 뿐만 아니라 화물터미널 부근에도 레저와 관광시설이 함께 들어설 예정이어서 지역발전에도 큰 보탬이 될 전망이다.

행주터미널에는 화물터미널과 물류단지가 함께 조성될 것으로 예상되는데, 뒤편으로 경의선 행신역과 강매역이 있어 남쪽에서 전달된 화물을 북쪽으로 운반할 수 있는 무역창구 역할까지 담당할 수 있다. 뿐만 아니라 경인운하가 완성될 경우 남쪽에서 전달된 화물을 중국이나 동남아로 연결하는 물류센터기능까지 가능할 것으로 예상돼 내항으로서 큰 역할을 담당할 것으로 분석된다.

최대 수혜지역은 그동안 신도심이었던 일산에 가려 오랫동안 소외되어 왔던 화정지구, 행신지구 일대와, 뉴타운 개발로 기대감이 높아지고 있는 덕양 뉴타운, 능곡 뉴타운과 그 주변지역이 될 전망이다.

02
파주시,
떠오르는 블루칩

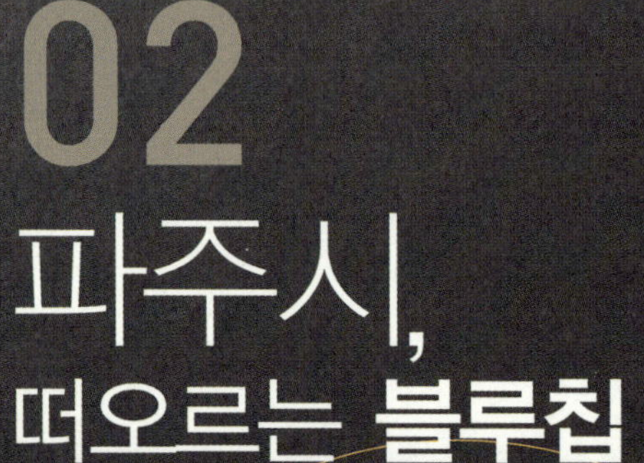

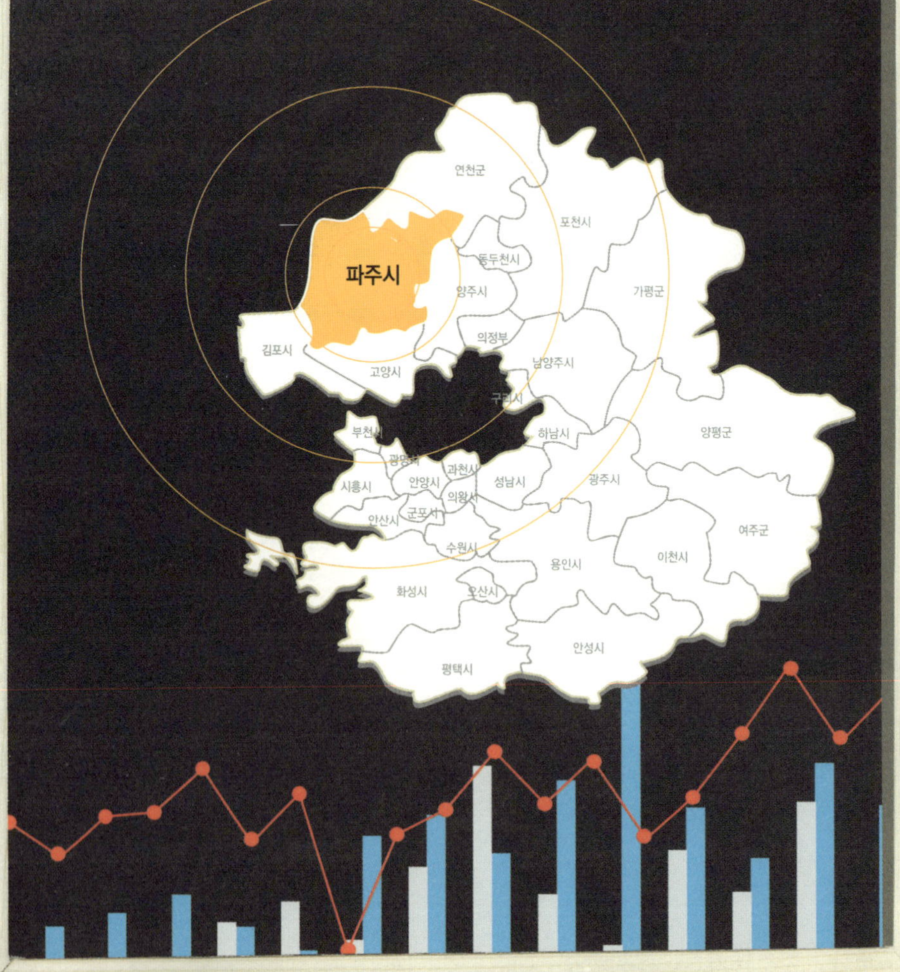

파주시의 현황과 개발계획

1

어떤 도시가 장래 어느 정도 수준의 가치를 갖게 될 것인가를 비교적 정확하게 예측할 수만 있다면 부동산 투자는 그야말로 땅 짚고 헤엄치기가될 가능성이 매우 높다. 하지만 실제 부동산 투자시 미래가치를 예측하고이를 바탕으로 투자를 실행하는 경우는 극히 드물다. 미래가치에 대한 예측이 말처럼 그렇게 쉽지 않기 때문이다. 여기서 잠깐 생각해보자. 미래가치에 대한 예측, 100% 어렵기만 한 것일까? 아니다. 그렇게 어렵게만볼 필요가 전혀 없다. 미래가치를 예측하는 단순하면서도 매우 효과적인방법이 있기 때문이다. 그 도시가 지니고 있는 특성을 파악하는 방법이바로 그것이다. 그럼 'BUY 파주시'를 위해 파주시가 어떤 특성을 지니고있는 도시인지를 먼저 살펴보자.

첫째, 서울에서 약 30㎞ 떨어진 곳에 있어 통일로와 자유로를 통해 30분 정도면 서울에 진입할 수 있는 곳.

둘째, 경기도 서북단에 위치하고 있고, 동쪽으로 양주군, 북쪽으로는

연천군, 남쪽으로는 고양시, 서남쪽으로는 한강을 경계로 김포시, 서북쪽
으로는 휴전선을 경계로 북한의 개풍군과 인접해 있으며, 전체 면적이
672.57㎢로 경기도 전체 면적의 약 6.6%를 차지하는 곳.

셋째, 서울에서 판문점을 연결하는 국도 1호선인 통일로, 행주대교에서
한강과 임진강을 따라 임진각까지 연결된 자유로, 서울~신의주를 잇는
경의선 철도가 한복판을 지나고 있는 남북교통의 요충지.

넷째, 28㎞에 달하는 휴전선과 접해 있어 수려한 자연경관, 서울 및 김
포공항, 인천국제공항, 인천항 등으로의 뛰어난 접근성에도 불구하고 개
발에 제약이 많았던 곳.

다섯째, 대표적인 수도권 제2기 신도시로 분당과 맞먹는 규모로 조성되
는 운정신도시가 들어서는 곳.

여섯째, LG필립스 LCD공장, LCD지방산업단지, 출판문화정보산업단
지, 문발산업단지 등 다수의 산업단지들로 인해 자족기능이 나날이 강화
되고 있는 곳.

일곱째, 지난 5년간 꾸준히 인구가 증가하고 있으며 2007년 10월 현재
31만 명의 인구가 오는 2025년이면 50만 명 수준으로 크게 증가할 것이
확실시되고 있는 곳.

이상 7가지가 파주시를 대표하는 도시특성이라고 할 수 있다.

파주시는 어떤 곳인가

상위계획인 '제4차 국토종합계획 수정계획(2006~2020년)'과 '2020년
수도권 광역도시계획'에서 바라본 파주시의 미래는 어떤 모습일지를 먼
저 살펴보자.

국토종합계획에 나타난 파주시의 미래모습은 남북교류협력 거점도시, 지식기반산업 육성도시, 자연생태 보전도시로 특싱시을 수 있다. 한편 수도권 광역도시계획에 나타난 파주시의 미래모습은 수도권 서북지역의 거점도시로 요약할 수 있다. 좀 더 구체적으로 살펴보면 남북교류의 거점으로 설정하여 친환경적으로 개발하는 동시에 산업적인 측면에서 볼 때 경의축상 북한의 서부 공업·농업지역과 연계한 남북교류 거점지역으로 IT

중심의 지식기반산업 및 물류산업으로 특화되도록 하고, 배후도시인 고양시와 연계하여 남북통일에 대비한 상업, 업무, 문화기능 중심지로 육성한다는 계획이다. 이처럼 상위계획에 나타난 파주시는 엄청난 투자 메리트가 있는 곳이라고 할 수 있다.

그러나 파주시 하면 가장 먼저 떠오르는 단어는 뭐니 뭐니 해도 '수도권 제2기 신도시'로서의 파주신도시라고 할 수 있다. 파주신도시는 파주시 교하읍 동패·목동·야당·와동·당하·상지석·다율·교하리 일원에 오는 2009년 12월까지 조성될 예정인 수도권 제2기 신도시이다. 발표 당시부터 서울 접근성, 뛰어난 자연환경, 자족기능 등에 대한 기대감으로 큰 주목을 받았었고 현재도 실수요자, 투자자 할 것 없이 부동산에 조금이라도 관심을 갖고 있는 사람이라면 누구나 한 번쯤 관심을 가져보았을 법한 곳이기도 하다. 그렇다면 너 나 할 것 없이 투자자들이 파주신도시에 열광하는 원인은 어디에 있을까?

첫 번째 원인은 파주신도시의 규모에서 찾을 수 있다. 파주신도시는 당초 1·2지구를 합쳐 954만 9,000㎡이었으나 2006년 10월 정부의 수도권 주택공급확대 방침에 의해 692만 8,000㎡ 규모의 3지구가 추가되어 총 1,647만 7,000㎡로 늘어났다. 여기에 교하지구가 추가로 신도시에 편입되면서 전체 면적은 분당과 맞먹는 수준이 된 것이다.

두 번째 원인은 지리적 위치에서 찾을 수 있다. 파주신도시는 서울 도심에서 불과 15㎞, 일산신도시에서는 2㎞ 떨어진 곳에 위치하고 있다. 게다가 남북, 동서 교통망이 교차하는 교통의 요지라는 장점이 있다. 수도권 부동산 가격이 서울 접근성에 따라 크게 좌우된다는 점을 감안할 때 상당히 매력적인 요인이 아닐 수 없다.

세 번째 원인은 경쟁력 있는 자족기능에서 찾을 수 있다. 파주신도시는 주변에 LCD산업단지, 출판문화정보산업단지, 문발산업단지, 탄현지방산업단지 등 무려 7개의 산업단지가 입지하고 있는 등 뛰어난 자족기능을 자랑하고 있어 수도권 서북부지역의 중심도시로 발전해 나갈 수 있는 잠재력이 충분하다는 장점이 있다.

네 번째 원인은 장래 대중교통환경이 크게 개선될 것이라는 점에서 찾을 수 있다. 먼저 2008년에는 서울~문산 간 고속도로가 착공될 예정이고, 2009년에는 대화 IC~상암을 연결하는 제2자유로, 김포~관산 간 도로, 경의선 복선화가 이루어질 예정이다. 이렇게 되면 고속도로 이용 편리성과 함께 전철 이용 편리성이라는 두 마리 토끼를 한꺼번에 잡을 수 있어 대중교통환경이 크게 개선될 것으로 예상된다. 특히 경의선 복선화가 완료되면 파주신도시에서 일산신도시를 거쳐 서울 도심까지 30분이면 진입할 수 있게 될 것으로 전망된다는 점은 실수요자뿐만 아니라 투자자의 시선을 한 몸에 받기에 충분한 이유가 되고 있다.

2025년 파주시 도시기본계획 뜯어보기

2025년 파주시 도시기본계획에 나타난 파주시의 권역별 입지여건을 먼저 살펴보자. 2025년 파주시 도시기본계획은 파주시를 개발추이, 자연생태조건, 광역간선도로망 계획 등의 입지여건에 따라 문산과 금촌을 중심축으로 하는 국도 1호선과 임진강을 기준으로 4개 권역으로 구분하고 있는데, 남북교류 영향지역, 자연환경 양호지역, 도시개발지역, 장기개발 가능지역 등이 그것이다.

각각의 지역이 나름의 장단점을 보이고 있어 이를 고려한 결과 파주시 북서쪽의 남북교류영향지역은 남북교류 중심지로, 북동쪽의 자연환경 양호지역은 자연환경 보전형 레저휴양지로, 남서쪽의 도시개발지역은 기반시설을 고려한 성장관리지역으로, 남동쪽의 장기개발가능지역은 친환경적 개발관리가 필요한 지역으로 각각 규정하였다.

〈표 1-3〉 파주시 계획여건의 종합분석도

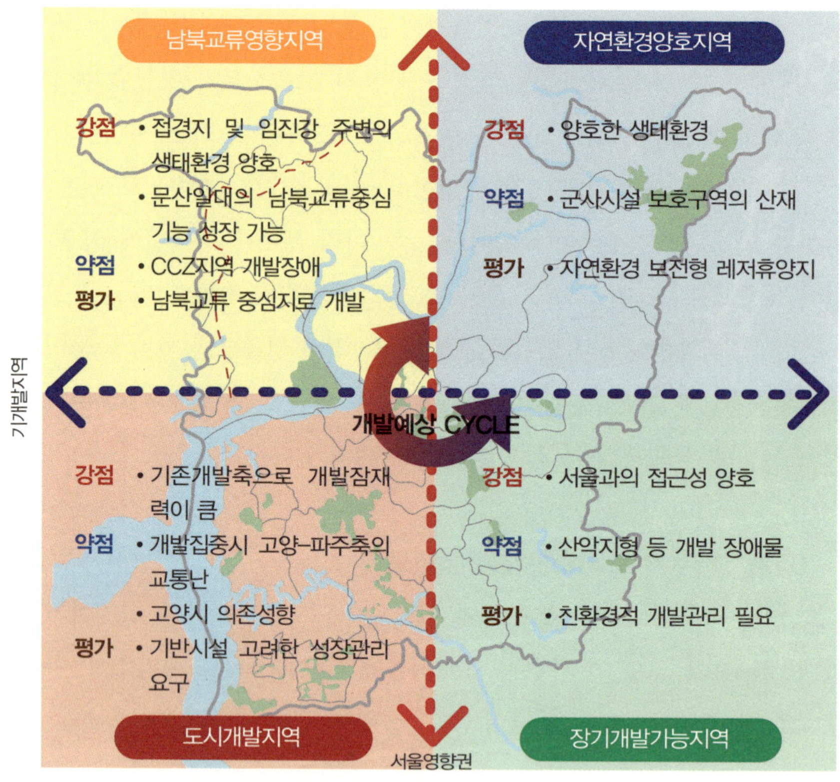

자료 : 2025년 파주시 도시기본계획

또한 계획여건을 고려해 각 권역별 과제를 제시하고 있는데, 이는 현재 시점에서의 파주시 전체 현황과 함께 각 권역의 미래 개발방향을 읽을 수 있는 대목인 만큼 투자 의사결정을 하기 전 반드시 참고해야 할 내용이라고 할 수 있다.

〈표 1-4〉 계획여건에 따른 권역별 과제

구분	서북부(장단, 군내)	문산 중심(문산)	동북부(적성, 법원)
과제	• 군사지역 및 임진강 중심의 생태환경 보존 필요	• 기성시가지 재정비, 도시방재계획 및 남북 교류대비 전략 필요	• 자연환경 보전, 생태·레저휴양지 조성 필요
구분	서남부 (교하, 운정, 탄현, 월롱)	금촌 중심 (금촌)	동남부 (파주, 조리, 광탄)
과제	• 기반시설을 고려한 계획적 성장관리 요구	−도심부 활성화 필요	• 자연친화적 개발관리 방법의 필요

권역별 과제에서 제시되고 있는 과제를 보면 서남부권, 금촌 중심, 문산 중심 등이 눈에 들어온다. 서남부권은 신도시가 조성되고 있어 기반시설 확보가 강조되고 있다는 사실을 알 수 있는데, 수도권 제2기 신도시가 들어서게 되면 그 주변지역의 부동산 가격은 필연적으로 한 단계 업그레이드될 수밖에 없다는 점에서 주목해야 한다.

다음으로 금촌 중심은 도심부 활성화를 위한 체계적 노력이 지속적으로 이어질 것으로 예상된다는 점에서 향후 가격변동성이 커질 가능성이 높아 주목할 필요가 있다고 볼 수 있고, 마지막으로 문산 중심은 기성시가지 재정비의 필요성이 대두되고 있는 만큼 '도시 및 주거환경정비법'에 의한 각종 정비사업이나 '도시 재정비 촉진을 위한 특별법'에 의한 뉴타운 사업 가능성을 조심스럽게 예상해볼 수 있다는 점에서 주목할 필요가 있다. 현재 재개발 사업이 진행되고 있는 금촌 율목지구와 새말지구, 황골지구, 그리고 도시개발사업이 추진되고 있는 금릉지구는 이러한 점에서 볼 때 시사하는 바가 결코 적지 않다.

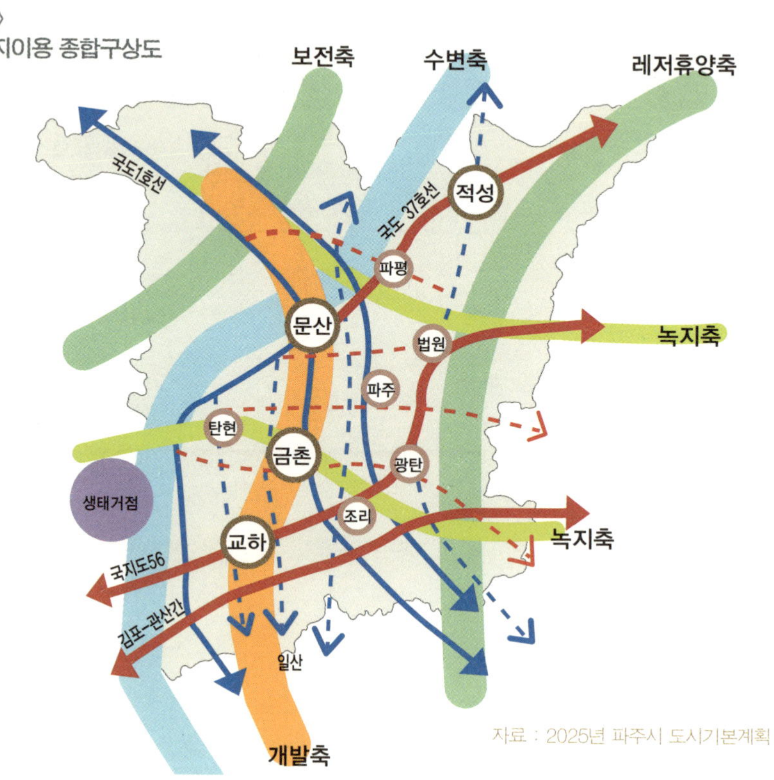

파주시 도시공간구조 구상의 핵심은 이것이다

2025년 파주시 도시기본계획에 나타난 파주시 도시공간구조는 문산, 금촌, 교하의 세 도시를 중심으로 적성, 파평, 법원, 파주, 광탄, 조리, 탄현 등 7지역으로 설정되어 있다.

이 중 가장 관심 있게 보아야 할 부분은 아무래도 개발축인 문산, 금촌, 교하의 세 곳이라고 할 수 있다. 문산, 금촌, 교하는 각각 중(中)생활권의 중심지로서 문산은 문산면, 파평읍, 적성읍, 법원읍, 파주읍이, 금촌은 금촌1·2동, 월롱면, 조리읍, 광탄면이, 교하는 교하읍, 탄현면이 각각 포함된다. 이 중 교하 중생활권이 계획인구 24만 명으로 가장 인구 규모가 크

〈그림 1-9〉 파주시 중생활권 구분도

고 금촌 중생활권이 계획인구 17만 명으로 두 번째이며, 문산 중생활권이 계획인구 11만 명으로 가장 적다. 또한 각 생활권의 중심인 문산, 교하, 금촌의 미래 발전방향을 보면 문산은 남북교류 중심으로, 금촌은 경제행정 중심으로, 교하는 문화·상업 중심으로 각각 특화시켜 나갈 계획이다.

토지이용 종합구상에 나타난 4개 축, 투자의 나침반이다

2025년 파주시 도시기본계획에 나타난 파주시의 주개발축은 3도심을 연결하는 교하~금촌~문산 축이다. 교하~금촌~문산의 주개발축은 경의선 복선전철이 통과하는 선상에 있다. 대부분의 시가화예정용지가 경의선 주변에 자리 잡고 있다는 점만 봐도 교하~금촌~문산으로 이어지는 주개발축이 파주시의 미래에 얼마나 중요한 역할을 담당하고 있는지를 충분히 가늠해볼 수 있는 대목이라고 할 수 있다.

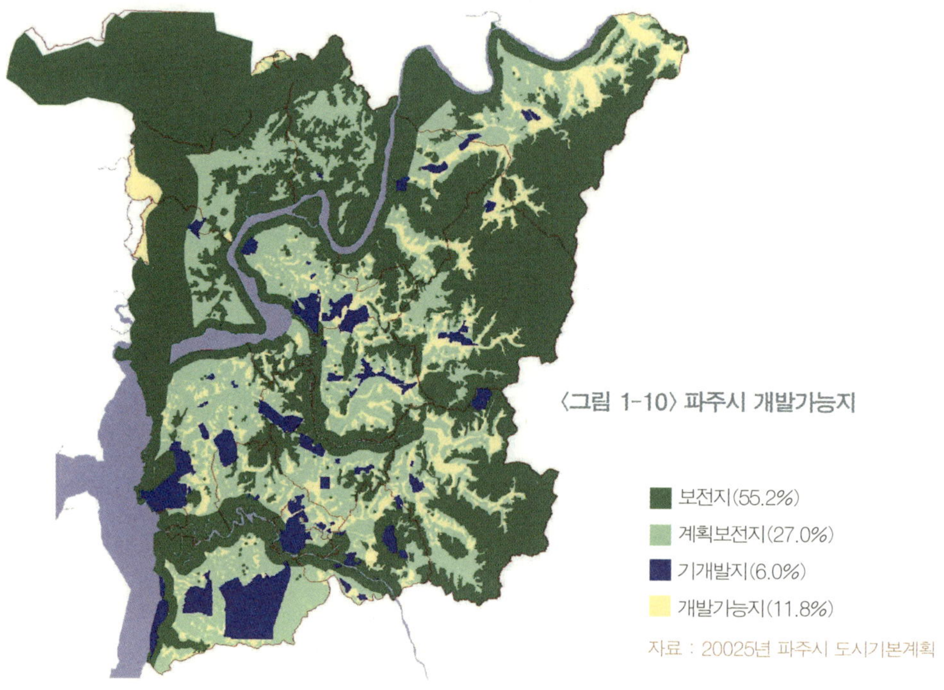

〈그림 1-10〉 파주시 개발가능지

또한 국도 1호선, 서울~문산 고속도로 등이 지나가는 요충지라는 점까지를 고려한다면 주개발축에 돈을 묻어야 한다는 사실을 쉽게 알 수 있다. 투자를 고려할 수 있는 또 다른 축이 레저휴양축인데 이와 관련해서는 광탄면 일대, 법원읍 일대, 적성읍 일대에 계획되어 있는 시가화예정용지에 주목할 필요가 있다.

파주시 개발가능지를 파악하라

〈그림 1-10〉을 통해 파주시 기개발지와 개발가능지를 확인할 수 있다. 이 그림을 통해 확인할 수 있는 것은 개발가능지들이 폭넓게 분포하고 있다는 점과 함께 기개발지들이 개발가능지들에 비해 덜 산재해 있다는 점이다. 이는 파주시가 그동안 개발에서 소외되어 왔으며 일부 개발이 진행

된 지역도 특정 지역에 집중되어 있음을 나타내는 것이라고 볼 수 있다. 잠시 후 시가화예정용지가 지정된 곳을 살펴보면 분명히 나타나겠지만, 개발가능지들은 향후 추가적인 개발계획이 수립될 경우 최우선적으로 고려대상이 되는 지역들인 만큼 이들 지역에 대한 파악은 반드시 필요하다고 하겠다.

2

파주시를 공략하는
투자 포인트

투자 포인트 1 시가화예정용지를 읽으면 돈이 보인다

2025년 도시기본계획상 파주시에는 총 38곳의 시가화예정용지가 확보되어 있는데, 그 규모는 총 25.8km²(이 가운데 주거 및 상업용지는 20.92km²)이며 총 4단계로 나누어 개발될 예정이다. 개발 시기를 보면 1~2단계는 2005~2015년, 3~4단계는 2016~2025년이 될 예정이다.

그럼 이제 각 생활권별로 어떤 곳에 시가화예정용지가 지정되어 있는지를 살펴보자.

문산 중생활권

문산 중생활권은 2025년 파주시 도시기본계획에 따라 가장 큰 관심과

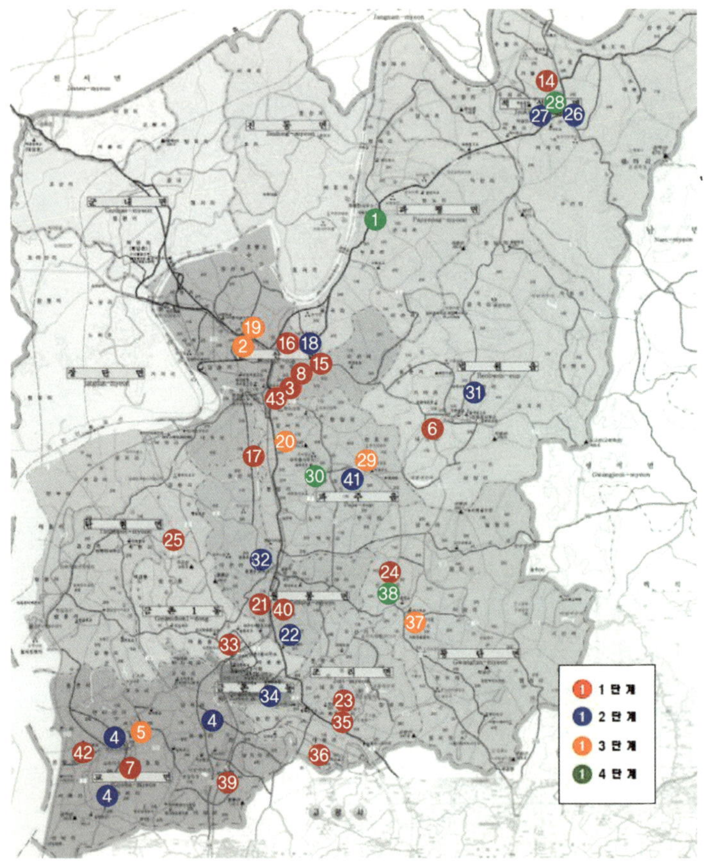

〈그림 1-11〉
파주시 시가화예정용지
자료 : 2025년 파주시 도시기본계획

주목을 받고 있는 지역이라고 볼 수 있다. 상위계획인 '제4차 국토종합계획 수정계획' 및 '2020년 수도권광역도시계획' 그리고 도시기본계획상에서 파주시를 수도권 서북부 거점도시로 육성할 예정이고, 그 중심에 문산 등 파주시 북부지역 개발이 자리 잡고 있기 때문이다. 대표적으로 문산역과 파주역 사이에 위치한 봉서리에 오는 2010년까지 38만 9,599㎡ 규모의 대북물류기지가 조성될 예정이다.

이 밖에도 경의선 운천역 주변의 문산읍 운천리, 당동리 일대와 선유리, 내포리에 시가화예정용지가 지정되어 있는데, 이들 지역은 모두 지리적 위치를 고려할 때 남북교류의 연결축이자 배후도시 기능을 할 것으로 예상되는 곳들이다. 이 밖에도 선유리에 서강대 글로벌 캠퍼스가 들어서고, 금촌 중생활권인 월롱면 영태리에 이화여대 캠퍼스가 들어서게 되면 명실상부하게 교육도시 파주로 탈바꿈하는 전기를 마련할 수 있다는 점에서 큰 기대를 모으고 있다. 또한 파평면 덕천리, 법원읍 갈곡리, 상방리에 18~27홀 규모의 퍼블릭 골프장 개발이 추진되고 있어 파주시의 레저기능이 현재보다 한층 강화될 것으로 예상된다. 이런 요인들로 인해 문산 중생활권은 파주시의 투자1번지가 될 것으로 예상된다.

금촌 중생활권

금촌 중생활권은 LCD지방산업단지와 밀접하게 관련되어 있을 뿐 아니라 구시가지 정비가 활발하게 진행될 것이 확실하다는 점에서 관심을 가져야 하는데, 그중에서 가장 주목해야 할 곳은 바로 월롱면 덕은리, 선유리 일대이다. 덕은리 일대와 탄현면 금승리 일대에는 LCD지방산업단지가 1.7㎢ 규모로 조성되고 영태리 일대에는 이화여대 캠퍼스가 들어서기 때문이다. 부동산 가격에 가장 큰 영향을 미치는 두 가지 요소인 자족기능과 교육여건이 크게 개선될 것으로 예상되는 만큼 적지 않은 가격상승이 동반될 것으로 예상된다.

특히 LCD지방산업단지는 기존의 LG필립스 LCD공장의 확장을 대비해 조성되고 있어 시너지 효과를 기대할 수 있고, 산업단지 주변으로 연관업체들이 자리 잡게 되면 주변 부동산 가격에도 긍정적인 효과를 기대할 수 있을 것으로 예상된다. 또한 조리읍 장곡리, 광탄면 분수리에는 18~27홀 규모의 퍼블릭 골프장 건설이 추진되고 있어 레저기능이 보다 강화될 것으로 기대를 모으고 있다.

교하 중생활권

교하 중생활권의 핵심은 단연 운정신도시로 잘 알려진 파주신도시이다. 이곳에는 오는 2009년이면 4만 6,000여 가구 12만 5,000여 명이 거주하게 되는데, 규모면에서 가히 분당급 신도시이고, 자유로와 통일로를 이용해 30분대면 서울에 진입할 수 있다는 입지상의 장점이 있다. 또한 일산생활권과 인접해 기반시설을 이용할 수 있을 뿐 아니라 주변에 LG필립스 LCD단지, 출판문화정보산업단지 등 7곳의 산업단지가 자리 잡고 있어 자족기능이 뛰어난 신도시로 평가받고 있다.

향후 교하 중생활권의 미래가치는 신도시의 위상과 궤를 같이할 것으로 예상되는데, 자족기능, 교통환경, 서울 접근성, 규모, 첨단 유비쿼터스 신도시라는 장점이 있어 주거지로서 최적의 조건을 갖춘 지역으로 발전해 나갈 전망이다. 그러므로 주택을 구입할 예정인 투자자라면 한 번쯤 고려해볼 만한 지역이라고 할 수 있다.

투자 포인트 2 교통의 요지에 돈을 묻어라

파주시의 투자 포인트 중 절대 놓쳐서는 안 되는 부분 중 하나가 바로 교통망 확충이다. 파주시의 교통망 확충은 크게 세 가지로 추진될 계획인데, 경의선 복선화, 도로 신설, BRT(간선 급행버스 체계)가 그것이다. 신설되는 도로 중 중요한 것은 제2자유로, 김포~관산 간 도로, 서울~문산 간 고속도로를 들 수 있다. 각각의 도로 특성을 보면 서울 북부~파주~개성 연결축을 강화하기 위한 것이 서울~문산 간 고속도로이고, 김포~관산 간 도로는 동서축 간선기능을 강화하기 위한 도로라는 특징이 있다.

이외에도 서울 북부~파주~개성 연결축을 강화하기 위해 개성~문산 ~서울을 연결하는 국도 1호선과 문산~방화의 국도 1호선 우회도로가

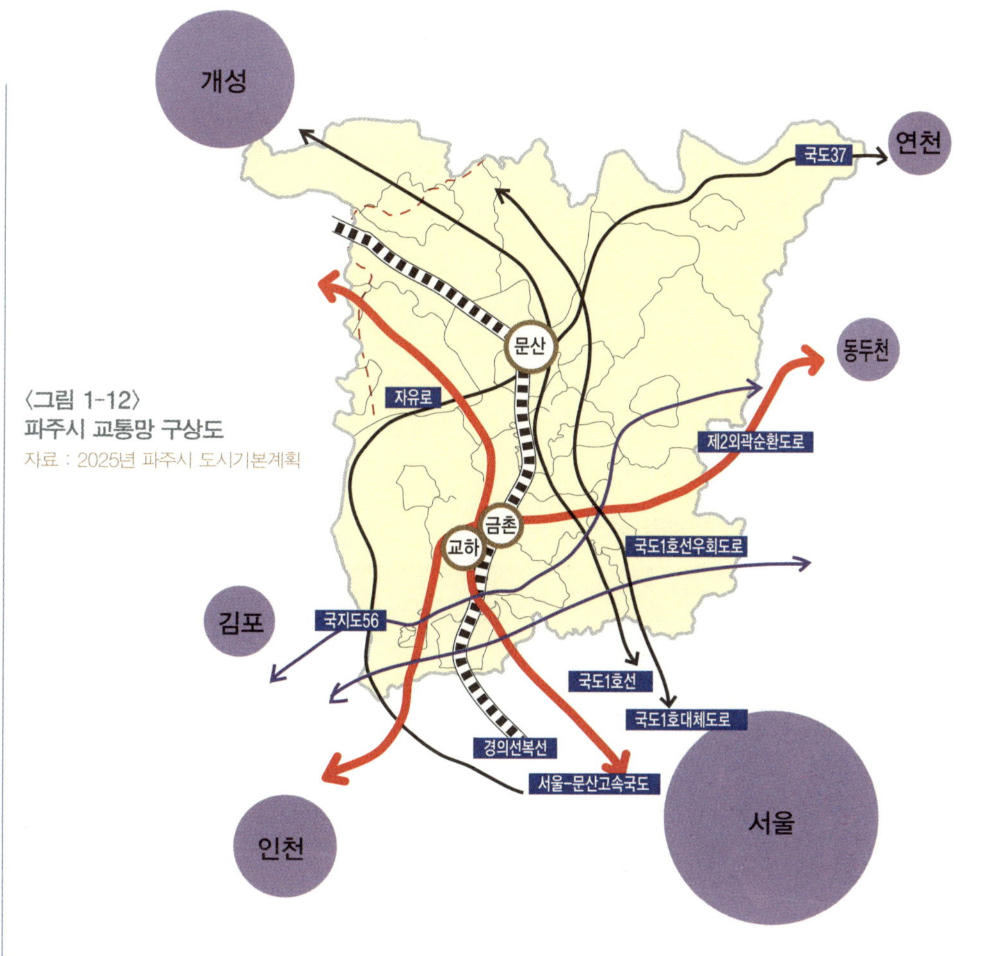

〈그림 1-12〉
파주시 교통망 구상도
자료 : 2025년 파주시 도시기본계획

있고, 동서축 간선기능의 강화를 위해서는 제2외곽순환도로와 국지도 56
호선 등이 있다.

위 도로망들이 교차하는 지역들은 모두 교통의 요충지라고 볼 수 있다.
물론 여기에 경의선 복선전철 연결구간이 더해진다면 금상첨화가 아닐
수 없다. 따라서 교통망을 따라 투자를 할 경우 최우선 투자고려 대상지
역은 도로망들의 교차지역이면서 경의선 역세권과 가까운 지역이 되어야
하고, 차순위 투자고려 대상지역은 위 도로망들의 교차지역 중에서 찾아

야 할 것이다.

 도심 및 비도심 주거환경계획을 파악하라

2025년 파주시 도시기본계획은 도심 및 시가지 정비와 비도시지역 정비에 대한 기준을 제시하고 있다. 먼저 도심 및 시가지 정비에 대한 기준 중 중요한 것은 크게 두 가지를 들 수 있는데, 역 주변 상업지역 활성화와 기존 주거지역의 주차장, 보행통행로 정비 및 노후주택 재건축 등이 그것

〈표 1-5〉 마을 유형의 분류와 정비방안

구분	I	II	III	IV
유형	주거환경보전지역	마을정비유도지역	경관관리지역	주택공급관리지역
특성	• 양호한 자연경관을 갖는 농촌지역	• 보통의 농촌적 성격	• 농촌과 도시 혼재	• 도시적 성격을 갖는 지역
현황	• 기존 거주민들의 농가주택과 신규로 건립된 전원주택단지들이 혼합되어 있음	• 전형적 농촌지역으로서 주거환경이 대체로 열악하고 재축활동이 미미함	• 농촌적 성격과 도시적 성격의 혼재로 이질적인 마을경관을 나타냄 • 개별공장의 입지로 인한 마을환경의 악화	• 도시지역과 인접한 지역으로 이곳으로 출퇴근하는 가구의 비율이 높은 지역 • 개발행위가 왕성한 지역
정비방향	• 양호한 전원주택지 유지 및 기반시설 정비	• 공공에 의한 전면개발보다는 주민의 자발적인 마을가꾸기 운동 적합	• 용도 간 마찰방지를 위한 토지이용 조정	• 개별 주택건축에 의한 난개발방지를 위한 계획적 정비
정비방안	• 도시민을 위한 자연친화적 전원주택단지의 유지 • 자연환경보전 및 관리를 위한 개발행위 허가 기준 검토	• 주민자치에 의한 생활환경개선(마을가꾸기사업)전개 • 농촌소득개선 등 자립경제기반의 구축 지원	• 커뮤니티시설 확충 및 정비 • 주민 교류의 활성화 • 공장과 주거의 용도 마찰 방지를 위한 토지 이용대책 마련	• 계획적 주택공급 방안 마련 • 기반시설의 확충 및 정비

자료 : 2025년 파주시 도시기본계획

이다. 위의 기준을 요약하면 기존 도심에 대한 재생사업을 의미하는 것인데 이는 향후 파주신도시의 기존 도심이 부동산 시장의 이슈로 자리 잡게 될 것임을 예고하는 것이라고 볼 수 있다. 그러므로 파주시의 기존 도심에 위치한 부동산을 매수하는 전략 역시 비교적 적은 자본으로 접근할 수 있으면서도 확실한 수익이 보장되는 탁월한 선택이 될 전망이다.

다음으로 비도시지역 정비에 대한 기준을 보자. 비도시지역 정비에 대한 기준은 다음의 〈표 1-5〉에 상세하게 제시되어 있다.

〈표 1-5〉를 보면 투자 메리트가 있는 곳은 주택공급관리지역임을 알 수 있다. 그러므로 비도시지역에 투자를 한다면 가급적이면 도시적 성격을 갖고 있는 지역인 주택공급관리지역을 선택하는 것이 보다 타당할 것으로 예상된다.

투자 포인트 4 파주시에도 피해야 할 곳이 있다

파주시라고 모두가 투자 유망지역은 결코 아니다. 평화통일안보지역, 도시지역, 역사문화재지역, 산악지역 등 그 특성에 따라 다양한 규제가 가해지고 있기 때문이다.

그러므로 위와 같은 규제가 현재 존재하는 지역이나 앞으로 규제가 가해질 가능성이 있는 지역은 반드시 피해야 한다. 자칫 잘못하면 투자 수익은커녕 자금회수가 이루어지지 않아 고생만 실컷 할 수 있기 때문이다.

공원 역시 투자대상에서 배제해야 하는데 〈그림 1-13〉은 '2025년 파주시 도시기본계획'에서 제시하고 있는 공원계획이다. 위 그림에서 짙은 녹색으로 칠해진 부분이 공원이다. 이제 그림을 통해 어떤 곳이 공원에 포함되는지를 알 수 있는 만큼 이들 지역에 무턱대고 투자하는 우를 범해서는 곤란하다. 'BUY 파주시'에 대한 투자의사 결정 전에 반드시 이를 활

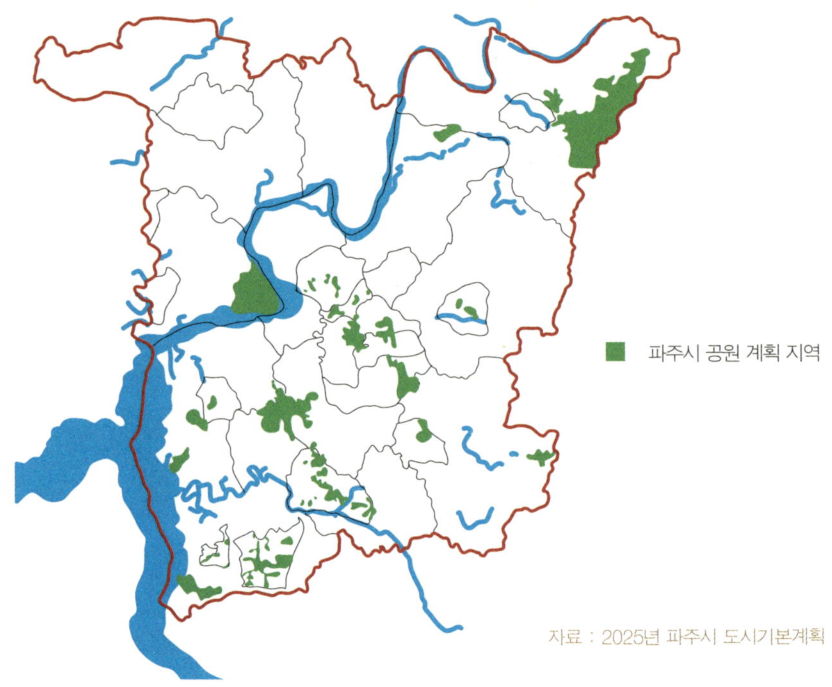

용해야 할 필요가 있다.

투자 포인트 5 ## 한반도 대운하를 주시하라

파주시에도 한반도 대운하의 바람이 불고 있다. 파주터미널이 들어서게 될 예정이기 때문이다. 파주터미널은 파주시 교하읍 갈현리 일대에 조성될 것이 확실시되고 있는데, 이 지역은 고양시 일원 및 임진강을 활용해 낙후된 경기 북부 접경지대의 체계적 발전과 남북교류 증진을 추진하기 위한 최적의 입지로 평가받고 있는 곳이다. 파주터미널은 화물터미널과 여객터미널이 함께 들어서는 복합터미널이 될 것으로 예상된다. 또한 김포공항터미널과 연계되고 주변으로 한강둔치를 활용한 수상스포츠 단지도 조성될 것으로 예상된다.

이에 따라 파주터미널 주변지역은 적지 않은 수혜를 입을 것으로 예상되는데, 특히 터미널이 들어서는 갈현리 일대와 인근지역인 파주신도시 등이 투자 유망지역이라고 할 수 있다. 부동산 경기 침체로 미분양 물량이 적체되어 있고 매매가격이 침체되어 있는 올해가 투자 적기라고 할 수 있는 만큼 실수요자들과 투자자들이 적극 매수해볼 만한 지역이라고 할 수 있다.

03

평택시,
환황해권
국제화 중심도시

1

평택시의 현황과
개발계획

최근 가장 각광받고 있는 투자 유망지역 가운데 하나로 급부상하고 있는 곳이 바로 평택시다. 이유는 메가톤급 위력을 갖고 있는 개발 호재들로 인해 미래가치가 돋보이는 지역이라는 인식이 확산되고 있기 때문이다. 언론을 통해 종종 접하게 되는 것만 해도 미군기지 이전, 평택항 개발, 고덕국제신도시(평택국제계획화지구＝국제평화신도시) 건설, 뉴타운 개발 등 네 가지에 달한다. 모두가 평택시 부동산 시장을 크게 뒤바꿀 수 있는 대형 개발 호재 요인이기 때문에 투자자의 이목이 집중될 수밖에 없는 상황이다. 보통 개발이 이루어지는 곳은 그에 합당한 이유가 있기 마련이다. 그렇다면 도대체 평택시에 개발 호재가 많은 이유는 무엇일까? 평택시가 갖고 있는 특징들을 하나씩 살펴보면서 그 이유를 찾아보도록 하자.

평택시, 이런 곳이다

개발 호재가 많은 평택시! 과연 어떤 특징이 있는 도시일까?

첫째, 평택시는 한반도 중서부의 경기도 최남단에 위치하고 있으며, 동쪽으로 안성시, 남쪽으로 충청남도 천안시, 아산시에 접하고 있고, 서쪽으로는 아산만에, 서북쪽으로는 화성시에, 동북쪽으로는 오산시, 용인시에 각각 접하고 있는 경기도 유일의 항만도시다.

둘째, 경부고속도로, 서해안고속도로, 동서고속도로, 경부선철도, 고속철도, 국도 등을 통해 수도권과 중부권, 호남권, 영남권과의 가교 역할을 담당하는 사통팔달의 교통망을 갖추고 있는 도시다.

셋째, 고속도로와 국도, 철도를 이용해 전국의 주요 도시에 1~3시간이면 접근할 수 있는데, 이는 서울과 70㎞, 대전과 95㎞, 광주와 260㎞ 떨어져 있으며, 부산과는 380㎞ 떨어진 곳에 자리 잡고 있다는 입지적 장점이 작용한 결과다.

넷째, 제3차 수도권정비계획에서 제시하고 있는 것처럼 평택에서 안성으로 이어지는 자립적 도시권의 중심축인 동시에 평택항을 중심으로 한 물류산업기능과 화성·평택의 자동차 부품산업, 평택·아산만의 디스플레이산업 등이 집적된 해상물류 및 복합산업벨트로 육성될 예정이라는 점 역시 평택시가 자랑하는 특징 중 하나다.

다섯째, 팽성리 일대로 미군기지가 이전하게 됨에 따라 평택역 상권 확장 등 부동산 시장에 긍정적 영향이 기대되는 곳이다.

여섯째, 최대의 호재 요인인 서정동·고덕면 일원에 약 17.48㎢ 규모로 조성되는 고덕국제신도시(평택국제계획화지구＝국제평화신도시) 건설이 진행되고 있다. 고덕국제신도시는 경제자유구역과 달리 국내기업이 입주할 수 있어 수도권 입지난 해소에 기여할 수 있을 것으로 예상된다. 이와 같은 강점을 바탕으로 국내외 대기업 유치 및 R&D, 물류, 유통산업을 강화해 나갈 수 있을 것으로 기대를 모으고 있다.

뿐만 아니라, 전략적인 국제화기능으로 외국교육기관 및 외국대학을 유치해 국제적인 인재를 양성하는 글로벌 교육타운, 쾌적하고 이국적인 주거공간과 컬처파크(Culture Park) 등을 자연스럽게 연계하여 문화교류가 촉진되는 국제문화·교류도시로 발돋움해 나갈 것으로 예상됨에 따라 실수요자뿐만 아니라 투자자들의 관심과 이목이 집중되고 있는 곳이다.

일곱째, 신장·서정동 일원의 신장지구(118만㎡)와 안정리 일원의 안정지구(50만㎡)에 대한 뉴타운 사업, 용이지구, 소사벌지구, 서재지구, 배미지구, 이충 2택지개발지구, 장당 택지개발지구, 지제역세권 개발지구, 서정리 역세권지구, 청북신도시 등 각종 개발 호재가 진행 중이다. 이와 같은 개발 요인을 반영해 2007년 말 현재 40만 2,458명인 평택시의 인구는 '2020년 평택시 도시기본계획'에 따르면 오는 2020년이면 80만 명에 달할 전망이다.

2020년 평택시 도시기본계획 뜯어보기

개발 호재가 많은 평택시는 분명 투자가치가 높은 투자적격지역이라고 할 수 있다. 그러나 성공적인 투자를 위해서는 평택시의 현재 상태를 정확히 파악하는 과정이 선행되어야 한다. 현재는 미래를 볼 수 있는 가장 확실한 창이기 때문이다.

현재 평택시가 갖고 있는 가장 큰 강점은 환(環)황해 경제권의 중심지라는 점과 함께 잘 갖춰진 광역교통망, 3대 국책항만인 평택항, 경기남부지역의 광역 중심도시 역할을 수행할 수 있다는 점 등을 들 수 있다. 특히 평택항의 경우 서해안철도와 여주선 등 철도 개통에 따른 시너지 효과를 기대할 수 있을 뿐만 아니라 화성~평택~안성~이천으로 연결되는 물류·첨단제조벨트의 중심지라는 점이 돋보이고 있다. 반면 서울에 의존

Strength (강점)
- 세계 제1위의 경제 블록으로 발전하는 환황해 경제권 중심에 위치
- 광역기간 교통망의 발달로 접근성 용이
- 경기 남부지역의 광역 중심도시 역할 수행 가능
- 3대 국책항만인 평택항 입지

Weakness (약점)
- 서울 의존적 공간구조 및 수도권 내 지역간 기능연계 미약
- 도시권 확대 및 과밀화로 교통, 환경 등 도시문제의 광역화 및 도시 서비스 수요급증
- 3개 시·군 통합에 따른 도시공간구조의 비효율

Opportunity (기회)
- 미군기지 이전계획에 따른 특별법 제정 및 법적규제 완화 외 특별지원 사업비 배정으로 지역발전 기틀 마련
- 항만과 도시기능의 조화로 종합 항만도시로 발전 가능
- 각종 국가상위계획상 주요 거점화

Threat (위험)
- 수도권 집중억제 정책의 지속으로 물적 개발 잠재력 억압
- 미군기지 이전에 따른 군사도시로의 이미지 고착과 문화·생활 환경의 이질화 우려
- 개발압력에 따른 지가상승과 난개발 등 역효과 발생 우려

자료 : 2020년 평택시 도시기본계획

적인 도시공간구조, 수도권 내 지역 간 기능연계 미약, 도시권 확대와 과밀화로 인한 교통, 환경 등 도시문제 심화와 급증하는 도시 서비스 수요, 3개 시·군 통합에 따른 도시공간구조의 비효율성은 평택시가 극복해야 하는 최대 약점들이라고 할 수 있다.

그러나 다행히 미군기지 이전에 따른 지역개발의 기틀이 마련된 상태라는 점, 평택항 확장과 고덕국제평화신도시 등이 조화를 이루는 종합항만도시로의 발전 가능성이 높다는 점, 국토종합계획, 수도권 정비계획 등 상위계획에서 평택시를 주요 거점도시로 계획하고 있다는 점 등은 평택

시가 한 단계 레벨업할 수 있는 기회 요인이 될 것으로 예상된다. 다만 미군기지 이전에 따라 군사도시로의 이미지 고착 문제나 문화·생활 환경의 이질화 문제, 개발압력 가중에 따른 지가상승 문제, 지나친 개발이 몰고 올 수 있는 난개발·환경문제, 수도권 규제 정책의 지속 등은 평택시가 한 단계 레벨업되기 위해서 반드시 넘어서야 할 장애물이라는 점을 꼭 점검해두어야 할 것이다.

요약하면 평택시의 미래 발전방향은 내부 여건인 약점 요인 해소와 강점 요인 극대화에 맞춰질 수밖에 없고 외부 여건인 기회 요인은 최대한 활용할 수 있는 방향으로 이루어질 것이라는 사실을 알 수 있다. 이런 점에서 볼 때 경기 최남단에 위치해 과밀억제권역의 이전기능 수용과 아산만권 종합개발에 따른 배후지원도시로 부각할 가능성이 높다는 점, 광역교통망 확충과 광역물류단지의 확보, 첨단산업 유치를 통한 국제화도시로의 발전 가능성이 높다는 점, 경부·서해안고속도로, 고속철도, 일반철도, 국도 등이 관통하는 사통팔달의 도로망 연결에 따른 수도권 남부지역의 중추도시로 발전할 가능성이 높다는 점, 평택호, 송탄관광특구, 서해대교 등 새로운 관광지로서의 매력을 갖고 있다는 점 등은 평택시의 미래 가치를 보장하는 현재 모습이라고 할 수 있다.

평택시 도시공간구조를 읽어라

현재 평택시의 도시공간구조를 살펴보면 중심생활권에 주요 상업·업무·공공시설이 집중 배치되어 있어 체계적인 도시구조 개편이 이루어지지 못하고 있는 실정이다. 또한 평택항을 중심으로 한 서부생활권과 기존 생활권을 중심으로 한 동부생활권의 체계적인 연계 역시 미흡한 실정이다. 여기에 기존 도심에 주요 기능이 집중되어 있어서 생활권별 주요 기

능이 부재하고 복지, 문화기능이 중심지역에 편중되어 있다는 문제점이 겹쳐 있는 상태다.

토지이용의 비효율성 역시 적지 않은 문제다. 기존 도심부 내 토지이용의 무질서한 평면분산으로 교통 혼잡이 가중되고 있고, 도시개발이 주거단지, 상업지역 위주로 이루어져 권역별 특성이 없는, 즉 개성이 없는 시가화지역을 양산하고 있다. 또한 도심부 내 획지분할이 소규모 필지로 구성되어 상업의 영세성 및 도심부 과밀화를 양산하고 있다는 점 등이 평택시 토지이용상의 문제점이라고 할 수 있다.

위와 같은 문제점을 극복하고 물과 산과 평야가 어우러진 환경전원도시, 신산업 육성을 통한 지식산업·연구도시, 쾌적하고 편리하여 살기 좋은 첨단정보도시, 세계로 뻗어가는 국제적인 항만·물류 중심도시로 발

<그림 1-15> 평택시 발전축

자료 : 2020년 평택시 도시기본계획

전해 나가기 위해 '2020년 평택시 도시기본계획'은 평택시 도시공간구조를 1도심 3부도심 3지역 중심으로 설정하였다.

1도심은 고덕 도심으로 행정복합, 국제교류, 교육기능이 부여되었다. 부도심은 국제상업, 문화, 주거기능이 부여된 송탄 부도심, 복합업무, 주거기능이 부여된 남평택 부도심, 항만 배후도시, 관광·휴양기능이 부여된 안중 부도심 등이다. 지역중심은 주거, 생산기능이 부여된 진위 지역중심, 한미교류, 국제상업 기능이 부여된 팽성 지역중심, 생산, 유통, 전원도시기능이 부여된 청북 지역중심 등이다.

'2020년 평택시 도시기본계획'에서 제시하고 있는 도시공간구조 구상과 관련해 투자자들이 주목해야 할 부분은 각 기능의 중심에 중심성을 부여해 발전축으로 설정하고, 고덕 중심은 행정기능 중심으로 육성하고, 송탄 · 남평택 · 안중 부도심은 각각 상업, 주거, 공업의 중심지로 육성하기로 한 점이다. 또한 국도 1호선을 중심으로 남북을 연결하는 축과 국도 38호선을 중심으로 동서로 연결하는 축을 연계하여 십자형 개발축을 설정하고, 팽성에 국도 45호선과 청북에 국도 39호선을 보전축으로 설정하여 기존 시가지의 쇠퇴를 방지하고 신시가지의 연계성 강화를 꾀하고 있다는 점을 주목해야 한다. 이와 함께 광역교통체계를 수용해 고덕~청북 교통체계를 수립하고, 이를 활용해 각각의 중심을 잇는 도시 내 도로망을 수립하려는 계획도 역시 놓쳐서는 안 될 중요 포인트라고 할 수 있다.

요약하면 평택시의 투자 포인트는 각각 2개의 중심 발전축과 보조 발전축에 있으며, 그 축은 각각 남평택~고덕~안중을 연결하는 동서 중심 발전축, 남평택~송탄~진위를 연결하는 남북 중심발전축, 팽성~남평택을 연결하는 남북 발전보조축, 안중~청북을 연결하는 남북 발전보조축이다.

평택시 생활권 구상을 파악하라

'2020년 평택시 도시기본계획'은 미래 평택시의 성장잠재력을 고려해 평택시 전체를 각각 3개의 대(大)생활권(북부 대생활권, 남부 대생활권, 서부 대생활권)과 6개의 중(中)생활권(송탄 중생활권, 고덕 중생활권, 남평택 중생활권, 팽성 중생활권, 청북 중생활권, 안중 중생활권)으로 구분해 각각의 특성에 맞는 기능을 부여하였다.

북부 대생활권은 송탄 중생활권, 고덕 중생활권과, 행정구역상 진위면, 서탄면, 신장동, 송북동, 송탄동, 중앙동, 서정동, 지산동, 고덕면 등을 포함하고 있다. 북부 대생활권은 국제상업기능, 문화기능, 주거기능, 행정기능, 국제교류기능, 교육기능이 부여되어 있고, 오는 2020년 계획인구는

〈그림 1-16〉 평택시 생활권 구상도

자료 : 2020년 평택시 도시기본계획

〈표 1-7〉 평택시 생활권 구분

대생활권	중생활권	소생활권(행정동)
북부 대생활권	송탄 중생활권	전위면, 서탄면, 신장동, 송북동, 송탄동, 중앙동, 서정동, 지산동
	고덕 중생활권	고덕면
남부 대생활권	남평택 중생활권	통복동, 세교동, 원평동, 비전1동, 비전2동, 신평동
	팽성 중생활권	팽성읍
서부 대생활권	청북 중생활권	오성면, 청북면
	안중 중생활권	현덕면, 안중읍, 포승읍

자료 : 2020년 평택시 도시기본계획

세 곳의 대생활권 중 가장 많은 33만 명이다.

남부 대생활권은 남평택 중생활권, 팽성 중생활권과, 행정구역상 통복

<표 1-8> 평택시 생활권별 개발방향

구분	주요기능	개 발 방 향
북부 대생활권	• 문화기능 • 국제교류기능 • 주거기능 • 행정타운기능 • 유통기능 • 교육기능 • 국제상업기능	• 국제교류 · 국제산업도시 육성 • 경부선 전철(수원~천안 간) 개통으로 인한 역세권 개발을 유도하고 기존 송탄 시가지와 연계체계 유지 • 장래 평택시 신청사 예정지를 지원하기 위해 행정, 업무, 주거, 상업 등이 종합적으로 개발되도록 연계구상(국제화 계획지구) • R&D 단지 조성 • 4년제 대학의 유치를 통한 지역 경쟁력 제고
남부 대생활권	• 국제상업기능 • 주거기능 • 복합업무기능 • 한미교류기능	• 상업, 문화, 사회복지기능이 완비된 도시로 개발 • 가용토지를 최대로 활용한 친환경적 신도시 개발 (지제 역세권, 소사벌 택지지구) • 조성된 공업용지의 공급으로 지역경제 활성 도모 • K-6 주변지역 국제상업도시로 육성 • 향후 국제화 계획지구 개발(팽성) • 구도심의 재정비를 통한 도시 이미지 제고
서부 대생활권	• 항만배후도시 기능 • 생산기능 • 관광휴양기능 • 유통기능 • 전원도시기능	• 평택항 배후지역을 생산, 물류유통, 국제교류, 상업, 업무, 녹지기능을 부여하여 평택항 배후도시로 육성 • 기존의 평택호 유원지 및 연접 계획관리지역 일대를 종합레포츠타운으로 개발 • 포승 국가산업단지 확대 개발 • 현덕면, 포승면 일원의 주거용지는 추후 평택항의 발전에 대비하여 물류유통시설 및 기타 항만부대시설의 확충이 예상되므로 주거 밀도를 저밀의 단독주택용지로 계획하여 장래 필요시 용도변경이 가능하도록 계획 • 주거 · 교육기능을 갖춘 평택항 배후도시로 개발 • 주변 자연환경과 조화된 중 · 저밀도의 쾌적한 전원도시로 개발 • 산업단지 개발로 지역경제 활성화 도모 • 황해 경제자유구역 개발

자료 : 2020년 평택시 도시기본계획

동, 세교동, 원평동 비전1·2동, 신평동을 포함하고 있다. 남부 대생활권은 주거기능, 한미교류기능, 복합업무기능, 국제상업기능이 부여되어 있으며, 오는 2020년 계획인구는 세 곳의 대생활권 중 두 번째로 많은 29만 명이다.

마지막으로 서부 대생활권은 청북 중생활권, 안중 중생활권과, 행정구역상 오성면, 청북면, 현덕면, 안중읍, 포승읍을 포함하고 있다. 서부 대생활권은 관광·휴양기능, 항만배후도시기능, 생산기능, 전원도시기능, 유통기능이 부여되어 있으며, 오는 2020년 계획인구는 세 곳의 대생활권 중 가장 작은 18만 명이다.

위 개발방향을 토대로 했을 때 투자시 고려해야 할 각 생활권별 포인트는 송탄 중생활권은 시가지 개발, 고덕 중생활권은 고덕국제신도시, 남평택 중생활권은 도시개발사업과 소사벌 택지지구, 팽성 중생활권은 미군기지 이전, 안중 중생활권은 평택항 개발 및 평택항 배후도시에 있음을 알 수 있다. 또 다른 투자 포인트로 계획인구를 고려할 수 있는데, 23만 명의 계획인구를 자랑하는 송탄 중생활권과 24만 명의 계획인구를 자랑하는 남평택 중생활권, 그리고 각각 13만 명과 10만 명의 계획인구가 설정된 안중 중생활권과 고덕 중생활권이 투자 포인트다.

평택시를 공략하는
투자 포인트

투자 포인트 1   개발가능지를 알아야 성공한다

평택시 전체 면적은 452.195㎢로 이 중 개발이 가능한 미개발지는 전체 면적의 42.8%인 204.116㎢인데, 관리지역, 도시지역 중 미개발된 지역, 평택항 매립지가 해당된다.

'2020년 평택시 도시기본계획'에서 제시하고 있는 개발가능지를 살펴보면 전체적으로 위치상 중심지역보다는 외곽지역에 개발가능지가 폭넓게 분포하고 있음을 알 수 있다. 이는 곧 향후 평택시 시가지 개발방향이 동부지역의 평택, 송탄과 서부지역의 안중, 청북 및 미군기지 이전에 따른 외연 확산에 있음을 예측할 수 있는 대목이다. 따라서 'BUY 평택시'에 관심을 갖고 있는 실수요자들 또는 투자자들이라면 평택시 개발가능지의 현황과 시가지 개발방향을 고려해서 투자를 해야 할 것이다.

투자 포인트 2   단계별 개발계획을 활용하라

단계별 개발계획은 시가화용지(주거, 상업, 공업용지)와 시가화예정용지 등으로 구분해 5년 단위로 4단계에 걸쳐 수립하게 된다. 2단계(2006~2010

〈그림 1-17〉 평택시 개발가능지 분석도

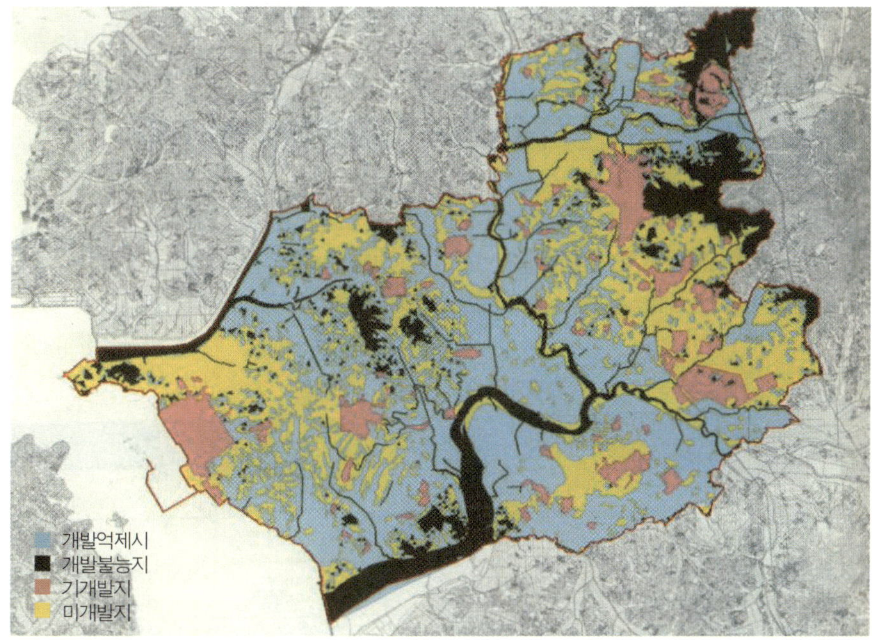

자료 : 2020년 평택시 도시기본계획

년), 3단계(2011~2015년), 4단계(2016~2020년)으로 각각 구분되는데, 단계별 개발계획에 주목해야 하는 이유는 효과적인 투자 전략을 수립하는 데 가장 기초적인 자료를 제공하기 때문이다.

그럼 이제부터 각 단계별 주요 개발계획을 살펴보자. 우선 간략하게 각 단계에서 중점을 두고 추진하는 개발사업에 어떤 것들이 있는지 개략적으로 살펴본 후 보다 자세하게 도표를 통해 확인해보도록 하자.

2단계 계획(2006~2010년)에서는 개발 여건이 양호하고 투자 효과가 높은 지역을 우선 개발할 예정이다. 진위 지방산업단지, 오성 지방산업단지, 평택항 개발과 함께 민간 도시개발사업 등 기존 시가화용지에 대한

〈그림 1-18〉 평택시 단계별 개발계획도

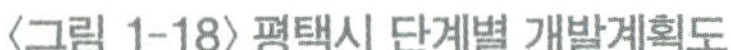

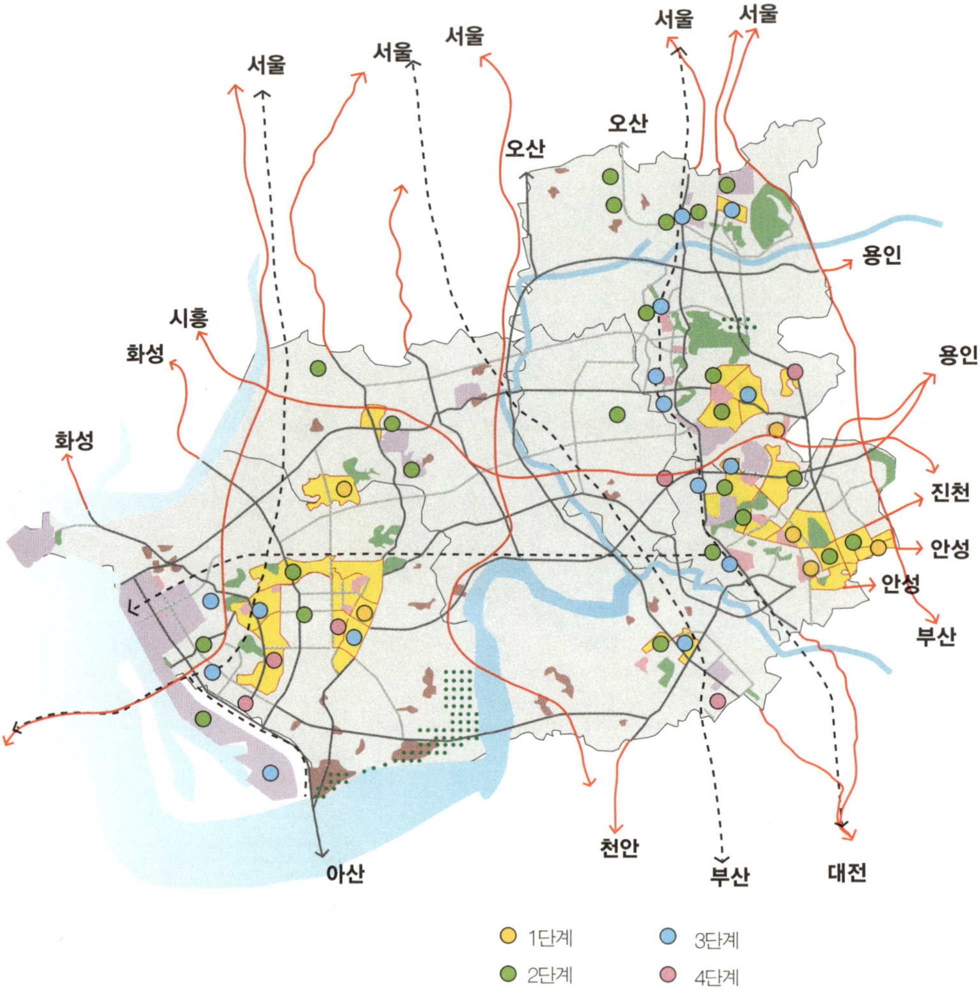

자료 : 2020년 평택시 도시기본계획

개발 등이 계획되어 있다.

3단계 계획(2011~2015년)에서는 도시기반시설의 확충을 통한 쾌적한 주거환경 창출에 초점이 맞춰질 계획이다. 북부 대생활권(3.127㎢), 남부 대생활권(0.537㎢), 서부 대생활권(2.890㎢) 및 기존 시가화용지 개발과 함께

〈표 1-9〉 제2단계 개발계획 주요 내용

구분	주용도	위치	면적(㎡)	단계별 계획	개 발 방 향
1	공업	서탄면 수월암리 일원	1,033,000	2	토지이용: 시가화예정용지 개발방식: 도시개발사업 또는 지구단위계획
2	주거	서탄면 수월암리 일원	425,000	2	토지이용: 시가화예정용지 개발방식: 도시개발사업 또는 지구단위계획
3	공업	진위면 갈곶리 일원	452,000	2	토지이용: 시가화용지(공업) 개발방식: 도시개발사업 또는 지구단위계획
4	주거	진위면 가곡리 일원	605,000	2	토지이용: 시가화용지(주거), 시가화예정용지 개발방식: 택지개발사업
5	주거	진위역 일원	74,000	2	토지이용: 시가화예정용지 개발방식: 도시개발사업 또는 지구단위계획
6	주거	신장동 일원	30,000	2	토지이용: 시가화예정용지 개발방식: 도시개발사업 또는 지구단위계획
7	주거 공업	고덕면 일원	17,461,000	2 3	국제화계획지구(고덕) 토지이용: 시가화예정용지 개발방식: 도시개발사업 또는 지구단위계획
8	주거	장인동, 이충동 장당동 일원	2,180,000	2	토지이용: 시가화용지(주거,상업), 시가화예정용지 개발방식: 도시개발사업 또는 지구단위계획
9	주거	가재동 일원	1,690,000	2	토지이용: 시가화용지(주거, 상업) 개발방식: 도시개발사업
10	주거	지제동, 동삭동 세교동 일원	2,506,000	2	토지이용: 시가화용지(주거,상업), 시가화예정용지 개발방식: 도시개발사업
11	주거	칠원동, 동삭동 일원	2,317,000	2	토지이용: 시가화용지(주거), 시가화예정용지 개발방식: 도시개발사업 또는 지구단위계획
12	주거	세교동 일원	488,000	2	토지이용: 시가화용지(주거) 개발방식: 도시개발사업
13	주거	죽백동, 용이동 일원	720,000	2	용죽 도시개발사업지구 토지이용: 시가화용지(주거), 시가화예정용지 개발방식: 도시개발사업
14	주거	용이동, 소사동 일원	2,398,000	2	토지이용: 시가화용지(주거) 개발방식: 도시개발사업

구분	주용도	위치	면적(㎡)	단계별 계획	개 발 방 향
15	주거	통복동 일원	233,000	2	토지이용: 시가화용지(주거) 개발방식: 도시개발사업
16	주거	팽성읍 안정리 근내리 일원	422,000	2	토지이용: 시가화용지(주거) 개발방식: 도시개발사업 또는 지구단위계획
17	상업	청북면 고령리 일원	974,000	2	토지이용: 시가화예정용지 개발방식: 도시개발사업 또는 지구단위계획
18	주거	청북면 현곡리 일원	463,000	2	토지이용: 시가화용지(주거) 개발방식: 도시개발사업 또는 지구단위계획
19	공업	오성면 양교리 일원	599,000	2	토지이용: 시가화용지(공업) 개발방식: 도시개발사업 또는 지구단위계획
20	주거	안중읍 학현리 성해리,안중리일원	3,054,000	2	토지이용: 시가화용지(주거, 상업) 개발방식: 도시개발사업 또는 지구단위계획
21	주거	현덕면 화양리 운정리 일원	3,731,000	2	토지이용: 시가화예정용지 개발방식: 도시개발사업
22	상업 공업	포승면 내기리 만호리 일원	2,235,000	2	토지이용: 시가화예정용지 개발방식: 도시개발사업 또는 지구단위계획
23	공업	평택항 일원	3,369,000	2	토지이용: 시가화용지(공업) 개발방식: 평택항 개발계획

자료 : 2020년 평택시 도시기본계획

평택항 개발이 예정되어 있다.

마지막으로 4단계 계획(2016~2020년)에서는 서부 대생활권의 기존 시가화용지 개발 및 도시기반시설 확충으로 쾌적한 주거환경 창출 등이 계획되어 있다.

단계별 개발계획을 통해 확인할 수 있는 부분은 평택시에서 오는 2010년까지 엄청난 개발이 지속적으로 추진된다는 점이다. 고덕국제신도시를 비롯해 평택항 등 공업부지, 대규모 주거지가 집중 공급됨으로써 엄청나게 변모해 나갈 것으로 예상된다. 부동산 가격은 호재 요인이 지속적으로

〈표 1-10〉 제3단계 개발계획 주요 내용

구분	주용도	위치	면적(㎡)	단계별 계획	개 발 방 향
1	주거	진위면 가곡리 일원	646,000	3	토지이용: 시가화용지(주거, 상업) 개발방식: 도시개발사업 또는 지구단위계획
2	주거 공업	고덕면 일원	17,461,000	2 3	국제화계획지구(고덕) 토지이용: 시가화예정용지 개발방식: 도시개발사업 또는 지구단위계획
3	주거	장인동, 가재동 일원	1,860,000	3	토지이용: 시가화용지(주거, 상업) 개발방식: 도시개발사업 또는 지구단위계획
4	주거	칠괴동 일원	462,000	3	토지이용: 시가화용지(주거), 개발방식: 도시개발사업 또는 지구단위계획
5	주거	장당동 일원	356,000	3	토지이용: 시가화용지(주거, 상업) 개발방식: 도시개발사업 또는 지구단위계획
6	주거	팽성읍 객사리 일원	537,000	3	토지이용: 시가화예정용지 개발방식: 도시개발사업 또는 지구단위계획
7	주거	현덕면 인광리 일원	995,000	3	토지이용: 시가화용지(주거) 개발방식: 도시개발사업 또는 지구단위계획
8	주거	포승면 방림리 일원	1,895,000	3	토지이용: 시가화용지(주거, 상업) 개발방식: 도시개발사업 또는 지구단위계획
9	공업	포승면 도곡리 내기리 일원	1,138,000	3	토지이용: 시가화예정용지 개발방식: 도시개발사업 또는 지구단위계획
10	상업 공업	포승면 희곡리 만호리 일원	3,029,000	3	토지이용: 시가화예정용지 개발방식: 도시개발사업 또는 지구단위계획
11	공업	평택항 일원	2,997,000	3	토지이용: 시가화용지(공업) 개발방식: 평택항 개발계획

자료 : 2020년 평택시 도시기본계획

이어져 살아 움직이는 곳일수록 더 가파르게 상승한다는 불변의 법칙을 생각해볼 때 평택시야말로 엄청난 투자가치가 돋보이는 매력적인 투자처라고 할 수 있다.

〈표 1-11〉 제4단계 개발계획 주요 내용

구분	주용도	위치	면적(㎡)	단계별 계획	개발방향
1	주거	도일동 일원	389,000	4	토지이용: 시가화용지(주거) 개발방식: 도시개발사업 또는 지구단위계획
2	공업	팽성읍 대사리 일원	1,257,000	4	토지이용: 시가화예정용지 개발방식: 도시개발사업 또는 지구단위계획
3	주거	안중읍 현화리 일원	662,000	4	토지이용: 시가화용지(주거, 상업) 개발방식: 도시개발사업 또는 지구단위계획
4	주거	포승면 방림리 현덕면 방축리 일원	2,700,000	4	토지이용: 시가화용지(주거, 상업) 개발방식: 도시개발사업 또는 지구단위계획
5	상업 공업	포승면 신영리 일원	1,868,000	4	토지이용: 시가화예정용지 개발방식: 도시개발사업 또는 지구단위계획

자료 : 2020년 평택시 도시기본계획

투자 포인트 3 시가화예정용지를 분석하라

'2020년 평택시 도시기본계획'에서 제시하고 있는 시가화예정용지에 대한 단계별 개발계획은 전체 단계별 개발계획 속에서 확인해볼 수 있으나 투자에 있어 시가화예정용지가 차지하는 비중이 결코 작지 않은 관계로 시가화예정용지에 대한 단계별 개발계획을 별도로 분리해 살펴볼 필요가 있다.

2단계(2006~2010년)에 반영되어 있는 시가화예정용지 개발계획은 첫째, 서탄 지방산업단지 개발, 둘째, 서탄 택지개발사업 개발, 셋째, 진위역 및 역세권 개발, 넷째, 고덕 국제신도시 지역 일부 개발, 다섯째, 지제역세권 일부 개발, 여섯째, 청북유통단지 개발, 일곱째, 평택항 배후도시 일부 개발, 여덟째, 비도시지역의 계획적·체계적 개발 및 관리를 위한 제2종 지구단위계획사업 개발 등이 있다.

3단계(2011~2015년)에 반영되어 있는 시가화예정용지 개발계획에는 첫째, 고덕국제신도시 일부 개발, 둘째, 평택항 배후도시 일부 개발, 셋째, 포승 국가산업단지와 연계한 안중지역 산업단지 개발, 넷째, 비도시지역의 계획적·체계적 개발 및 관리를 위해 제2종 지구단위계획사업 시행 등이 포함되어 있다.

4단계(2016~2020년)에 반영되어 있는 시가화예정용지 개발계획 내용은 첫째, 팽성산업단지 개발, 둘째, 지제역세권 계획적 개발, 셋째, 평택항 배후도시 일부 개발, 넷째, 비도시지역의 계획적·체계적 개발 및 관리를 위해 제2종 지구단위계획사업 개발 등이 있다.

투자 포인트 4   뛰어난 자족기능의 고덕국제신도시

평택시 고덕면 서정동, 모곡동, 지제동, 장당동 일원 17.461㎢의 부지 위에 조성되는 고덕국제신도시에는 아파트 4만 9,578가구, 단독주택 3,423가구, 연립주택 1,181가구 등 총 6만 3,000여 가구가 공급될 예정인데 빠르면 올해 말부터 보상이 시작될 수 있을 것으로 예상됨에 따라 주변지역 부동산 시장에 엄청난 파급 효과를 가져올 것으로 본다.

고덕국제신도시가 주목을 받고 있는 이유 가운데 하나로 뛰어난 자족기능을 들 수 있다. 산업 생산품의 상설 전시, 홍보를 위한 산업종합시장을 유치함으로써 외국과의 산업교류 폭이 확대될 것으로 기대를 모으고 있다. 산업전시장과 통합된 쇼핑, 위락, 레저기능을 갖춘 국제교역센터가 조성되고, 평택항을 매개로 중국 및 동남아 지역의 무역관련 업종 및 국내외 첨단제조업체가 입주할 것으로 예상된다.

뿐만 아니라, 종합지원센터와 첨단 제조관련 R&D 및 특성화 대학 유치, 첨단 물류·유통단지 조성, 유비쿼터스 도시로의 조성은 평택시 전체의 가치를 상승시키는 촉매제가 될 것으로 예상된다. 여기에 외국어 마

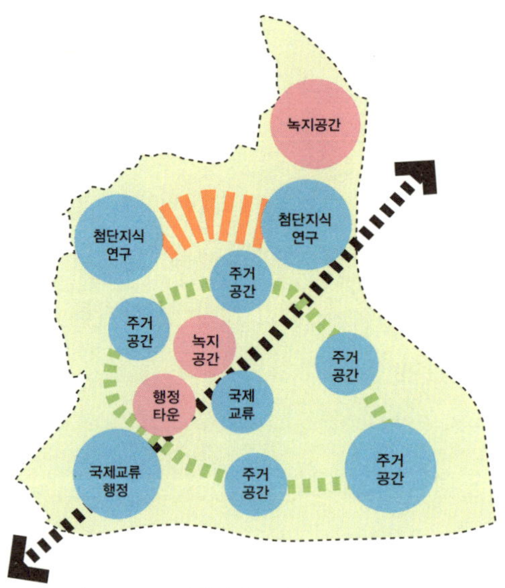

〈그림 1-19〉 고덕국제신도시 공간구상도

자료 : 2020년 평택시 도시기본계획

을, 외국인 전용주거단지, 국제화 캠프, 외국대학 유치 등을 통한 뛰어난 교육환경 확보와 동시에 입주민을 위한 웰빙 주거환경이 갖춰질 것으로 기대된다. 위와 같은 요인들을 종합적으로 고려할 때 고덕국제신도시야말로 'BUY 평택시' 제1순위 대상으로 손색 없는 곳이라고 할 수 있다.

투자 포인트 5

평택항 배후단지를 주목하라

'2020년 평택시 도시기본계획'은 평택시 포승면 만호리 일원의 20.495㎢ 부지 위에 평택항 배후단지를 조성하는 계획을 반영하였다. 입지 측면에서 볼 때 평택항 배후단지는 기존 평택항 및 포승 국가산업단지와 인접해 있고, 서해안고속도로가 지구를 지나갈 뿐만 아니라 국도 38호선, 국도 39호선, 국도 82호선을 통해 주변지역으로의 접근이 가능하며 포승~평택 간 철도, 서남선 철도 등에 의해 광역교통망이 크게 개선될 수 있는 장점이 있는 곳이다.

자동차부품산업, 바이오산업, 전자정보산업과 같은 첨단산업을 유치하고, 평택항 여객터미널 배후지역에 국제업무기능을 배치하며, 주거공간에는 주거단지 내에 거주할 외국인을 위한 다양한 문화 및 생활편의시설 등이 들어설 것으로 예상된다. 이와 같은 점을 기준으로 판단할 때 포승면 만호리 일대와 그 주변지역 역시 투자가치가 상당히 돋보이는 투자우량지역 가운데 한 곳이라고 할 수 있다.

투자 포인트 6 뉴타운을 노려라

평택 구도심, 그중에서도 뉴타운에 대한 관심은 실수요자, 투자자 구분할 것 없이 용광로처럼 뜨거운 상태라고 할 수 있다. 주거지형으로 개발되는 신장지구와 안정지구는 지난 5월 7일 재정비촉진구(뉴타운)으로 지정되었고, 2010년 5월까지 촉진계획을 수립해 본격적인 개발이 진행될 예정이다. 대다수 전문가들이 평택시 뉴타운 지역과 그 주변지역을 향후 가격상승폭이 매우 클 것으로 지목하고 있는 이유는 아직은 사업초기이고 다양한 개발 호재들이 있기 때문이다.

그렇다면 어떤 이유로 평택 뉴타운이 주목을 받고 있는 것일까? 그 이유는 바로 호재가 지속적으로 이어지게 될 평택시에서 추진되고 있는 뉴타운이라는 점에서 찾을 수 있다. 즉 시장이 역동적인 곳이라는 점 때문에 주목을 받고 있다는 뜻이다. 그러므로 실수요자 또는 장기적인 관점에서 접근하는 가치투자자라면 뉴타운 지역을 적극 노려볼 만하다. 다만 한 가지 부담스러운 점은 해당 지역이 이미 토지거래 허가구역으로 묶여 있는 상황이어서 활발한 거래가 힘들다는 점을 들 수 있다. 따라서 사정상 뉴타운 지역에 투자하기

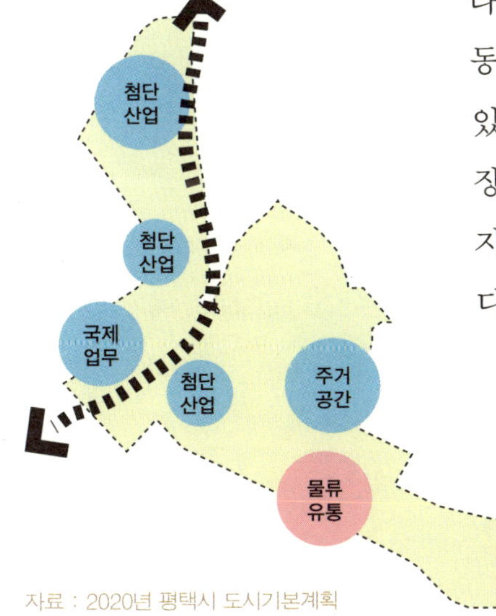

〈그림 1-20〉 평택항 배후단지 공간구상도

자료 : 2020년 평택시 도시기본계획

곤란하다면 뉴타운 수혜지역을 적극 노려보는 것도 좋은 투자 전략이 될 것으로 보인다.

평택시는 주거지역이 평택, 서정리, 송탄역 주변지역 등에 집중되어 있다는 특징이 있다. 이런 특성을 고려해볼 때 서정리역 역세권이면서 고덕국제신도시와 인접해 있어 고덕국제신도시 개발에 따른 직접적 수혜를 기대할 수 있고, 주변 산업단지의 주거배후지라는 특성상 꾸준한 임대수요가 있는 서정동 일대가 투자 유망지역이라고 할 수 있다.

현재 서정동 일대의 시세를 보면 다세대 주택의 경우 지분에 따라 조금씩 차이를 보이고 있기는 하지만 20㎡ 미만은 3.3㎡당 1,000만~1,500만 원, 33㎡ 내외는 3.3㎡당 800만 원 수준의 시세를 보이고 있고, 단독주택의 경우는 3.3㎡당 500만 원 안팎의 시세를 형성하고 있어 소액으로도 내 집 마련과 투자를 할 수 있다는 장점이 있는 곳이라고 할 수 있다.

'BUY 평택시', 이것만은 주의하라

평택시는 개발 호재가 매우 많은 곳이다. 따라서 분명 매력적인 지역임에는 틀림없다. 그러나 개발 호재가 많은 지역에 투자할 경우 특히 주의해야 할 점 가운데 하나가 개발 호재에 지나치게 의지하면 안 된다는 사실이다. 이것은 매우 중요한 사항임에도 이를 아는 투자자는 의외로 드물다. 계획에 따라 단계별로 개발이 순조롭게 이루어진다면 큰 문제가 없겠지만 모든 사업이 계획대로 추진되는 것은 거의 불가능에 가깝다. 그러므로 아무리 개발 호재가 많은 지역이라고 할지라도 투자 여부를 결정할 때는 개발 호재를 50% 정도만 고려하고 나머지 50%는 자신의 투자목적이나 투자규모, 투자기간을 충분히 감안하는 투자습관이 필요하다.

〈그림 1-21〉 평택시 도시기본계획 구상도

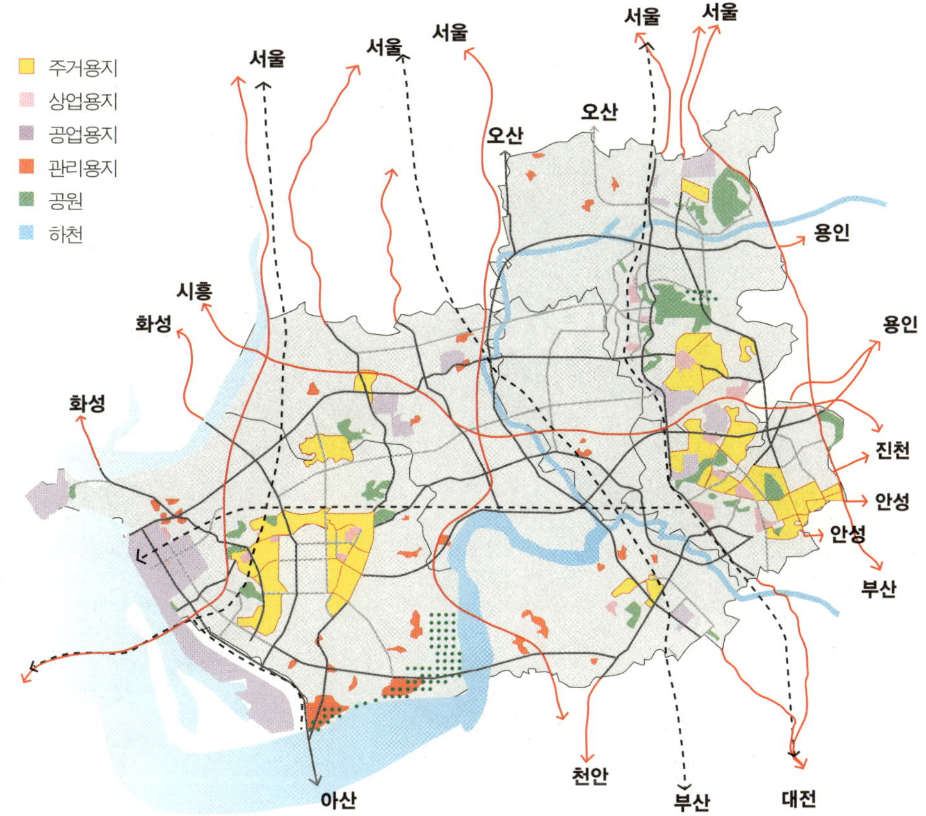

자료 : 2020년 평택시 도시기본계획

04

성남시,
비상은
이미 시작되었다

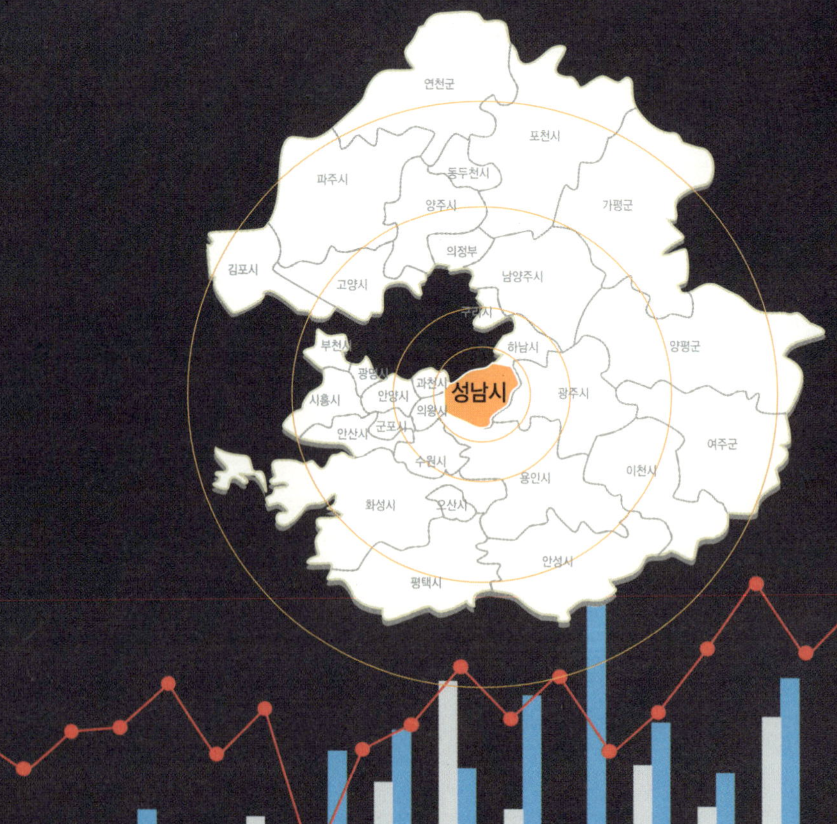

성남시의 현황과 개발계획

성남시 하면 가장 먼저 떠오르는 단어가 무엇일까? 물론 사람에 따라 서로 다른 단어가 떠오를 테지만 아마도 십중팔구는 분당 또는 판교라고 대답할 것이다. 성남시는 자타가 공인하는 것처럼 수도권 1기 신도시 중 최고로 손꼽히는 분당신도시가 있고 수도권 2기 신도시 중 최고라는 평가를 받고 있는 판교신도시가 들어서고 있는 도시다. 이런 이유로 성남시는 최근 몇 년 동안 부동산 시장의 뜨거운 관심과 주목을 받아왔다.

수십 년 동안 우리나라 부동산 시장에서 결코 깨지지 않고 있어 확고부동한 원칙으로 여겨지는 것이 하나 있다. 바로 "신도시에 투자하라!"는 것이다. 이 원칙에 따라 충실히 투자한 투자자치고 실패한 경우가 거의 없기 때문에 자연스럽게 형성된 것이라고 할 수 있다. '신도시 투자＝재테크 성공'이라는 공식이 깨지지 않는 한 많은 투자자들은 계속해서 판교에 열광하게 될 것이다.

사실 분당신도시를 보면 판교신도시의 미래가치가 어떻게 될지 충분히 예상해볼 수 있다. 벌써부터 판교 vs. 분당을 거론하는 투자자들도 적지 않은 현실이고 보면, 판교가 가장 확실한 투자대상이라는 데 이론이 있을 수 없다. 그러나 그렇다고 해서 투자대상을 성남시 전체가 아닌 판교신도시로 제한한다면 이는 적절치 못한 투자 전략이 될 것으로 예상된다. 판교신도시 외에도 매력적인 투자처가 많은 곳이 바로 성남시이기 때문이다.

성남시의 진짜 모습은 이것이다

대부분의 투자자들은 분당신도시나 판교신도시에 대한 투자를 고려하면서도 정작 성남시가 어떤 특징을 갖고 있는 도시인지에 대해서는 잘 모르고 있는 경우가 대부분이다. 그러면 과연 성남시는 어떤 특징을 지니고 있는 도시일까?

첫째, 수정구, 중원구, 분당구 등 3개 구에 44개 동이 있고 전체 면적은 141.720㎢이며, 2007년 7월 현재 95만 8,000여 명의 인구를 자랑하는 수도권의 대표 도시 가운데 한 곳이다.

둘째, 서울과 지리적으로 매우 가까운 곳에 자리 잡고 있는데 서울 도심으로부터 약 26㎞, 접경으로부터는 불과 3.5㎞밖에 떨어져 있지 않아 뛰어난 서울 접근성을 자랑하는 도시이다. 이는 수도권 제1기 신도시인 분당신도시와 제2기 신도시인 판교신도시가 성남시에 자리 잡게 된 가장 큰 이유이기도 하다.

셋째, 동쪽으로 하남시, 광주시, 서쪽으로 과천시, 의왕시, 남쪽으로 용인시에 각각 접하고 있어 지역 공간상으로 경기도의 중심부에 위치하고 있다.

넷째, 시 중앙으로 경부고속도로가 남북을 관통하고 있으며, 기존 시가지 서쪽에서 북쪽으로 서울외곽순환도로가 통과하는 등 도로교통의 편리성이 매우 큰 곳이다. 뿐만 아니라, 기존의 분당선에 분당선 연장선, 신분당선 등이 추가 개통될 경우 대중교통의 편리성이 획기적으로 개선될 것으로 예상되는 곳이기도 하다.

다섯째, 자족기능을 갖춘 대표적인 도시다. 벤처기업 육성 촉진지구인 야탑역~오리역 산업단지, 분당테크노파크와 신흥2동, 상대원1동 일원 1,823㎡ 규모의 산업단지 외에도 대한주택공사, 한국토지공사, 한국가스공사, 한국도로공사, 한국식품연구원 등 다수의 공기업이 있어 뛰어난 자족기능을 자랑하는 곳이다.

여섯째, 대한민국 국민이라면 누구나 알고 있듯이 수도권 제1기 신도시의 대표라고 할 수 있는 분당신도시가 있는 곳이다. 또한 제2의 강남을 노리는 수도권 제2기 신도시의 대표주자인 판교신도시가 조성되고 있는 곳이다.

일곱째, 분당신도시와 현재 개발이 진행되고 있는 판교신도시와 다르게 기존 도심의 경우 불량, 노후 및 저층과밀형 주거지가 많아 지역 간 삶의 질적 차이가 발생하고 있다는 문제가 있다. 따라서 이런 문제점을 해결하기 위한 방안으로 기존 도심에 대한 재개발 압력이 높아지고 있는 추세여서 향후 기존 도심에 대한 투자매력이 한층 높아질 것으로 예상된다. 이는 새정부의 부동산 정책이 수요억제보다는 공급확대를 하되 그 방법에 있어서는 신도시 조성보다 기존 도심을 리모델링하는 쪽에 무게중심을 두고 있다는 점을 고려할 때 상당한 투자매력이 아닐 수 없다.

분명 성남시는 매력적인 투자처라고 감히 단언할 수 있다. 신도시뿐만 아니라 기존 도심에 대한 리모델링 역시 향후 활발히 진행될 것으로 예상되기 때문이다. 그러나 이런 호재 요인만 믿고 섣부른 투자를 해서는 곤란하다. 'BUY 성남시'를 통해 백전백승하는 투자를 위해서는 성남시의 미래 모습을 예측하는 과정이 선행되어야 하기 때문이다. 그럼 이제부터 '2020년 성남시 도시기본계획'에 나타난 성남시의 미래 모습을 철저하게 뜯어보도록 하자.

2020년 성남시 도시기본계획 뜯어보기

2020년 성남시 도시기본계획은 성남시가 현재 처해 있는 상태를

〈표 1-12〉 성남시 SWOT 분석

- 수도권 교통망의 요충지 및 한반도와 수도권의 중심축
- 분당, 판교신시가지 입지로 인한 고급 주거도시로서의 이미지 확보
- 높은 재정자립도 및 지식, 중산계층의 인적자원 양호
- 수도권 인근의 지식정보산업의 입지 잠재력 및 전국적 물류 유통중심지

- 기존 시가지와 분당신도시, 개발 중심인 판교신도시 간의 삶의 질 격차 심화
- 기존 시가지 내에 혼재된 도시기능 및 저층과밀형 주거지의 열악한 주거환경
- 도시의 자족기능 미비 및 서울에의 의존성 증대

Strength (강점) | **Weakness** (약점)
Opportunity (기회) | **Threat** (위험)

- 상위계획에서의 벤처산업 육성도시 의지
- 고도제한의 완화(12→14m)로 인한 기성 시가지 재개발사업 여건 마련
- 기존 시가지 재개발을 통한 새로운 도시기능 및 주거양식 도입
- 개발제한구역 우선해제지역에 대한 친환경적 주거지 개발 가능

- 인접 도시의 확장에 따른 인구 유입과 도시 관리상의 문제
- 수도권 과밀억제권역에 대한 규제 완화 조치의 미흡성
- 분당신도시 및 판교신도시 주변지역에 대한 개발압력과 자연환경의 훼손 우려
- 지식관련산업 중심의 벤처산업을 육성하려는 경쟁도시의 등장

자료 : 2020년 성남시 도시기본계획

SWOT 분석을 통해 정확히 진단하고 있는데, 이것이 바로 성남시 도시기본계획의 출발점이 되고 있다는 점에서 꼭 짚고 넘어갈 필요가 있다. 〈표 1-12〉와 같이 분석된 내용에 따라 2020년 성남시 도시기본계획은 성남시가 당면하고 있는 약점요인과 위협요인을 극복하고 장점요인과 기회를 최대한 활용하는 방안으로 수립되어 있다. 그렇다면 투자자 입장에서는 어떤 점에 착안해 투자를 해야 할까? 답은 약점요인과 기회요인에서 찾을 수 있다. 이를 통해 성남시의 발전방향을 가늠해볼 수 있기 때문이다.

성남시 공간구조 구상을 주목하라

2020년 성남시 도시기본계획은 현재 성남시의 SWOT 분석 결과와 지역적 특성을 감안하면서 동시에 도시의 미래상과 도시발전방향과 부합되도록 도시공간구조를 수정 · 중원 중심, 분당 중심, 판교 중심의 3중심으로 구상하였다. 이 3개의 중심에는 현재 특성뿐만 아니라 미래상을 고려해 각각에 적합한 기능이 부여되었다.

이제 각각의 중심에 부여된 기능과 이 기능의 수행을 위해 어떤 방향으로 개발이 이루어질 것인지를 살펴보도록 하자. 가장 먼저 수정 · 중원 중심을 살펴보자.

수정 · 중원 중심은 현재 노후 · 불량주택지역이 많고 기반시설이 부족한 생활권이다. 이를 극복하기 위해 제1산업단지 이전을 통한 역세권 개발로 도심을 활성화하고 새로운 도시 이미지를 창출하여 성남시의 랜드마크로 탈바꿈시킬 계획이다. 또한 문제가 되고 있는 노후 · 불량주택지역에 대한 대대적인 주택재개발사업, 주거환개선사업 등을 통해 양호한 주거환경을 확보하고 부족한 기반시설을 확충할 예정이다. 뿐만 아니라, 자족기능의 강화를 위해 남동쪽에 입지해 있는 제2 · 3산업단지를 중심으

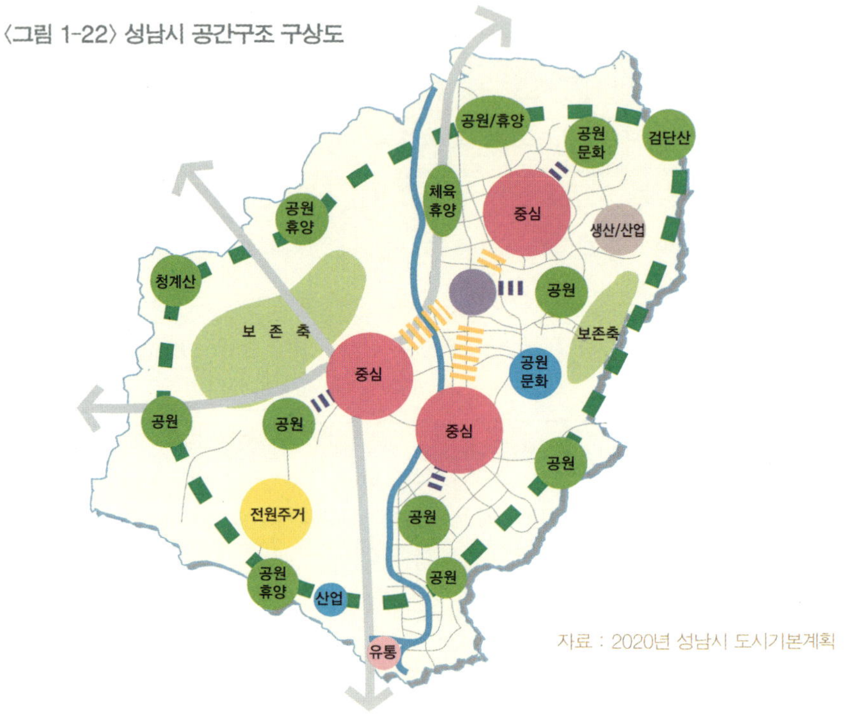

로 도시형 업종으로 산업구조를 고도화해 신산업공간의 기능을 부여할 계획이다. 또한 부족한 녹지 및 문화공간의 확충 그리고 남한산성을 중심으로 문화관광벨트 조성 등과 같은 도시환경개선을 적극 추진할 계획이다.

다음으로 분당 중심을 살펴보자. 분당 중심은 신주거기능의 잠재력을 활용해 주거기능을 정비하고 편익시설을 보완해 양호한 주거지로서의 이미지를 강화할 예정이다. 또한 부족한 문화기능을 확충하고, 수도권 남부지역의 잠재력을 흡수하여 광역화 · 국제화를 도모할 계획이다. 이와 더불어 자족기능의 강화를 위해서는 벤처 · 업무기능을 적극 유치함으로써 수도권 남부지역의 업무 · 서비스기능 거점으로 조성해 나갈 계획이다. 또

<그림 1-23> 성남시 생활권 구분도

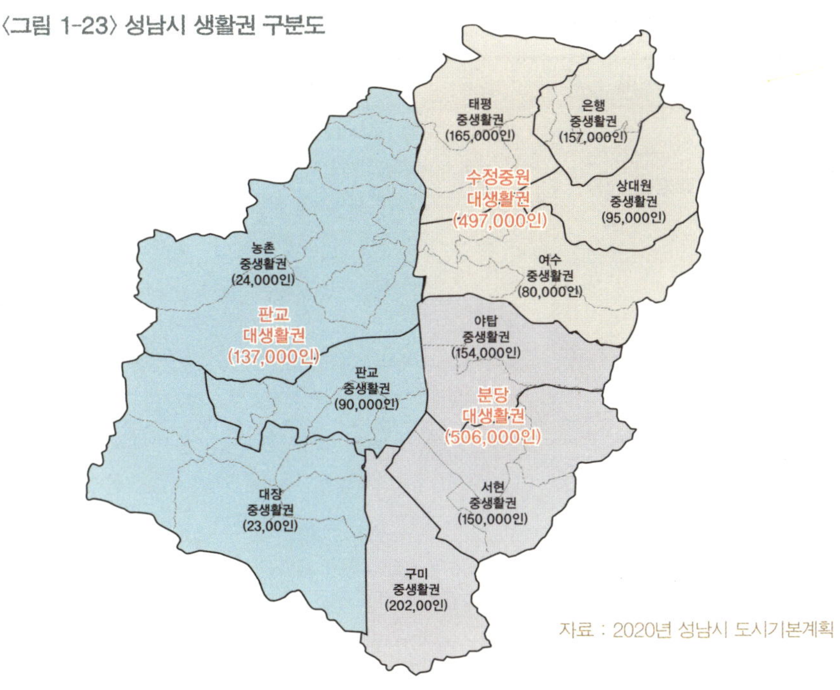

이를 바탕으로 상업지역 역시 활성화시켜 나갈 계획이 수립된 상태다.

마지막으로 판교 중심을 보자. 판교 중심은 수도권 제2기 신도시가 조성되는 곳답게 자연생태기능을 최대한 보전하면서도 적정 밀도의 쾌적한 주거환경을 조성해 환경 친화적인 전원도시로 조성될 예정이다. 판교 중심은 자족기능이 잘 갖춰지는 신도시답게 벤처업무단지가 입지해 수도권 동남부의 첨단산업·업무 거점도시로 육성될 계획이다. 이와 같은 특성을 반영해 현재 판교 중심은 정보통신 관련 벤처업무와 소규모 벤처제조업, 일반업무기능, 국제업무기능이 부여되어 있는 상태다.

<표 1-13> 성남시 생활권 구상

대생활권	중생활권	개 발 방 향
수정 · 중원 대생활권	태평 중생활권	• 제1산업단지 이전부지에 랜드마크 기능 부여로 도심 활성화 • 복정 토지구획정리 사업지구 개발로 쾌적한 도시환경 유도 • 개발제한구역 우선해제지역 저밀도 친환경적 주거공간 구성 • 도시 · 주거환경정비사업을 통한 주거환경 개선
	은행 중생활권	• 도시 · 주거환경정비사업을 통한 기반시설 확충 및 주거환경 개선 • 열악한 주거지역에 대하여 주거환경개선사업 확충 • 남한산성과 연계한 문화관광기능 활성화
	상대원 중생활권	• 제2 · 3산업단지 정비 및 산업구조 고도화 • 도시주거환경정비사업 및 주거환경개선사업을 통해 주거환경 정비
	여수 중생활권	• 모란역세권 개발로 기존 시가지 도심기능 활성화 • 시청사 이전에 따른 행정 · 문화기능 • 도촌, 여수지구 국민임대주택단지 추진으로 도시 주거안정화 기능 • 종합운동장 입지로 시민의 체육활동 공간 제공
분당 대생활권	야탑 중생활권	• 기존 시가지와의 연계기능 강화 • 고속버스터미널 입지로 교통 · 물류기능 강화 • 유동인구를 위한 상업 및 위락 서비스기능 제공 • 종합운동장 입지로 주민 이용을 활성화하여 시민 체육활동 공간 제공 • 벤처기업육성 촉진지구의 활성화
	서현 중생활권	• 분당의 도심기능으로 행정, 문화, 상업, 업무 중심의 역할 기능 • 중앙공원, 율동공원 입지로 시민의 여가활동 공간 제공 • 고밀도의 콤팩트한 개발을 유도하고 중심지로서 스카이라인 형성 • 벤처밸리 지정으로 소프트웨어 산업경쟁력 강화
	구미 중생활권	• 수도권 남부지역의 잠재력을 흡수한 상업 · 위락 서비스기능 담당 • 농수산물센터 입지로 인해 유통기능 담당, 광역상권 형성 • 간선변 저층부 상업기능 강화와 역세권 개발 유도

대생활권	중생활권	개 발 방 향
판교 대생활권	판교 중생활권	• 수도권 신규주택공급 및 차별되는 적정 밀도의 쾌적한 주거 환경 조성기능 • 첨단성장산업인 정보통신 관련 벤처업무기능을 담당하는 도시 지원시설 용지 확보로 도시 자족기능 확충 • 자연을 활용한 녹지 네트워크 구축으로 시민들의 휴식공간 제공
	대장 중생활권	• 친환경적 선진형 주거단지 조성으로 특화된 지역개발 유도 • 개별적 건축행위로 난개발이 우려되는 녹지지역의 적극적이고 계획적인 관리 • 도시형 첨단산업단지 조성으로 도시의 자족기능 확보 및 시민 고용창출 증대
	농촌 중생활권	• 개발제한구역 내 취락 우선해제로 저층·저밀의 쾌적한 친환경적 주거지 조성 • 탄천변 체육공원, 대왕저수지 공원의 입지로 시민들의 여가, 휴양, 체육활동공간 제공 • 농촌지역의 근교농업 활성화

자료 : 2020년 성남시 도시기본계획

또 하나의 투자 포인트, 생활권을 주목하라

'2020년 성남시 도시기본계획'은 도시개발방향 및 지형여건에 따라 성남시 전체를 3개의 대(大)생활권(수정·중원 대생활권, 분당 대생활권, 판교 대생활권)으로 구분하고, 각각의 대생활권별로 중(中)생활권을 설정하였다. 이렇게 설정된 생활권을 바탕으로 각 생활권이 갖고 있는 특성을 최대한 고려하면서 도시균형발전을 꾀하는 데 초점을 맞추고 있다.

생활권 구상을 보면 각 생활권이 어떤 방향으로 개발될지가 분명히 나타나고 있어 투자 전략을 수립하는 데 큰 도움이 될 것으로 예상된다. 그렇다면 각 생활권의 투자 포인트를 짚어보자. 먼저 수정·중원 대생활권을 보면 구시가지, 즉 기존 도심의 활성화를 꾀하고자 하는 의지가 돋보임을 발견할 수 있다. 이에 따라 수정·중원 대생활권의 투자 포인트는 재개발에 있다고 할 수 있다. 태평 중생활권, 은행 중생활권, 상대원 중생활권, 여수 중생활권 모두 기존 도심의 활성화와 관련된 내용이 집중되어 있다는 사실만 봐도 이를 알 수 있다.

다음으로 분당 대생활권은 수도권 제1기 신도시로 대표되는 분당의 가치를 생각해서 판교신도시와 함께 상생하는 방향으로 계획이 수립되었음을 알 수 있다. 야탑 중생활권은 교통·물류기능, 상업·위락서비스기능과 벤처육성 촉진지구로, 서현 중생활권은 도심의 중심기능과 벤처밸리로, 구미 중생활권은 상업·위락서비스, 유통기능과 함께 역세권 개발로 각각 계획이 수립되어 있다. 이는 판교신도시 개발에 따라 도심의 중심축이 기존의 분당에서 판교로 급격히 쏠리는 것을 사전에 예방하고 기존의 중심축이라고 할 수 있는 분당과 또 다른 중심축으로 자리 잡게 될 판교가 서로 시너지 효과를 발휘할 수 있도록 개발방향이 수립되었음을 의미하는 것이다. 따라서 분당 대생활권으로 대표되는 분당신도시는 여전히 투자가치가 매우 높은 수도권 최고의 블루칩이라고 할 수 있다.

마지막으로 수도권 제2기 신도시의 대표주자격인 판교신도시가 자리 잡게 될 판교 대생활권을 살펴보자. 우선 판교 대생활권은 성남시의 3개 대생활권 중 가장 적은 규모의 수용인구(13만 7,000명)가 계획되어 있다는 점이 눈에 띈다. 이는 곧 저밀도 친환경 신도시로 주목받고 있는 판교신도시의 장점이 그대로 드러나는 대목이라고 할 수 있다. 판교 대생활권에는 판교 중생활권, 대장 중생활권, 농촌 중생활권이 있는데, 판교 중생활권은 판교신도시의 자족기능과 적정 밀도의 쾌적한 주거타운이 갖춰지게 될 예정이고, 대장 중생활권은 친환경적 선진형 주거단지와 함께 도시형 첨단산업단지가 들어서게 될 예정이며, 농촌 중생활권은 친환경 주거단지와 여가·휴식공간 및 근교농업 등의 기능을 갖추게 될 예정이다.

따라서 당초 개발 당시의 전망처럼 판교신도시는 자족기능을 갖춘 친환경 고급신도시가 될 것으로 예상되고, 투자가치 역시 매우 높은 지역이라고 볼 수 있다. 다만 대장 중생활권이나 농촌 중생활권 같은 경우는 도시기본계획에서 각각 난개발 억제, 여가·휴식 기능을 위한 공원 확보 및 근교농업의 활성화를 제시하고 있어 토지분야에 대한 투자는 신중한 접근이 필요할 것으로 예상된다.

토지이용계획의 핵심을 파악하라

성남시의 토지이용현황을 지목별, 용도지역별로 살펴보자. 먼저 지목별 이용현황을 큰 순서대로 살펴보면 임야가 49.9%(70.787㎢)로 가장 많고, 다음으로 13.0%(18.393㎢)의 대지, 8.3%(11.789㎢)의 도로, 6.3%(8.926㎢)의 답(畓), 6.0%(8.552㎢)의 전(田) 순서인 것으로 나타나고 있다. 다음으로 용도지역별 이용현황을 보면 성남시 도시계획구역 141.720㎢ 중 시가화지역은 주거지역 14.8%, 상업지역 3.1%, 공업지역 1.1%로 총 26.902㎢인 19.0%를 차지하고 있으며, 녹지지역은 114.818㎢인 81.0%로 대부분 녹지지역인 것으로 나타났다. 사실 성남시의 경우 개발 가능한 녹지가 대규모로 분포되어 있다는 점 하나만을 놓고 보면 개발가능지가 매우 많을 것이리고 생각하기 쉬우나 실상은 그렇지 못하다는 문제가 있다. 개발제한구역 등 토지이용에 많은 제약을 받고 있기 때문이다.

이에 덧붙여 도시형성 과정에서 자연지형에 순응, 대지의 세분화 등으로 협소한 공간에 다양한 토지이용이 혼재되어 주거환경의 저해요인으로 작용하고 있다는 점 역시 쾌적한 주거환경조성을 어렵게 하는 요인이 되

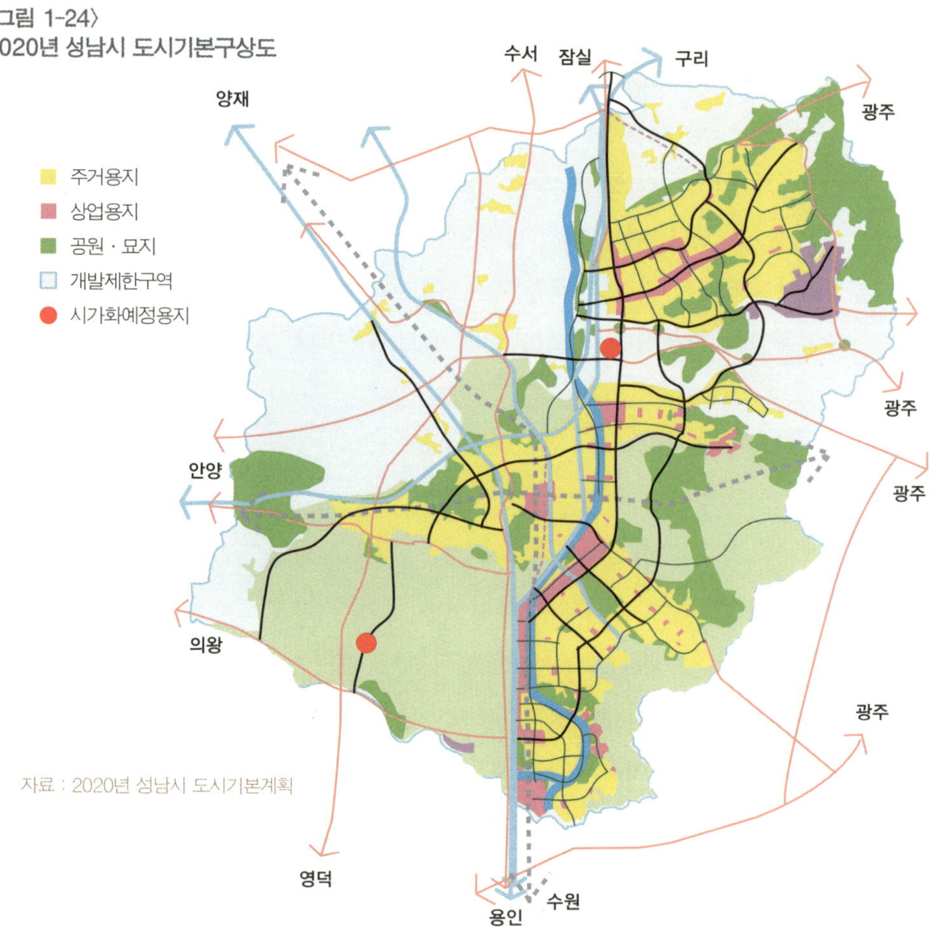

고 있다. 이 문제는 특히 신도심인 분당과 기존 도심인 수정 · 중원의 이원
화된 도시구조를 더욱 고착화시키는 요인이 되어왔다는 점에서 그 해결방
안이 시급히 마련되어야 할 필요가 있었는데, '2020년 성남시 도시기본계
획'에 나타난 토지이용구상을 검토함으로써 그 실마리를 찾을 수 있다.

　'2020년 성남시 도시기본계획'에서 밝힌 토지이용계획 중 가장 핵심적
인 내용을 살펴보면 다음과 같다.

첫째, 개발제한구역 내 집단취락지인 여수동, 성남동 일원의 시가화예정지 지정

둘째, 대장동 전원주택단지의 시가화예정지 지정

셋째, 제1산업단지 이전부지 구상

넷째, 그린벨트 우선해제지역의 주거용지 변경

이 가운데 여수동 신행정타운은 모란역세권 개발과 함께 성남시 구도심을 활성화하기 위해 야심차게 준비된 것이라는 점에서, 대장동 전원주택단지는 판교신도시 남쪽에 자리 잡고 있다는 지리적 장점과 함께 100만㎡ 규모로 조성되는 고급 전원주택단지라는 점에서 특히 주목할 필요가 있다.

여수동 신행정타운 + 모란역세권 개발 = 구도심 환골탈태 프로젝트

성남시청과 시의회 검찰청 등이 이전함으로써 새로운 행정타운으로 발돋움하게 되는 곳은 중원구 여수동 125번지 일대다. 판교신도시, 도촌동 택지개발 등이 완료되는 2010년 이후에는 인구 110만 명이 넘는 대도시로 발돋움하게 될 것으로 예상됨에 따라 행정수요 역시 증가할 것으로 예상된다는 점, 현재 시청사 등이 구도심에 편중되어 있어 분당·판교 주민의 이용에 불편을 초래하고 있을 뿐만 아니라 신·구도심이 여수동 일원의 개발제한구역으로 양분되어 있어 도시균형발전에 장애가 되고 있음을 고려한 결정이라고 할 수 있다.

여수동 신행정타운은 구도심과 분당·판교신도시의 공간적 균형점에 자리 잡고 있을 뿐만 아니라 서울외곽순환도로, 국도 3호선, 도시고속화도로 등과 연결되어 있어 접근성이 매우 양호하다는 장점이 있다. 뿐만 아니라, 오는 2010년까지 7만 4,452㎡의 부지 위에 4,068가구의 국민임대

주택단지가 들어설 예정이다. 이렇게 되면 여수동 신행정타운은 분당, 판교와 구도심을 아우르는 개발중심축이 될 것으로 예상된다.

현재 여수동 일대의 토지이용 상황을 보면 남쪽으로 집단취락지가 형성되어 있으며, 농경지와 비닐하우스가 산재해 있는 상태이다. 이는 개발사업비 부담이 적을 것이라는 점과 함께 다양한 투자기회를 포착할 수 있음을 의미하는 것이라고도 볼 수 있다. 다만 국도 3호선과 여수대로 사이의 보전가치가 양호한 지역은 공원으로 지정해 녹지축을 유지할 예정이라는 점은 이 지역에 대한 투자를 결정하기 전 반드시 검토해보아야 할 것이다.

모란역세권 개발은 최근 상업시설, 주상복합건물 등이 건설되면서 상권이 확장되고 있는 국내 최대 규모 재래시장인 모란시장을 신행정타운과 연계해 개발함으로써 구도심을 활성화시키려는 프로젝트이다. 모란시장을 중심으로 하는 모란역세권은 뛰어난 교통요충지에 자리 잡고 있다. 지하철 8호선, 분당선을 통한 접근성이 매우 뛰어날 뿐만 아니라 판교~구리 간 고속도로, 수도권 외곽순환도로, 분당~수서 간 고속화도로 등을 통한 접근성 역시 매우 뛰어나다는 장점이 있다. 이와 같은 장점을 잘 활용해 상업기능의 확충이 병행된다면 구도심이라는 이름으로 낙후되어 있던 수정·중원구는 분당, 판교와 어깨를 나란히 하면서 발전해 나갈 수 있을 것으로 예상된다. 따라서 수정·중원구는 "분당이나 판교에 비해 소액으로 좋은 투자기회를 잡을 수 있는 곳"으로 정의할 수 있다.

대장동 전원주택단지의 향방을 주목하라

현재 대장동은 자연경관을 활용한 타운하우스, 단지형 펜션, 커뮤니티형 주택단지 등의 특화된 지역개발을 유도하기 위해 100만㎡ 규모로 시가화예정용지가 지정되어 있다. 비록 현재는 개발정보의 사전 유출 문제와 판교신도시의 경우에서 보듯 주변 토지가격 및 주택가격을 불안하게 만들 수 있는 원인이 될 수 있다는 점에서 개발이 당초 계획대로 진행될지 불투명한 상황이기는 하다.

하지만 지리적으로 판교신도시로부터 불과 1km, 분당과는 3km밖에 떨어져 있지 않을 뿐 아니라 서울 접근성, 그중에서도 특히 강남 접근성이 좋다는 장점이 있어 당초 계획대로 고급전원주택단지가 조성될 경우 판교신도시 이상의 관심과 주목을 받을 것으로 예상된다. 따라서 향후 부동산 시장의 상황에 따라 개발 압력이 가중될 경우를 대비해 부동산 시장의 상황과 대장동 일원에 대한 정책방향을 함께 주목해볼 필요가 있다.

개발제한구역(그린벨트) 우선해제지역을 주목하라

'2020년 성남시 도시기본계획'에 따르면 2020년 성남시의 시가화용지는 현재의 26.3km²에서 33.4km²로 확대될 예정이다. 이 가운데 개발제한구역 우선해제지역은 총 19개 지역이고 면적은 무려 136만 7,600m²에 달하는데, 이들 지역은 모두 단독주택, 전원주택 등 저밀도·친환경의 쾌적한 주거용지로 개발될 계획이다.

'2020년 성남시 도시기본계획'에 따르면 19개 개발제한구역 우선해제지역에 대해 지구단위계획이 수립되어 있는데, 고등지구 지구단위계획과 나머지 18개 중규모 취락지구의 지구단위계획이 그것이다.

고등지구의 경우는 건폐율 60% 이하, 용적률 120~150%, 높이 3층 이하의 범위 내에서 단독주택, 공동주택 중 3세대 이하의 다세대주택 및 5세대 이하의 연립주택과 제1종, 제2종 근린생활시설의 건축이 가능하도록 지구단위계획이 수립되어 있다. 18개 중규모 취락지구의 경우는 건폐

<표 1-14> 성남시 개발제한구역(그린벨트) 우선해제지역 현황

번호	구역명	위 치	면 적(㎡)	비 고
1	고등	고등동 429-1	228,200	수정구
2	신촌	신촌동 206 일원	100,600	〃
3	오야	오야동 239 일원	101,700	〃
4	심곡	심곡동 342 일원	114,400	〃
5	매착	창곡동 85-7 일원	34,800	〃
6	창말	창곡동 218 일원	136,500	〃
7	외곡	창곡동 414 일원	83,000	〃
8	안골	복정동 127 일원	44,300	〃
9	가마절	복정동 73 일원	32,300	〃
10	등자	고등동 161 일원	31,800	〃
11	적푸리	상적동 15-5 일원	41,200	〃
12	상적	상적동 177 일원	48,800	〃
13	옛골	상적동 294 일원	98,200	〃
14	금현	금토동 63 일원	39,400	〃
15	외동	금토동 198 일원	49,300	〃
16	내동	금토동 424-3 일원	62,000	〃
17	수진2	수진동 4763 일원	23,700	〃
18	샘골	사송동 636 일원	28,100	〃
19	아랫말	갈현동 180 일원	69,300	중원구

<그림 1-25> 성남시 행정구역도

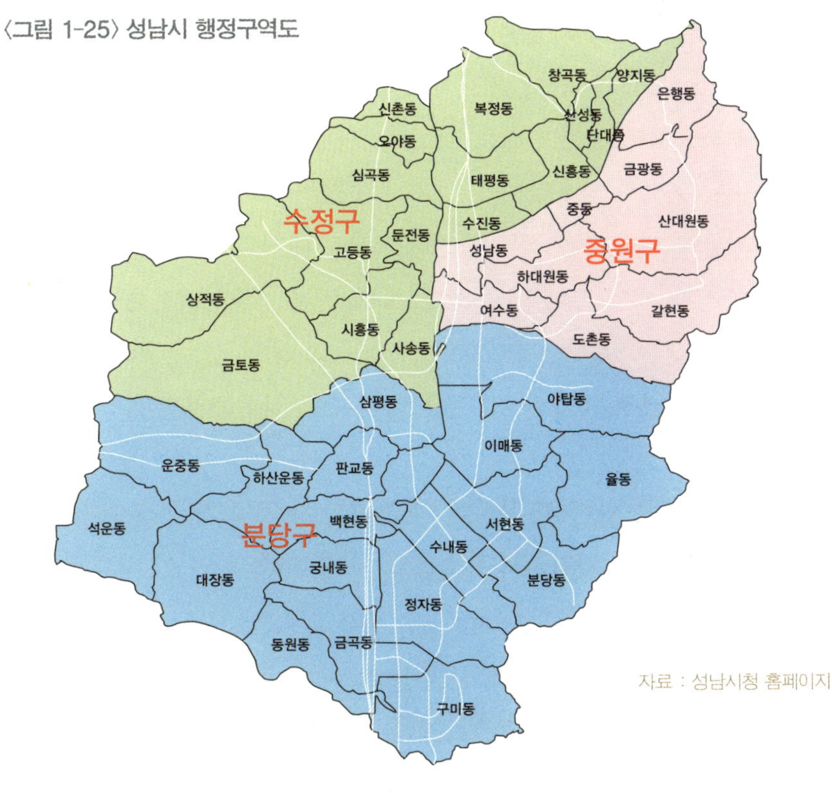

자료 : 성남시청 홈페이지

율 50% 이하, 기준 용적률 80% 이하, 높이 3층 이하의 범위 내에서 단독주택, 3세대 이하의 다세대주택, 제1종과 제2종 근린생활시설 중 종교집회장, 교육연구 및 복지시설 중 초등학교 등을 건축할 수 있도록 지구단위계획이 수립되어 있다.

이것이 의미하는 바는 무엇일까? 바로 친환경적이면서 쾌적한 주거지역으로 개발된다는 의미이다. 한 가지 특이한 점은 개발제한구역 우선해제지역의 대부분이 수정구에 위치하고 있다는 점이다. 총 19곳의 개발제한구역 우선해제지역 가운데 단 한 곳인 갈현동 180번지 일원이 중원구일 뿐 나머지 18곳은 모두 수정구에 위치하고 있다.

〈그림 1-25〉의 성남시 행정구역도를 보면 이 같은 사실을 보다 쉽게 확인할 수 있다. 성남시 도시기본계획에서 밝히고 있는 바와 같이 수정구는 중원구와 더불어 성남시의 구도심으로 정의할 수 있다. 당연히 노후·불량주택이 많다는 특징이 있는 곳이 바로 수정구와 중원구다. 이런 특징이 있는 수정구에 개발제한구역 우선해제지역이 대거 집중되어 있다는 점은 의미하는 바가 매우 크다. 구도심이 재개발·주거환경개선사업, 재건축 등을 통해 경쟁력 있는 주거지역으로 탈바꿈하게 될 경우 구도심 전체의 가치는 현재에 비해 크게 상승할 것이라는 점은 삼척동자도 예상할 수 있는 사실이다.

여기서 주목해보아야 할 부분이 바로 저밀도·친환경 고급주거지역으로 거듭나게 될 개발제한구역 우선해제지역들이다. 다만 이 지역들의 토지가격에는 개발제한구역 해제라는 호재가 이미 반영된 관계로 단기적 관점에서 투자수익을 기대하는 것은 사실상 불가능하다는 점을 간과해서는 안 된다. 그러나 장기적인 관점에서 바라본다면 상황은 180도 변하게 된다. 추가적인 가격상승 여력이 충분하기 때문이다. 그러므로 개발제한구역 우선해제지역과 그 주변지역은 장기적인 관점에서 적극적으로 투자를 고려할 만한 지역이라고 할 수 있다.

자족기능을 보완해줄 동원동 제1산업단지를 주목하라

성남시가 신흥동에 있던 제1산업단지를 동원동으로 이전하는 가장 큰 이유는 토지이용의 효율성 확보와 도심 주거환경개선 및 과밀억제권역인 관계로 신규 공업용지의 지정이 불가능하기 때문이다. 동원동은 판교신도시 남쪽의 분당구에 자리 잡고 있는데, 이곳의 10만 6,500㎡의 면적에 총 541억 원을 들여 올해 말까지 첨단산업단지가 조성될 예정이다. 동원동은 판교신도시, 분당신도시와 가깝다는 지리적 장점이 있다. 동원동 산업단지에는 이러한 장점을 활용해 판교의 IT업무지구, 분당의 벤처벨리 등과 연계한 첨단산업들이 집중적으로 유치될 예정인데, 특히 성남시 소재 벤처기업의 주요 업종인 방송통신기기, 정보통신 등의 IT 관련 산업 연구소 등이 유치될 계획이다.

이에 따라 인근 지역인 금곡동, 대장동, 구미동 등 분당구의 부동산 가격 흐름에 긍정적인 영향을 주게 될 것으로 보인다. 그러므로 동원동 산업단지가 당초 계획처럼 첨단산업단지로 정착될 것인지를 관심 있게 지켜보아야 할 이유는 충분하다고 할 수 있다.

신흥동 제1공단 산업부지의 활용 방향을 주목하라

신흥동 제1공단 산업부지는 전체 면적이 약 10만 5,000㎡로 성남시 구도심의 한복판에 자리 잡고 있어 지난 20여 년간 용도변경을 통한 재개발계획이 제시되어왔다. 지난 2001년 공단용지를 제3종 일반주거지역과 일반상업지역으로 바꾸는 지구단위계획을 경기도에 제출하기도 했다. 이 계획은 대체 공업용지 확보 문제로 무산된 바 있으나 동원동 산업단지 확보로 신흥동 구(舊) 공단부지의 개발이 가능하게 되었다. 현재 신흥동 구 공단부지는 모든 공장건물이 철거된 채 나대지로 남아 있다. 개발을 위한 기초적인 준비는 모두 끝난 상태라고 볼 수 있다. 그럼에도 불구하고 아직까지는 개발 여부 자체가 불투명한 상황이다. (주)새로운 성남이 대부분의 소유권을 확보한 상태이나 성남시 시민단체들이 공단부지의 공원화를 적극 주장하고 있기 때문이다.

그러나 전체 토지 매입비용이 자그마치 4,000억 원대를 넘어설 것으로 예상되고 형평성 측면에서도 문제가 있어 성남시 입장에서도 선뜻 공원화를 추진하지 못하고 있는 실정이라는 점을 감안할 때 결국은 적정 수준에서의 타협이 이루어질 가능성 또한 배제할 수 없는 상황이다. 이럴 경우 일정 비율은 주거용지 등으로 개발하고 나머지는 공원화할 것으로 예상되는데 기존 도심에 자리 잡고 있으면서 면적 또한 작지 않다는 점을 감안할 때 주변지역인 태평동, 수진동, 성남동, 중동, 금광동, 단대동, 산성동 등의 부동산 가격에 호재로 작용할 가능성이 매우 높다. 따라서 신흥동 구 공단부지의 개발방향은 반드시 관심을 갖고 지켜보아야 할 필요가 있다.

2

성남시를 공략하는
투자 포인트

투자 포인트 1 단계별 개발계획을 활용해 위험을 분산하라

단계별 개발계획은 단계별 인구배분계획과 지구별 토지이용계획을 기준으로 수립된다. 이는 효율적인 토지이용과 균형적인 도시개발을 위한 것이다. 그렇다면 개발단계, 즉 개발순서는 어떻게 정해지는 것일까?

답부터 말하자면 개발단계는 도시공간구조의 개편전략과 직결되는 사업, 이미 추진하던 사업을 우선적으로 시행하고, 개발의 효율성 측면에서 개발파급 효과가 큰 사업을 우선적으로 개발하게 되는 것이다. 좀 더 구

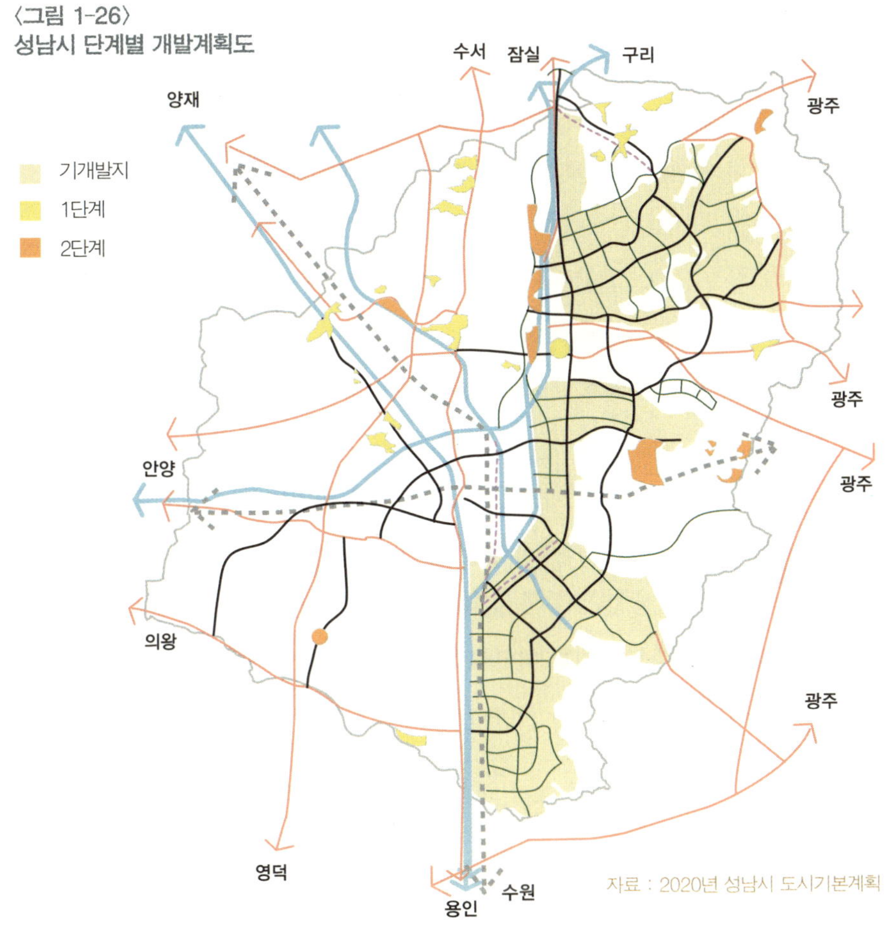

체적으로 살펴보면 2020년 성남시 도시기본계획에 따라 수립된 단계별 계획은 총 4단계로 구분할 수 있는데 1·2단계 계획은 단기계획으로 상위 법 및 상위계획과 관련해 현실적으로 시행 가능한 계획이 포함되고, 3·4 단계 계획은 장기계획으로 자연여건이나 재정여건 등에 의해 제약적이고 도시발전을 위해 당장 시급하지 않은 사업이 포함되게 된다. 이제 2020년 성남시 도시기본계획에서 제시하고 있는 단계별 계획을 구체적으로 살펴

보도록 하자.

2020년 성남시 도시기본계획에서 제1단계 개발계획으로 잡혀 있는 주요 내용을 살펴보면 첫째, 여수동 시가화예정용지 추진, 둘째, 동원동 일원 제1산업단지 이전, 셋째, 도촌 택지개발사업의 지속적인 추진, 넷째, 개발제한구역 내 20호 이상의 취락에 대하여 주거용지로 변경, 다섯째, 제1산업단지 도심기능 회복을 위한 계획 수립, 여섯째, 판교신시가지 택지개발사업의 지속적 추진 등이 있다.

한편 제2단계 계획(2006년~2010년)으로 잡혀 있는 주요 내용을 살펴보면 첫째, 대장동 전원주택단지 개발, 둘째, 분당 골안사 입구 주거용지로 변경, 셋째, 대왕저수지 주변 공원 신설, 넷째, 남한산성유원지 주변 공원 신설, 다섯째, 맹산 주변 이매자연공원 확장, 여섯째, 판교신시가지 개발사업 완료, 일곱째, 탄천변 주변 체육공원 조성 등이 담겨 있다.

다음으로 3단계계획(2011~2015년)을 살펴보면 첫째, 대장동 전원주택단지 조성완료, 둘째, 기존 시가지 내 도시 · 주거환경정비계획의 지속적 추진, 셋째, 도시기반시설의 확충 및 도시민의 휴식공간 제공을 위한 공원 정비, 넷째, 탄천변 체육공원 신설 등이 주요 내용으로 포함되어 있다.

마지막으로 제4단계 계획(2015~2020년)을 살펴보면 첫째, 주거환경 개선사업과 주택재개발을 통한 주거환경 개선과 기반시설 확보, 둘째, 중 · 저밀도 개발 유도를 통한 쾌적한 주거환경 조성, 셋째, 생활권별 휴식, 편의, 교육, 문화공간의 지속적 확보 등이 포함되어 있다.

이처럼 각각의 단계별로 핵심이 되는 개발계획이 수립되어 있는 만큼 이를 고려한 투자를 할 경우 지나친 조급함으로 인한 실패 위험 내지는 기다림의 시간을 대폭 줄일 수 있게 된다는 점을 반드시 기억해두어야 할 것이다.

투자 포인트 2　교통여건 개선을 주목하라

교통여건은 해당 지역의 부동산 가격과 매우 밀접한 상관관계를 보일 수밖에 없다. 성남시 역시 예외는 아니다. 그럼 2020년 성남시 도시기본계획에 나타난 교통계획을 도로망계획과 철도계획으로 나누어 살펴보도록 하자.

도로망계획은 이렇다

2020년 성남시 도시기본계획에서 제시하고 있는 도로망 계획의 핵심은 〈표 1-15〉에서 보여주고 있는 것과 같이 다섯 가지다. 영덕~양재 간 고속화도로(용인~서울 간 고속도로)는 오는 2009년 개통될 예정으로 강남 접근성을 크게 개선할 수 있다는 점에서 큰 관심을 모으고 있는 고속화도로이다. 특히 출퇴근 때마다 극심한 정체현상을 보이고 있는 경부고속도로, 23번 국지도, 성남~용인 구간의 교통난이 크게 해소될 것으로 예상된다.

이에 따라 영덕~양재 간 고속화도로가 개통되는 2009년 6월 이후에는 판교신도시에서 강남으로의 접근성이 크게 개선될 것으로 보여 판교신도시의 부동산 가격상승에 큰 힘을 보탤 것으로 예상된다.

국도 3호선 대체도로(성남~장호원)는 성남시 여수동에서 광주시, 이천시를 거쳐 장호원읍 풍계리까지 연결되는 고속화도로인데, 완공 시점인 오는 2011년까지 각 공구별로 단계적으로 개통될 예정이다. 이 중 성남시 구간은 여수동(성남대로)에서 도촌동에 이르는 구간이다. 국도 3호선 대체도로의 개통으로 기존 국도 3호선에 걸려 있는 교통부하량이 줄어들어 교통체증 해소에 큰 도움이 될 것으로 기대를 모으고 있는 만큼 국도 3호선 대체도로 구간인 여수동~도촌동 일대의 토지가격 등에 긍정적인 영향을 줄 것으로 예상된다. 따라서 이들 지역을 눈여겨볼 필요가 있다.

<**표 1-15**> 도로망계획

노선명	위치	기능	연장	계 획 내 용
영덕~양재 간 고속화도로	고등동~대장동	고속화도로	24.50 (9.8)	• 상위계획인 수도권 광역교통망계획을 수용, 성남시로 유입되는 통과교통을 분산시킴으로써 원활한 교통흐름 체계를 구축
국도3호선 대체도로 (성남~장호원)	여수동 (성남대로) ~도촌동	고속화도로	20.94 (4.5)	• 수도권 광역교통망계획 수용으로 기존 국도3호선 성남~광주의 일부 구간을 우회하여 신설
제2경인고속도로 (안양~성남)	고등동~금토동	간선도로	62.10 (5.8)	• 상위계획인 수도권정비계획을 수용하여 원활한 광역교통망 체계 구축
판교~분당 간 도로	국지도23호선~국지도57호	간선도로	4.00	• 영덕~양재 간 도로 접근성 강화 및 판교지구 외곽으로 교통량 분산 처리
탄천변 도로 (판교지구~성남대로)	사송동~복정동	간선도로	6.10	• 성남대로의 교통량 분산으로 중앙로 및 수정로 교통체증을 완화하고 시가지 교통난 해소

자료 : 2020년 성남시 도시기본계획

제2경인고속도로(안양~성남)는 안양시 만안구 석수동에서 과천시, 의왕시를 거쳐 성남시 중원구 여수동 연결되는데, 오는 2012년까지 4~6차선으로 건설될 예정이다. 이 도로의 개통으로 석수 IC, 삼막 IC, 인덕원 IC 주변의 부동산 시장에 큰 변화를 줄 것으로 예상되며, 성남에서 과천, 안양, 인천, 군포 등으로의 접근성이 크게 개선되는 효과 또한 있을 것으로 예상된다.

그러나 가장 큰 혜택은 아무래도 성남시가 누릴 것으로 보인다. 제2경인고속도로와 성남~장호원 간 도로를 연결함으로써 교통체증이 심각한 수도권 남부의 지역 간 접근성을 향상시킴은 물론 물류비용 절감에도 기

〈그림 1-27〉 성남시 교통체계구상도

여할 수 있을 것으로 기대되기 때문이다. 이미 지난해부터 가격이 많이 오른 만큼 수정ㆍ시흥동 일대와 여수동, 도촌동 일대는 장기적인 관점에 서 접근하는 것이 바람직할 것으로 예상된다.

　판교~분당 간 도로는 올해 상반기 중 개통될 예정이다. 이 도로는 영 덕~양재 간 접근성의 편리를 확보하고자 하는 목적과 함께 판교지구 외 곽으로 교통량을 분산 처리하고자 하는 목적을 동시에 갖고 있는 간선도

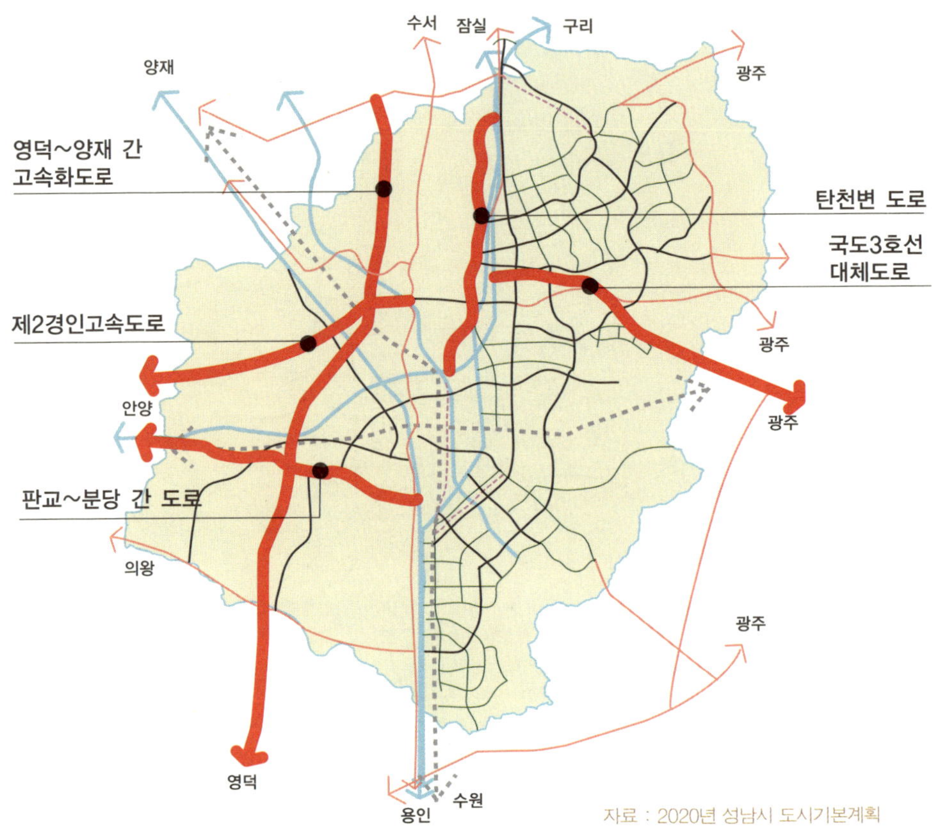

로이다. 상반기 중 판교~분당 간 도로가 개통되면 분당구와 판교신도시의 부동산 가격에 또 다른 호재 요인이 될 것으로 예상된다. 특히 리모델링이라는 호재가 여전히 유효한 상황에서 부동산 시장의 규제완화에 대한 기대심리가 본격적으로 나타난다면 분당신도시의 가격상승에 더욱 가속을 붙일 수 있는 재료가 될 것임에 틀림없다. 따라서 분당신도시 부동산을 취득할 계획이라면 올 상반기에 매수할 경우 짧으면 1년, 길게는 2

년 내에 적지 않은 가격상승을 경험할 수 있을 것으로 예상된다.

탄천변도로(판교지구~성남대로)는 주목적이 중앙로 및 수정로의 교통체증을 완화해 구시가지의 교통난을 해소하고자 하는 데 있으면서 동시에 송파신도시와 판교신도시의 축을 연결하는 중요한 도로라는 특징이 있다. 올해 중으로 태평동~복정동 구간이 개통되면 이미 개통된 여수대교~태평동 구간과 함께 제 기능을 발휘할 것으로 예상된다. 주요 투자 유망지역은 태평동, 복정동과 주변의 구도심지역이 될 전망이다.

철도망계획은 이렇다

2020년 성남시 도시기본계획에서 제시하고 있는 철도망계획의 핵심은 〈표 1-16〉에서 제시하고 있는 것처럼 크게 네 가지라고 볼 수 있다.

이 중 최근 관심을 끌고 있는 성남~여주 복선전철을 먼저 살펴보도록 하자. 성남~여주 복선전철은 판교에서 광주, 이천을 거쳐 여주를 연결하는 총 53.8km의 철도로 2011년 이후 완공될 것으로 예상된다. 주요 예정역은 판교(신분당), 이매(분당), 삼동, 광주, 쌍동, 곤지암, 신둔, 이천, 부발, 능서, 여주 등이며, 이 중 성남시 구간은 판교와 이매역이다. 성남~여주 복선전철은 국도 3호선의 교통체증을 감소시킬 것으로 예상됨과 동시에 분당선 및 신분당선 환승을 통해 서울 접근성을 확보할 수 있다는 장점이 있다. 따라서 철도개통 이후를 노리고 성남시 구간인 판교역 주변과 이매역 주변의 도지와 상가를 노려보는 전략이 매우 효과적일 것으로 예상된다.

다음으로 수도권남부순환선을 살펴보도록 하자. 수도권남부순환선은 2007년 11월 21일 '대도시권 광역교통기본계획'에 추가검토사업으로 포함된 노선으로 사업구간은 KTX 광명역, 인덕원역, 성남~여주선 판교역

〈표 1-16〉 철도망계획

노선명	위치	연장(km)	계 획 내 용
성남~여주 복선전철	이매동~야탑동	57.0 (5.1)	• 상위계획인 제2차수도권정비계획 수용, 철도이용으로 교통량 분산
신분당선 (분당~강남)	정자동~상적동	18.1 (8.6)	• 상위계획인 수도권광역교통망계획을 수용, 철도이용으로 교통량 분산
수도권순환선 (오리~수원)	오리역~구역계	17.1 (0.5)	• 상위계획인 제2차수도권정비계획 수용, 철도이용으로 교통량 분산
수도권남부순환선 (남서울역~분당)	판교지구~운중동	55.3 (4.6)	• 상위계획인 수도권광역교통망계획을 수용, 동서축의 교통량을 분산하고 원활한 광역교통망체계 구축

자료 : 2020년 성남시 도시기본계획

〈그림 1-30〉 성남~여주 복선전철 노선도

(신분당선)을 연결하는 구간이 될 것으로 예상된다. 수도권남부순환선이 개통되면 제2공항철도, 성남~여주선과 직접 연결됨으로써 수도권 남부의 동서축의 연결이 한결 편리해질 것으로 예상된다. 따라서 향후 수도권 남부순환선의 진척 속도를 따져보면서 투자시점을 포착하는 전략을 수립한다면 효과적인 투자로 이어질 가능성이 매우 높다 하겠다.

신분당선(분당~강남)은 2007년 11월 21일 '대도시권 광역교통기본계획'에 포함된 노선으로 정자(분당선)~판교(성남여주선)~청계~포이~양재(3호선)~강남역(2호선)을 통과하게 된다. 기존의 분당선이 성남의 구도심을 연결하는 노선이라는 특징이 있는 데 반해 신분당선은 경부고속도로와 나란히 운행해 바로 정자역에 다다를 수 있다는 특징이 있다. 이는 신분당선을 통해 강남 접근시간이 크게 단축될 것이라는 점을 의미하는 것이다. 따라서 오는 2010년 말 신분당선이 개통될 경우 이들 역세권을 중심으로 아파트, 토지, 수익성 부동산의 가격상승이 더욱 두드러질 가능성이 높다.

그러므로 역세권으로 거듭날 지역을 중심으로 장기적인 관점에서 지하철 개통시점 이후를 노리면서 투자에 임한다면 기대 이상의 투자수익이 가능한 지역이라고 할 수 있다. 특히 정자역 주변은 분당선과의 환승역으로 향후 지속적인 관심을 기울일 필요가 있는 곳이라고 하겠다.

수도권순환선(오리~수원) 구간은 분당선 연장사업 구간으로 오는 2011년 완공될 예정이다. 이 노선은 오리역에서 신갈, 상갈, 영통을 거쳐 수원시청, 수원역으로 연결된다. 분당선 연장사업 구간에 따라 죽전지구, 구성·기흥일대, 영통신도시, 매탄동, 수원역 일대가 수혜지역이 될 것으로 예상된다. 특히 영통신도시, 매탄동 일대와 지난해 12월 개통된 죽전역이 있는 죽전지구의 부동산 시장을 주목해볼 필요가 있다. 그만큼 이들 지역에는 대형 호재로 작용할 것이 틀림없기 때문이다.

투자 포인트 3　도촌 택지개발사업지구가 돈 된다

도촌 택지개발지구는 성남시 중원구 도촌·갈현동 일대 80만 899㎡ 규모로 조성되는 택지개발지구다. 오는 2009년까지 주택과 아파트를 합쳐 총 5,242가구의 주택이 들어서게 되는데 이 중 아파트는 5,180가구가 들어설 예정이다. 지난해 12월 27일부터 입주가 시작된 도촌 택지개발지구는 미니판교라 불리면서 높은 경쟁률을 기록했던 곳이라는 점에서 투자자들의 관심이 높은 지역이다.

도촌 택지개발지구가 행정구역상으로는 구도심인 중원구에 속하고 있지만 지리상으로는 분당신도시와 매우 가까워 사실상 분당생활권이라는 점이 돋보이는 곳이다. 또한 10년간 매매가 금지되는 판교신도시와는 달리 등기 후 곧바로 전매할 수 있다는 점 역시 실수요자들뿐만 아니라 투자자들에게도 크게 어필하고 있는 것이 사실이다.

이러한 장점들이 부각되면서 분양 직후부터 '떳다방'을 통해 불법적이기는 하지만 1억 5,000만~2억 원의 프리미엄이 붙어 거래가 되어 세상을 깜짝 놀라게 하기도 했다. 작년 말 이미 입주가 시작된 도촌 택지개발사업지구는 2007년 1월 말 현재 105㎡를 기준으로 5억 원대의 시세가 형성되어 있다. 기준층 분양가가 3억 1,300만 원 수준이었다는 점을 감안할 때 상당한 가격상승이 있었음을 알 수 있다.

그러나 여전히 투자여력은 충분하다고 할 수 있다. 인근 지역인 분당구 야탑동 D아파트 115㎡의 경우 7억 4,000만 원 수준의 시세가 형성되었다는 점을 고려할 때 아직 상승여력은 충분하기 때문이다.

도촌 택지개발사업지구는 사실상 분당생활권인 관계로 분당의 생활편의시설들을 손쉽게 이용할 수 있다는 장점과 함께 분당선 야탑역, 경부고속도로, 서울외곽순환도로, 분당~수서 간 고속화도로, 3번 국도 등을 편리하게 이용할 수 있다는 장점이 있다. 여기에 34%에 달하는 녹지율 역시 도촌 택지개발사업지구의 큰 자랑거리 중 하나이다.

이런 이유로 인해 도촌 택지개발사업지구는 향후 국민임대가 많고 민영아파트가 없다는 단점만 극복한다면 분당 수준에 근접하는 시세를 형성할 가능성이 매우 높다. 그러므로 아직 투자대상을 정하지 못했다면 도촌 택지개발사업지구에 대한 투자를 적극 고려할 필요가 있다.

투자 포인트 4 ─ '도시 · 주거환경 정비기본계획'을 주목하라

'도시 · 주거환경 정비기본계획'은 도시기능의 회복, 주거환경의 질 향상 등 주거환경을 정비하고 계획적인 도시관리를 통해 종합적인 도시정비방향을 제시하는 계획으로 정의할 수 있다. 좀 더 쉽게 표현하자면 열악한 주거환경을 개선해 보다 수준 높은 주거환경을 확보하고자 하는 목적으로 수립하는 것이 바로 '도시 · 주거환경 정비기본계획'이다. 따라서

'도시·주거환경 정비기본계획'은 주택재개발사업, 재건축사업, 주거환경개선사업, '도시·주거환경정비사업'에 대한 계획이라고 할 수 있다.

성남시에 투자를 고려하고 있는 투자자라면 특히 '성남시 2010년 도시·주거환경 정비기본계획'을 반드시 고려해야 할 필요가 있다. 이명박 정부에서는 신도시 조성을 통한 주택공급보다는 재개발, 재건축이나 주거환경개선사업 등과 같은 기존 도심에 주택공급을 확대하는 정책이 추진될 것으로 예상되는데, 이러한 정책방향에 성남시가 정확히 일치하는 지역이라는 점 때문이다.

잘 알려진 바와 같이 성남시는 수정구와 중원구로 대표되는 구도심을 활성화시켜야 하는 과제를 안고 있다. 이 과제를 해결하기 위해 제시하고 있는 것이 바로 '성남시 2010년 도시·주거환경 정비기본계획'이다. 이 계획에 따르면 성남시는 수정구 14개, 중원구 12개 총 26개소의 정비예정구역을 지정하였다. 구체적인 사업형태를 보면 주택재개발사업이 15개, 주거환경개선사업 6개, 주택재건축사업 3개, 도시환경정비사업이 2개이다.

이들 정비예정구역은 주택재개발사업, 주택재건축사업, 주거환경개선사업, 도시환경정비사업 등 각 사업의 종류별로 '도시 및 주거환경 정비법'과 '경기도 도시 및 주거환경 정비조례'에서 정하고 있는 기준에 따라 선정되었는데, 그 기준은 추후 경기도 내에서 이루어지게 될 정비예정구역의 지정에 있어서도 적용되는 기준인 만큼 반드시 숙지해둘 필요가 있다.

〈표 1-17〉은 '도시 및 주거환경 정비법'과 '경기도 도시 및 주거환경 정비조례'에서 규정하고 있는 정비예정구역 선정의 법적 기준을 정리한 내용이다.

〈표 1-17〉 정비예정구역 선정의 법적 기준

(도시 및 주거환경 정비법, 경기도 도시 및 주거환경 정비조례)

구 분	지 정 기 준
주택재개발사업	• 1만㎡ 이상인 지역으로서 • 노후 · 불량건축물 : 50% 이상 • 호수밀도 : 70호/ha 이상 • 주택접도율 : 30% 이하 • 과소, 부정, 세장형 필지 : 40% 이상
주택재건축사업	• 신속한 정비사업 추진이 필요한 지역 • 단독주택지역 재건축 : 1만㎡ 이상이거나, 200호 이상인 지역 • 공동주택지역 재건축 : 300호 이상, 1만㎡ 이상인 지역 • 공동주택단지 : 3개 이상 밀집지역
주거환경개선사업	• 노후 · 불량건축물 : 50% 이상 • 무허가 건축물 : 20% 이상 • 호수밀도 : 80호/ha 이상 • 주택접도율 : 20% 이하 • 과소, 부정, 세장형 필지 : 50% 이상
도시환경정비사업	• 대지효용이 불량한 지역 • 노후 · 불량건축물 과다 밀집지역 • 합리적인 토지이용이 필요한 지역 • 최저고도지구, 최저고도미달 지역 • 인접지역에 보건위생상 위해를 초래할 우려가 있는 지역

자료 : 2010년 성남시 도시 · 주거환경 정비기본계획

어떤 곳이 언제 개발될 것인지를 정확히 알자

'2010년 성남시 도시 · 주거환경 정비기본계획'에 따르면 전체 26개 구역에 대한 개발 사업을 3단계에 걸쳐 진행하도록 계획이 수립되어 있다. 제1단계 사업으로는 3곳이 선정되었는데 단대구역, 은행2구역, 중3구역

이다. 이 가운데 중3구역, 단대구역은 이미 사업시행인가를 받은 상태이고 은행2구역은 정비구역 지정을 눈앞에 두고 있는 상태이다. 따라서 1단계 지역은 이미 개발에 따른 호재요인이 부동산 가격에 반영된 상태라고 볼 수 있어 투자목적으로의 접근은 신중을 기해야 할 것으로 예상된다.

올해부터 2009년까지의 2단계 사업구역이나 2010년까지의 3단계 구역 역시 이미 개발 호재요인이 시세에 반영된 상태이나 1단계 사업에 비해 그 정도는 크지 않다고 볼 수 있는 만큼 청약가점이 높지 않은 신혼부부나 독신가구인 실수요자라면 2단계나 3단계 지역을 노려보는 것이 좋을 것으로 예상된다. 더 자세한 내용은 2부 '주목하면 할수록 돈 되는 도시 · 주거환경 정비기본계획'의 성남시 편에 소개한다.

토지이용계획을 반드시 고려하라

'2010년 성남시 도시 · 주거환경 정비기본계획'은 정비예정구역의 선정기준에 의해 설정된 26개 정비구역을 주거기능 개선구역, 주거환경 정비구역, 도심기능 활성구역으로 구분하여 토지이용계획을 수립하였는데 이는 투자시 반드시 고려해야 하는 부분이라고 할 수 있다.

주거기능 개선구역은 주거환경이 불량하여 시급한 정비가 필요한 지역으로서 과소필지율이 60% 이상인 주택재개발 · 주거환경개선사업 예정구역 및 안전진단을 통과한 공동주택단지가 해당되며, 주거환경 정비구역은 구 '도시 저소득 주민의 주거환경개선을 위한 임시조치법'에 의한 주거환경개선사업으로 개발이 완료된 구역으로서 주택 · 인구가 과도하게 밀집되어 있어 주거환경이 극히 열악하고, 기반시설이 부족하여 재해 발생시 피난 및 구조 활동이 곤란한 지역이다.

도심기능 활성화구역은 수진역에서 단대오거리에 이르는 중앙로변의 상업지역 중 도시환경 정비예정구역 및 그 인근 지역을 도심기능 활성화 구역으로 분류하여 상업·업무·여가기능의 집중을 통한 기성시가지의 지리적·심리적 중심으로서의 상징성을 강화하는 지역이다. 이를 놓고 볼 때 도심기능 활성화구역이 다른 구역에 비해 보다 매력적인 투자처가 될 것임을 추측해볼 수 있다. 다만 막무가내식이 아닌 자신의 자금여력이나 투자기간, 투자성향 등을 종합적으로 고려한 후 도심기능 활성화구역에 투자해야 한다는 점만은 꼭 기억해두어야 할 것이다.

투자 포인트 5 　판교, 아직 잔치는 끝나지 않았다

지난 2006년 두 번에 걸쳐 로또라 불리면서 엄청난 청약광풍을 몰고 왔던 판교신도시 청약열풍이 올해 또다시 몰아칠 것으로 예상된다. 임대주택 공급물량을 포함해 총 3,348가구가 9개 블록에서 공급될 예정이다. 왼쪽에 중심상업지구 오른쪽에 판교역이 자리 잡고 있어 뛰어난 입지조건을 자랑하는 A20-2블록에서 대우건설과 신구건설이 총 14개동 규모의 푸르지오~휴엔하임 948가구를 공급할 예정이며, 예상 분양가는 3.3㎡당 1,600만 원 수준이 될 것으로 예상된다. 한편 대한주택공사는 판교신도시 B5-1, B5-2, B5-3 블록에 테라스하우스 개념을 도입한 109~227㎡ 규모의 연립주택 300가구를 공급할 예정이다. 또한 청약저축자와 청약예금자를 대상으로 10년 뒤 분양전환이 가능한 10년 공공임대 주택을 A6-1, A14-1, A21-2, A26-1 등 4개 블록에서 공급힐 예징이다.

올해 공급 예정인 판교신도시 물량은 채권입찰제가 적용되지 않을 가능성이 있어 비교적 저렴하게 매수할 수 있는 기회를 제공할 가능성이 높다. 따라서 실수요자라면 적극적인 청약을 통해 내 집 마련에 나서는 것이 좋을 것으로 예상된다. 다만 판교신도시의 경우 택지개발지구 규모가

66만㎡ 이상으로 전체 공급물량의 30%를 성남시 지역거주자에게 우선 공급하도록 되어 있다는 점을 잊지 말아야 한다. 또한 여타 택지개발지구의 경우 지역거주자 요건을 1년으로 정하고 있는 것에 비해 판교신도시는 2001년 12월 26일 판교신도시 분양공고일 이전부터 주민등록이 성남시로 등재되어 있는 경우만 지역거주자 요건이 적용된다는 점도 꼭 명심해 두어야 한다.

'BUY 성남시', 이것만은 주의하라

늘 그렇듯이 'BUY 성남시' 투자 전략을 수립하는 데 있어서도 반드시 규제를 염두에 두어야 한다. 그러므로 수정구, 중원구에 대한 투자를 고려한다면 입주시점 이후까지를 보면서 투자하는 것이 바람직하다. 또한 여수동, 대장동 등 개발예정지 투자를 고려하고 있는 경우라면 개발예정지 내에 들어 있는 토지보다는 규제에서 비교적 자유로운 주변지역을 노려보는 것이 좋다. 보통 개발예정지로부터 1~2㎞ 정도 떨어져 있으면서 개발에 따른 수혜를 기대할 수 있는 지역을 찾는 것이 좋다.

마지막으로 자금규모에 적합한 투자를 해야 한다. 대출비중을 높여 무리하게 투자에 나서기보다는 자금규모에 맞도록 투자대상을 한정할 필요가 있다는 말이다. 이런 경우라면 판교나 분당보다는 수정구나 중원구 등 기존 도심과, 개발이 예상되는 역세권 주변의 저평가된 매물을 노리는 것이 보다 효과적일 것으로 예상된다.

05

오산시,
새로운
도약을 준비한다

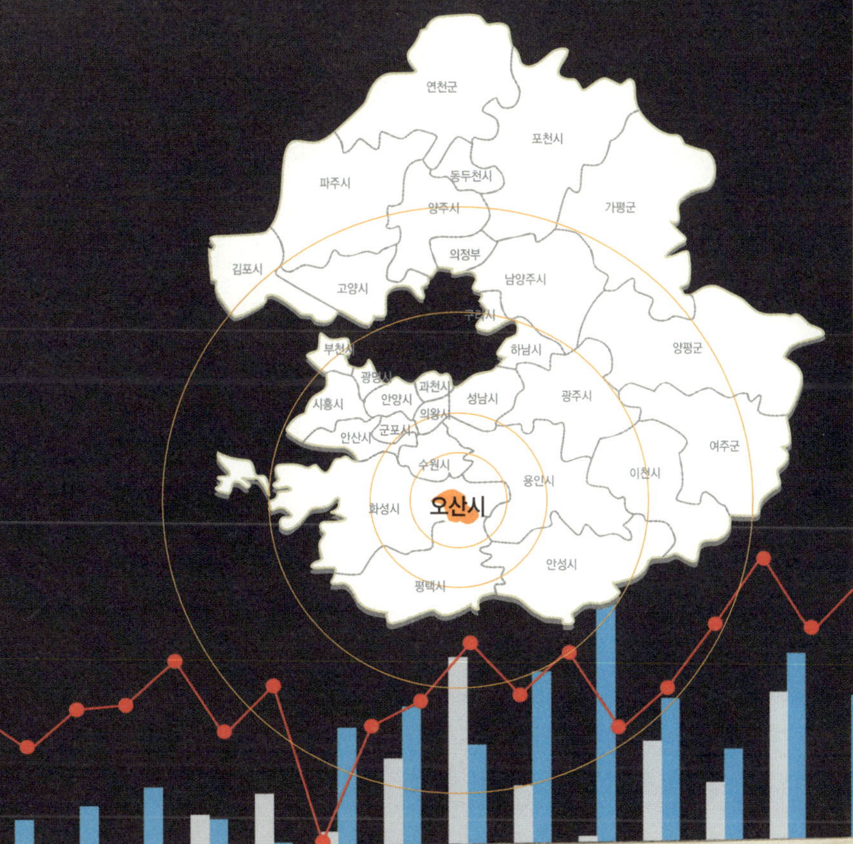

오산시의 현황과 개발계획

1

오산시는 우리나라 부동산 가격의 기준이 되고 있는 서울 접근성 측면에서 강점을 지니고 있는 도시이다. 서울에서 남동쪽으로 35㎞ 정도 떨어져 있어 약 40~50분이면 서울에 도달할 수 있는 뛰어난 접근성을 확보하고 있기 때문이다. 어디 그뿐인가. 동쪽으로 용인시, 서쪽으로 화성시의 정남, 발안, 북쪽으로 수원시, 의왕시, 성남시, 화성시 태안과 인접하는 경기 남부지역의 중심도시이기도 하다. 남쪽으로 15㎞ 떨어진 수원, 북쪽으로 17㎞ 떨어진 평택은 약 20~30분이면 도달할 수 있다는 점이 이를 뒷받침해주고 있다.

오산시를 알고 나면 대부분의 사람들은 두 가지 사실에 놀라게 된다. 그 첫 번째는 면적이다. 경기 남부지역의 중심도시임에도 불구하고 의외로 오산시의 전체 면적은 42.757㎢에 불과하다. 인근의 화성시(687.5㎢)나 용인시(591.5㎢)와 비교해보면 오산시의 면적이 상당히 작은 규모인 것을 확인할 수 있다. 두 번째는 작은 면적에도 불구하고 최근 몇 년간 지속되고 있는 오산시의 부동산 가격상승세이다. 한국토지공사가 발표한 '최근 9년간의 전국 누적지가상승률'을 보면 오산시의 누적지가상승률은 무려 67.2%로 전국에서 여섯 번째로 높은 상승률을 기록한 것으로 나타났다. 뿐만 아니라, 부동산 114 등과 같은 부동산 정보제공업체들이 조사해 발표한 오산시의 주택가격 역시 전반적인 부동산 시장 침체 현상을 보인 2007년 들어서도 꾸준히 상승한 것으로 나타났다.

이와 같은 사실은 그동안 투자대상 지역에서 소외되어왔던 오산시를 새롭게 주목해볼 필요가 있다는 것을 의미하는 것이기도 하다. 한마디로 "작은 고추가 맵다"라는 우리 속담이 정확히 들어맞는 경우라고 할 수 있다. 그렇다면 도대체 어떤 요인이 오산시 부동산 가격상승세의 견인차 노릇을 한 것일까?

오산시, 이런 곳이다

참여정부 임기 말년인 2007년은 부동산 가격이 전국적으로 약세를 보이거나 침체되는 모습을 보였다. 강력한 수요억제정책과 세금부담이 부동산 수요를 억누르고 있었기 때문이다. 그럼에도 불구하고 오산시의 부동산 가격은 상승세를 지속했다. 이와 같은 상승세의 배경에는 어떤 요인들이 자리 잡고 있을까? 그 요인으로는 다음과 같은 대략 다섯 가지 정도를 꼽을 수 있다.

첫째, 교통의 요충지다. 오산시는 경부고속도로와 국도 1호선, 지방도 317호선 등이 남북 3개 축을 형성하고 있고, 국지도 82호선과 지방도 310호선, 그리고 남부순환로가 3개 축을 형성하고 있다. 뿐만 아니라, 도심을 가로질러 서울과 부산 방향의 경부선이 지나고 있고, 수도권 전철이 세마역, 오산대역, 오산역 등을 경유하여 천안까지 연결되고 있다. 이 중 수도권 전철역인 세마역, 오산대역, 오산역이 오산시 전체 부동산 가격상승에 상당히 긍정적인 영향을 주고 있는 것으로 나타나고 있는데 이는 교통 요충지로서의 오산을 더욱 돋보이게 하는 요인이 되고 있기 때문인 것으로 풀이된다.

둘째, 개발 호재가 많다. 약 1만 6,000세대 규모의 세교 택지개발지구, 제2외곽순환도로, 기존 도심에 대한 뉴타운 사업 추진 등 작은 규모에 비해 개발 호재가 많다는 점이 오산시 부동산 가격상승세의 또 다른 원인이라고 할 수 있다.

셋째, 동탄신도시 개발에 따른 후광효과다. 오산시를 언급할 때마다 빠지지 않고 등장하는 표현 가운데 하나가 바로 '동탄신도시의 배후도시' 라는 표현이다. 과연 오산시는 동탄신도시의 배후도시일까? 답부터 말하자면 그렇다. 아니 좀 더 정확히 표현하자면 100% 그렇다고 할 수 있다. 일례로 오산시 최고 유망지역이라고 할 수 있는 세교지구를 보자. 북쪽으로는 경부선을 경계로 동탄신도시와 접해 있고, 동쪽으로는 지방도 317호선을 경계로 동탄2신도시와 접해 있다. 이쯤 되면 동탄신도시에 대한 기대가 커지면 커질수록, 동탄신도시의 가치가 높아지면 높아질수록 오산시에 대한 기대와 가치도 함께 높아질 수밖에 없다는 결론에 이르게 된다. 바로 이런 점이 오산시 부동산 가격상승세의 주요 원인 가운데 하나가 되고 있다고 할 수 있다.

넷째, 자족기능이 강화될 예정이다. 오산시는 자족기능이 크게 강화될 것으로 기대를 모으고 있다. 우선 세교지구 서쪽에 조성되는 가정산업단지에는 동탄2신도시 개발로 인해 이전하게 될 공장과 연구소 등이 이전해 올 계획이다. 뿐만 아니라, 기존의 동탄신도시와 추가 조성되는 동탄2신도시의 자족기능을 상당 부분 공유할 수 있을 것으로 예상됨에 따라 자족기능이 크게 강화될 것으로 보인다. 부동산 가격 형성에 있어서 자족기능의 비중이 갈수록 커지고 있는 추세를 고려할 때 자족기능 강화는 오산시 부동산 가격을 꾸준히 상승시키는 또 다른 요인이라고 볼 수 있다.

다섯째, 저평가 메리트가 있다. 2007년 오산시의 분양 성적을 보면 타 지역에 비해 매우 양호했음을 알 수 있는데, 그 원인은 인근 지역에 비해 분양가가 저렴했다는 점에서 찾을 수 있다. 실제로 평균 분양가격이 3.3㎡당 840만 원대를 기록했는데, 이는 인근의 병점이나 동탄신도시 아파트 시세에 비해 상당히 저렴한 수준이었다는 것이 대체적인 평가다. 이는 곧 오산시가 저평가되어 있다는 것을 의미하는 것이기도 하다. 지난해 오산시 토지 및 주택가격이 꾸준히 상승한 배경에는 위와 같은 저평가 메리트를 겨냥한 매수세 유입이 있었음은 부인할 수 없는 사실이다.

2020년 오산시 도시기본계획 뜯어보기

'2020년 오산시 도시기본계획'에 나타난 오산시의 미래모습은 첫째, 도시기능을 완비한 자급자족도시, 둘째, 환경을 생각하는 환경산업도시, 셋째, 인본중심의 환경전원도시, 넷째, 전통을 중시하는 역사·문화도시이다.

이 가운데 주목해야 할 부분은 단연 자급자족도시와 환경산업도시라고 할 수 있는데 '2020년 오산시 도시기본계획'에 따르면 자급자족도시 실현을 위한 전략으로 경부고속도로와 봉담~동탄 간 고속도로 등 광역교통망을 활용한 유통시설의 확충과 가장산업단지 및 제3차 산업단지 조성을 제시하고 있다. 또한 환경산업도시 실현을 위한 전략으로 제지업과 같은 사양산업을 전자·정보산업과 같은 고부가가치산업으로 전환하도록 유도하고 미래지향적인 IT·BT 산업단지를 조성하는 방안을 제시하고

자료 : 2020년 오산시 도시기본계획

있다. 이와 같은 계획을 반영해 2020년 오산시의 계획인구는 27만 명으로 설정되어 있다.

현재는 미래를 예측할 수 있게 해주는 바로미터

오산시는 6개의 행정동, 24개의 법정동으로 구성되어 있는데 2020년 도시기본계획에 나타난 오산시의 도시공간구조 현황을 살펴본다면, 오산시 현황과 발전계획을 예상할 수 있다. 즉 현재의 오산시를 통해서 오산시의 미래가치를 추정해보자.

먼저 '2020년 오산시 도시기본계획'에서 파악하고 있는 공간구조를 살펴보면 다음과 같이 크게 세 가지를 주목할 필요가 있다.

첫째, 세교 택지개발사업과 세교Ⅱ 택지개발사업 등 주택사업이 활발한 동부와 중부생활권에 비해 상대적으로 북부생활권은 낙후되어 지역 간 불균형이 심화되고 있다.

둘째, 경부고속도로로 인해 시가지와 부산동 일원이 단절되었고, 오산천이 시가지를 가로질러 흐르고 있어 전체적으로 지역이 양분화된 현상을 보이고 있다.

셋째, 이원화된 공간구조와 더불어 지역 간 개발의 불균형으로 인해 시가지와 비시가지의 마찰 및 갈등 양상이 나타나고 있어 도시정체성을 구축하는 데 어려움이 예상되고 있다.

다음으로 토지이용현황을 살펴보자.

'2020년 오산시 도시기본계획'에서 진단하고 있는 오산시의 토지이용현황을 보면 다음과 같은 문제점을 지적하고 있다.

첫째, 오산역을 중심으로 구성된 시가지는 상업시설이 집중 배치되어 있고, 운암택지와 기존 취락지들의 밀집으로 인구밀도가 높다.

둘째, 도시 형성시기에 조성된 공장들이 도시 확장과정에서 외곽지역으로 이전되지 못한 채 기존 시가지와 오산천을 주변으로 도심 한가운데 위치하고 있어 토지이용상 비효율적이다.

셋째, 도심을 중심으로 개발사업들이 무분별하게 난립하고 있어 난개발 우려가 있다.

넷째, 도심을 흐르는 오산천과 경부선철도로 인해 단절된 공간구조를 지니고 있음에도 불구하고 시청, 경찰서, 교육청 등 대부분의 공공기관들이 도심에 밀집되어 있어 이용상의 불균형을 초래하고 있다

마지막으로 교통체계현황을 살펴보자.

'2020년 오산시 도시기본계획'에서 진단하고 있는 오산시의 교통체계

현황을 보면 다음과 같다.

첫째, 경부고속도로와 국도 1호선, 그리고 지방도 317호선 등이 남북 3개 축을 형성하고 있고, 국지도 82호선과 지방도 310호선, 그리고 남부순환로가 동서 3개 축을 형성하고 있다.

둘째, 세교지구와 동탄신도시의 원활한 교통의 흐름을 위해 봉담~동탄 간 고속도로가 계획되어 있다.

셋째, 도심을 가로질러 서울과 부산 방향의 경부선이 지나가고, 수도권전철이 세마역, 오산대역, 오산역 등을 경유하여 천안까지 연결되어 있어 뛰어난 교통여건을 확보하고 있다.

종합해보면, 오산시의 도시공간구조는 편리한 교통 여건이 확보되어 있다는 장점이 있지만 공간구조와 토지이용에 있어서는 개선해야 할 부분이 많다는 결론을 내릴 수 있는데, 이는 '2020년 오산시 도시기본계획'에서 도시공간구조 구상을 제시하고 있는 가장 근본적인 원인이기도 하다.

오산시 공간구조 구상의 핵심은 3개 중심이다

'2020년 오산시 도시기본계획'에 따르면 도시 미래상과 도시 발전방향을 수용할 수 있도록 도시공간구조를 3개 중심(세교지구 중심, 궐동지구 중심, 기존 도심)으로 구상하여 특성에 맞는 기능을 부여하고 있다. 우선 세교지구 중심이 갖게 될 특징과 기능을 살펴보면 다음과 같다.

첫째, 세교 택지지구와 역세권 개발로 도심활성화 및 도시의 새로운 이미지 창출을 위한 랜드마크 형성

둘째, 독산성 및 세마대지와 서랑저수지를 관광타운으로 조성, 환경친화적인 전원도시 조성

셋째, 지형적 여건을 이용하여 입체적인 토지이용을 유도하고 스카이

<그림 1-32> 오산시 도시공간구조 구상도

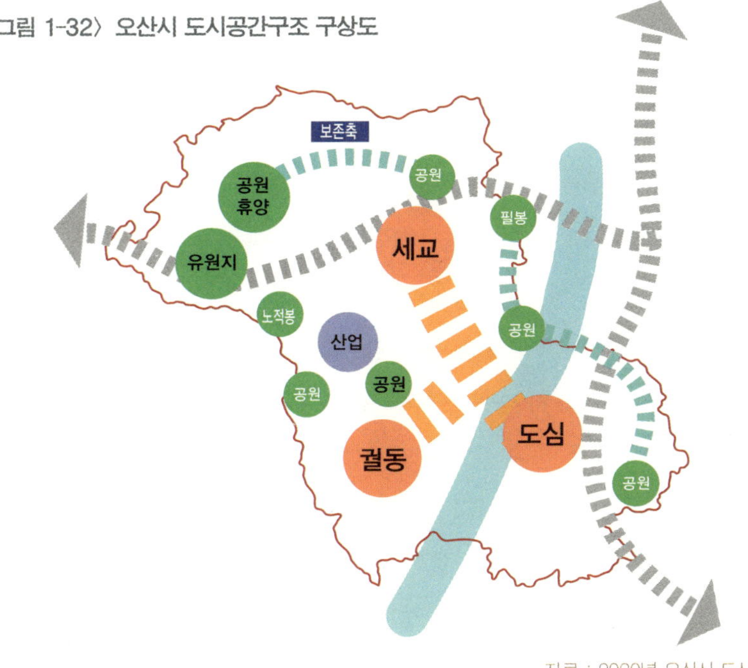

자료 : 2020년 오산시 도시기본계획

라인 형성 등 도시경관 연출

넷째, 동탄신도시와 도시연담화(都市連擔化)를 방지하기 위하여 삼미동 일원을 버퍼그린존(Buffer Green Zone)으로 설정

위와 같은 세교지구 중심의 특징과 기능을 통해 세교지구 중심의 투자 포인트가 오산시의 랜드마크에 있다는 사실을 알 수 있다. 따라서 최우선 투자 고려 대상지역은 신도심지역과 역세권 개발에 따른 직접적인 수혜지역이 되어야 할 것으로 분석된다.

다음으로 궐동지구 중심이 갖게 될 특징과 기능은 다음과 같다.

첫째, 지리상 오산시의 중심지역인 만큼 세교Ⅱ 택지지구로 인한 신주거기능의 잠재력을 활용하여 중심상업기능을 지향

둘째, 서쪽에 입지해 있는 가장산업단지에 전기 · 전자 및 IT · BT ·

NANO와 같은 첨단지식산업의 유치로 산업구조를 고도화하여 신산업공
간기능을 부여

셋째, 화성시와 접하는 서부지역의 경우 자연생태기능을 최대한 보전
하고, 적정밀도의 쾌적한 주거환경을 조성

넷째, 오산대역세권 개발과 오산대역 남측지역의 주거환경개선사업을
추진하여 주거환경을 양호하게 개선할 예정

이는 궐동지구 중심의 투자 포인트가 세교Ⅱ 택지지구와 오산대역세권
개발 및 오산대역 남측지역의 주거환경개선사업에 있음을 알려준다. 다
만 궐동지구 중심의 투자 포인트에 날개를 달아줄 수 있는 요인인 첨단지
식산업의 유치가 얼마나 효과적으로 이루어지느냐를 고려해야 한다. 이
는 자족기능의 강화를 의미하는 것이기 때문이다.

마지막으로 기존 도심의 특징과 기능은 다음과 같다.

첫째, 수도권 남부지역 업무 및 서비스기능의 거점으로 조성하여 상업
지역의 활성화를 도모하며, 벤처 · 업무기능의 유치를 유도

둘째, 부족한 녹지공간의 확보를 위해 오산천을 이용한 수변공원을 조
성해 도심 속 휴식공간기능을 부여

셋째, 도심 내 주거지역의 경우 주거환경개선사업이나 주택재개발사업
등을 추진하여 양호한 주거환경을 조성하고, 부족한 기반시설을 확충하
며, 상업지역의 경우 도시환경 정비사업 등을 통해 도시환경을 개선

넷째, 도심의 동쪽인 부산동과 원동 일원은 경부고속도로와 연계한 물
류거점도시로 활성화

요약하면 기존 도심의 투자 포인트는 주거환경개선사업과 재개발사업
및 부산동과 원동 일원의 경부고속도로 연계를 통한 물류거점도시화에
있다고 할 수 있다.

〈그림 1-33〉 오산시 생활권 구분도

자료 : 2020년 오산시 도시기본계획

오산시 투자, 생활권을 파악하라

2020년 오산시 도시기본계획은 오산시 전체를 1개 대(大)생활권과 3개의 중(中)생활권(북부 중생활권, 중부 중생활권, 동부 중생활권)과 8개의 소(小)생활권(세마 소생활권, 양산 소생활권, 초평 소생활권, 남촌 소생활권, 수청 소생활권, 중앙 소생활권, 부산 소생활권, 대원 소생활권)으로 구분해 발전해 나가는 방안을 제시하고 있는데, 그 내용을 구체적으로 살펴보면 다음과 같다.

먼저 동부 중생활권은 도심기능인 행정, 문화, 상업, 업무기능을 담당하게 된다. 이를 위해 주거환경정비를 통한 기존 시가지의 배후주거기능 유지·강화에 힘쓰고, 도시주거환경개선사업을 통한 기반시설 확충과 함께 도시 내 공장들을 외곽으로 이전해 주거환경개선을 도모하고 동시에 경부고속도로를 활용해 물류거점도시로 육성하는 데 중심이 되도록 설정되었다.

다음으로 중부 중생활권을 살펴보자. 중부 중생활권에는 수도권 신규 주택공급 및 적정 밀도의 쾌적한 주거환경이 조성될 계획이다. 이를 위해 일상생활 편익시설이 대거 확충되고, 자족도시 기반을 갖추기 위해 가장 산업단지 부지 확충, IT·BT·NANO 산업과 같은 첨단고부가가치 산업 육성과 함께 세교Ⅱ 택지개발지구 개발을 통한 쾌적한 도시환경이 조성될 계획이다.

마지막으로 북부 중생활권을 살펴보자. 북부 중생활권은 친환경적 선진형 주거단지 조성을 통해 특화된 지역개발을 유도함과 동시에 세교 택지개발지구와 동탄신도시에 인접한다는 장점을 활용해 세마역 역세권 기능을 강화해 나갈 계획이다. 또한 양산동 일원은 독산성 및 세마대지, 서랑저수지 등을 이용한 관광타운기능이 강화될 예정이다. 이 밖에 화성시와 연담화되는 문제를 예방하기 위해 그린존(Green Zone)을 설정하기로 했다는 점은 북부 중생활권의 특색이라고 할 수 있다.

오산시 개발가능지를 파악하라

오산시 용도지역현황을 보면 도시계획구역 42.76㎢ 중 시가화구역은 주거지역 19%, 상업지역 2.4%, 공업지역 4.3%로 총 11.04㎢인 25.7%를 차지하며, 녹지지역은 31.72㎢인 74.3%로 대부분을 점유하고 있다.

주거지역은 기존 시가지의 경우 개발 당시 소규모의 필지로 구성되어 주거환경이 상당히 열악한 형편이며, 궐동이나 수청 토지구획정리사업지구, 운암 택지지구 등은 계획적인 개발로 양호한 주거지로 조성되었다는 특징을 보이고 있다.

상업지역은 시청과 오산역 사이에 집중 배치되어 있으며, 남북으로 폭

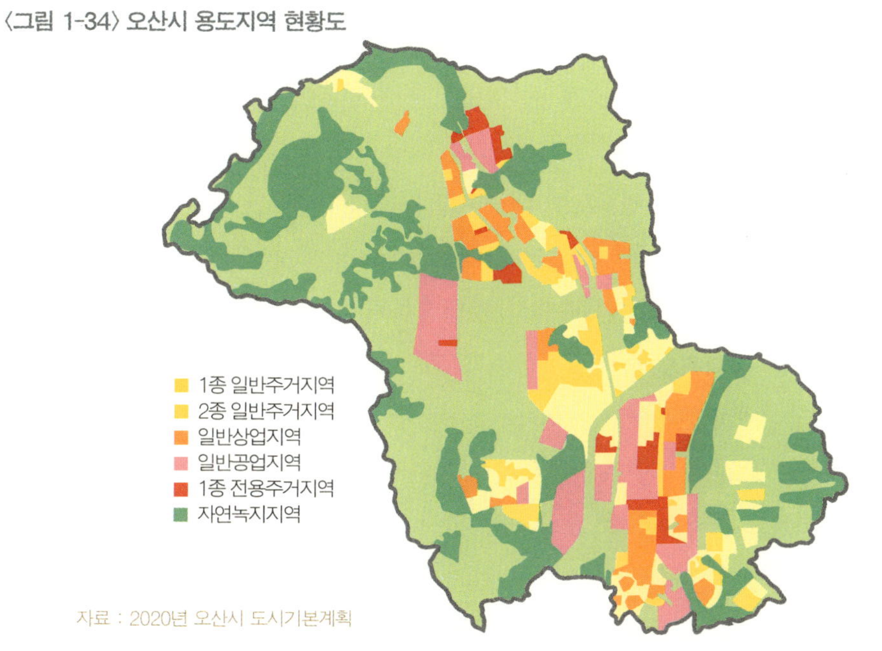

〈그림 1-34〉 오산시 용도지역 현황도

자료 : 2020년 오산시 도시기본계획

〈그림 1-35〉 오산시 개발가능지 종합분석도

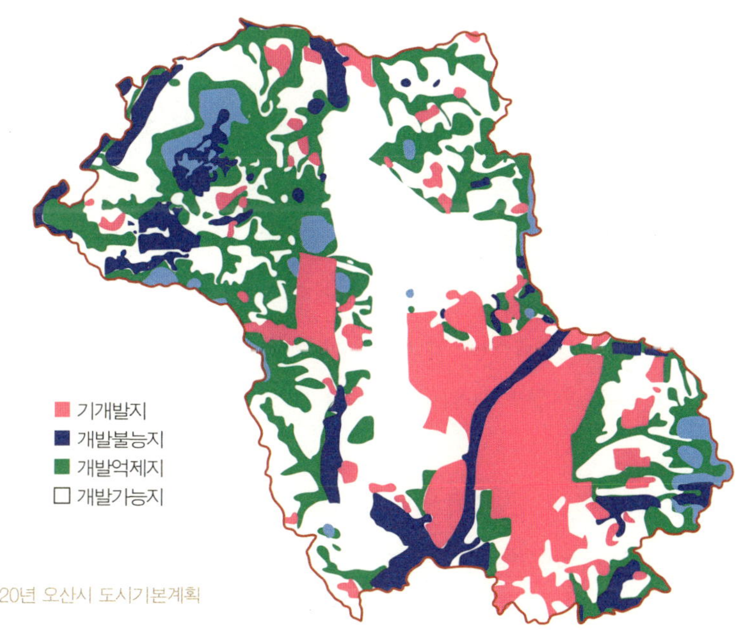

자료 : 2020년 오산시 도시기본계획

공업지역은 현재 1·2차 가장산업단지가 지정되어 있고, 오산천변과 시가지 중심부에 공장들이 입지하고 있는 관계로 도심환경이 악화되는 원인이 되고 있어 이전 필요성이 대두되고 있는 상태다.

전체적으로 기존 시가지는 토지이용의 혼재로 인하여 주거환경이 열악하다는 점과 함께 정책적인 면에서도 개발유도가 미흡하여 녹지지역 곳곳에 소규모 자연취락지구들이 산재해 있다는 문제점을 내포하고 있으며, 도시성장에 따른 토지수요와 도시기반시설의 확충, 공공용지의 확보를 위해서는 보전용지의 부분적 활용이 불가피한 실정이다.

이러한 필요에 따라 2020년 오산시 도시기본계획에서는 개발가능지를 제시하고 있는데, 이를 구체적으로 살펴보면 세교 택지개발지구와 세교 Ⅱ 택지개발예정지구 등과 같은 우선분류대상지가 6.506㎢, 15.2%를 차지한다. 한편 오산시 전체 면적 중 상기 면적들을 제외한 지역은 10.963㎢, 25.7%를 나타내고 있어 상대적으로 개발가능지가 높게 나타나고 있음을 알 수 있다.

〈그림 1-35〉는 개발가능지를 종합 분석한 그림이다. 그림의 파란색 부분은 개발 불능지를, 보라색 부분은 기개발지를, 연두색 부분은 개발억제지를 각각 나타내고 있으며 색이 없는 부분이 바로 개발가능지다.

〈표 1-18〉은 오산시의 용도지역 현황이다. 이를 2020년 오산시 도시기본계획에서 제시하고 있는 소요면적과 비교해보면 어떤 용도가 어느 정도 필요한지를 파악할 수 있는데, 이는 향후 오산시의 개발방향을 추측해 볼 수 있다는 점에서 매우 중요하다.

2020년 오산시 도시기본계획에서 산정한 주거용지 소요면적은 15.295~17.143㎢이며, 상업용지 소요면적은 1.526㎢, 공업용지 소요면

〈표 1-18〉 오산시 용도지역 현황 (단위: ㎢, %)

구분	계	주거지역	상업지역	공업지역	녹지지역
면적	42.76	8.11	1.05	1.88	31.72
구성비	100.0	19.0	2.4	4.3	74.3

자료 : 2020년 오산시 도시기본계획

적은 2.088~2.622㎢이다. 이를 기준으로 했을 때 향후 주거용지는 7.185~9.033㎢ 정도가 추가적으로 필요하고, 상업용지와 공업용지는 각각 0.476㎢, 0.208~0.742㎢ 정도가 추가적으로 필요할 것으로 예상된다. 결국 주거용지가 가장 큰 폭으로 늘어나게 되는데 이런 추세는 2009년 완공예정으로 세교동, 금암동, 내·외삼미동, 수청동 일원에 3,234,050㎡ 규모로 조성되는 세교 택지지구와 2013년 완공예정으로 궐동, 금암동, 청학동, 가수동, 탑동 일원에 2,962,000㎡ 규모로 조성되는 세교Ⅱ 택지지구를 통해서도 확인할 수 있다.

오산시를 공략하는
투자 포인트

투자 포인트 1   **토지이용계획을 주목하라**

성공적인 투자를 위해서는 향후 오산시의 토지이용계획이 어떻게 수립되어 있는지를 파악하는 것이 필요하다. 그렇다면 2020년 오산시 도시기본계획에 나타난 오산시의 토지이용계획은 어떨까? 2020년 오산시 도시기본계획에 나타난 토지이용계획의 기본 방향은 첫째, 수도권 남부 중심도시로 발전할 수 있도록 자족도시 기능을 확보할 수 있고, 둘째, 오산천, 경부선철도, 국도 1호선 등에 의해 단절된 도시공간구조의 연계를 고려하며, 셋째, 장래 계획인구 27만 명을 수용할 수 있는 도시조성을 위해 개발압력, 입지적 여건 등을 종합적으로 고려하여 수립되었다.

구체적인 토지이용 구상을 살펴보면 다음과 같다.

첫째, 보전용지 내 양산동 일원과 가장산업단지 주변, 서동·벌음동 등 서부지구 일원, 세마역 부근에 시가화예정용지를 지정함으로써 개발압력을 수용토록 하였다.

둘째, 자연경관 및 문화재를 보호하고 지형에 순응하는 특화된 친환경적 주택단지를 개발할 계획이다.

셋째, 도시의 자족기능 확보와 고용창출을 위해 산업단지 확장을 반영

〈그림1-36〉 오산시 도시기본 구상도

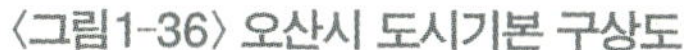

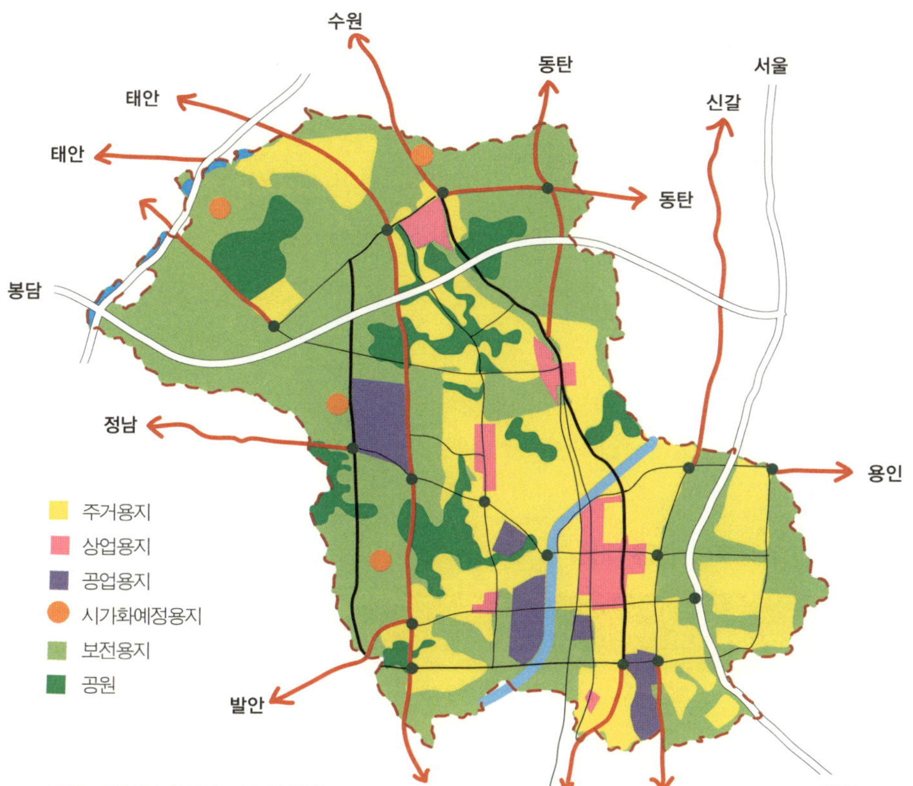

자료 : 2020년 오산시 도시기본계획

한 토지이용계획을 수립하였다.

넷째, 주거용지로 되어 있는 쌍용제지부지는 기업의 특성을 고려하여 공업용지로 변경하였다.

다섯째, 기존 시가화예정용지 중 세교 택지개발지구는 이미 결정된 도시관리계획을 반영하여 주거용지와 상업용지, 공원 등으로 변경하였다.

여섯째, 기존 시가화예정용지 중 원동의 구(舊) 충남방적 부지는 원동로 계획하였다.

2016년과 2020년 오산시 도시기본계획을 비교해보면 시가화용지는 1.556㎢가 증가했는데, 이 중 주거용지가 1.169㎢, 상업용지 0.281㎢, 공업용지 0.106㎢가 증가한 것으로 나타났다. 한편 시가화예정용지는 2.321㎢가 증가한 것으로 나타났다. 이에 비해 보전용지는 3.877㎢가 감소한 것으로 나타났는데, 이는 2016년을 목표로 한 2016년 오산시 도시기본계획에 비해 2020년을 목표로 한 2020년 오산시 도시기본계획이 보다 개발에 무게중심을 두고 있다는 점에서 큰 의미가 있다고 할 수 있다. 〈표 1-19〉는 세부변경 내역이다.

〈표 1-19〉 용도별 변경 내용

구분	위치	용도변경		면적(㎡)	변 경 사 유
		기정	변경		
1	세교지구 북측 일원	보전용지	시가화 예정용지 (주거용지)	0.146	2009년 세교 택지지구의 입주와 세마역 등 주변 환경 변화에 대처하기 위해 시가화예정용지로 계획
2	가장산단 동측 일원	보전용지	시가화 예정용지 (공업용지)	0.530	산업단지를 확장해 수입증대 및 고용창출 등 자족기능을 완비한 자급자족도시를 갖추기 위한 시가화예정용지 확보
3	서부지구 일원	보전용지	시가화 예정용지 (주거용지)	4.280	세교Ⅱ지구 개발에 따른 향후 도시공간구조의 변화에 대처하기 위해 시가화예정용지 확보
4	세마역 주변	시가화 예정용지	주거용지	0.203	세교 택지개발계획 수립시 기 결정된 도시관리계획 수용
5	세마역 주변	시가화 예정용지	주거용지	0.295	세교 택지개발계획 수립시 기 결정된 도시관리계획 수용
6	세교지구	시가화 예정용지	주거용지	0.445	세교 택지개발계획 수립시 기 결정된 도시관리계획 수용

구분	위치	용도변경		면적(㎡)	변경사유
		기정	변경		
7	세교지구	시가화 예정용지	주거용지	0.105	세교 택지개발계획 수립시 기 결정된 도시관리계획 수용
8	세교지구	보전용지	주거용지	0.038	세교 택지개발계획 수립시 기 결정된 도시관리계획 수용
9	세교지구	상업용지	주거용지	0.008	세교 택지개발계획 수립시 기 결정된 도시관리계획 수용
10	세교지구	보전용지	주거용지	0.064	세교 택지개발계획 수립시 기 결정된 도시관리계획 수용
11	세교지구	시가화 예정용지	주거용지	0.012	세교 택지개발계획 수립시 기 결정된 도시관리계획 수용
12	세교지구	시가화 예정용지	주거용지	0.498	세교 택지개발계획 수립시 기 결정된 도시관리계획 수용
13	세교Ⅱ지구	상업용지	주거용지	0.032	세교Ⅱ 택지개발계획 수립시 기 결정된 도시관리계획 수용
14	세교Ⅱ지구	상업용지	주거용지	0.078	세교Ⅱ 택지개발계획 수립시 기 결정된 도시관리계획 수용
15	세교Ⅱ지구	상업용지	주거용지	0.043	세교Ⅱ 택지개발계획 수립시 기 결정된 도시관리계획 수용
16	원동대림아파트	시가화 예정용지	주거용지	0.298	원동 지구단위계획 수립시 기 결정된 도시관리계획 수용
17	세교지구	시가화 예정지구	상업용지	0.224	세교 택지개발계획 수립시 기 결정된 도시관리계획 수용
18	세교지구	주거용지	상업용지	0.020	세교 택지개발계획 수립시 기 결정된 도시관리계획 수용
19	세교지구	시가화 예정용지	상업용지	0.160	세교 택지개발계획 수립시 기 결정된 도시관리계획 수용
20	세교Ⅱ지구	주거용지	상업용지	0.295	세교Ⅱ 택지개발계획 수립시 기 결정된 도시관리계획 수용
21	가장산단 주변	보전용지	공업용지	0.130	가장산단 조성공사 중 문화재 출토로 일부구간 사업 변경

구분	위치	용도변경		면적(㎡)	변 경 사 유
		기정	변경		
22	쌍용제지	주거용지	공업용지	0.119	제지업의 특성상 이전할 수가 없어 공업용지로 지정
23	갈곶 제1공원	주거용지 공업용지	보전용지	0.022	2003년 수립된 2011년 도시관리계획에 결정된 공원
24	가장산단 주변	공업용지	보전용지	0.130	문화재 출토로 인한 공업용지 선형변경
25	중앙공원	주거용지	보전용지	0.426	세교 택지개발계획 수립시 기 결정된 도시관리계획 수용
26	세교지구	주거용지	주거용지	0.211	세교 택지개발계획 수립시 기 결정된 도시관리계획 수용
27	세교지구	상업용지	주거용지	0.018	세교 택지개발계획 수립시 기 결정된 도시관리계획 수용
28	세교Ⅱ지구	주거용지	주거용지	0.048	세교 택지개발계획 수립시 기 결정된 도시관리계획 수용
29	세교Ⅱ지구	주거용지	주거용지	0.033	세교 택지개발계획 수립시 기 결정된 도시관리계획 수용

 단계별 개발계획에 따라 투자하라

2020년 오산시 도시기본계획 역시 여타의 시·군과 마찬가지로 단계별로 개발계획을 수립해 효율적인 토지이용과 균형적인 도시개발을 추진하고 있다. 5년 단위로 개발여건이 양호한 지역부터 우선적으로 개발하도록 하고 있다. 여기서 개발여건이 양호한 지역이란 자연적인 조건이 양호한 지역, 사회·경제적 제약이 비교적 적은 지역을 말한다. 그럼, 이제 오산시의 단계별 개발계획을 살펴보자.

시간상으로 가장 가까운 계획은 2006~2010년까지를 목표로 수립된 제2단계 계획이다. 이 기간 동안의 계획은 다음과 같다.

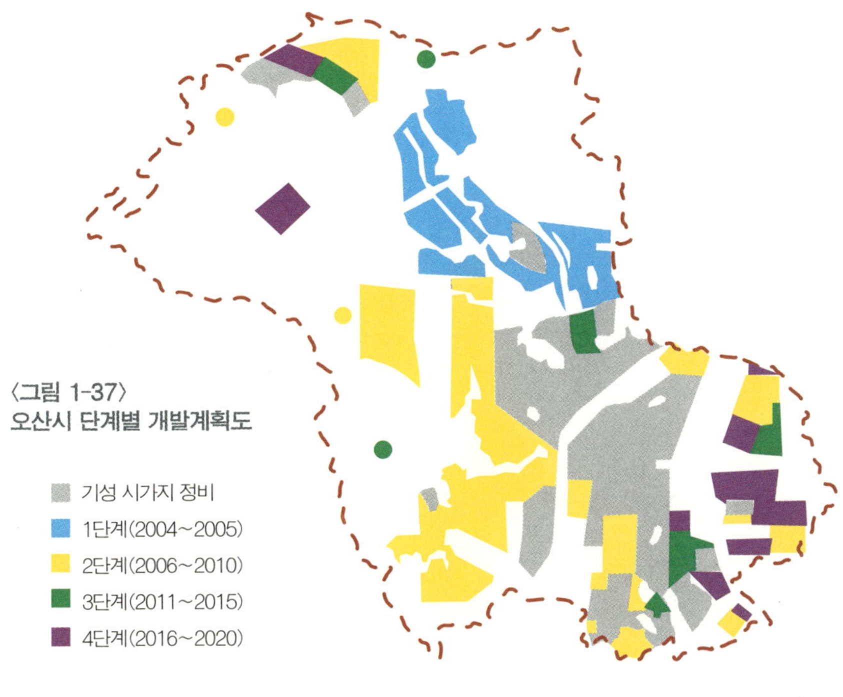

〈그림 1-37〉
오산시 단계별 개발계획도

자료 : 2020년 오산시 도시기본계획

첫째, 세교Ⅱ 택지개발사업 완료

둘째, 제1·2차 가장산업단지 조성 완료 및 제3차 가장산업단지 확장

셋째, 양산동 일원 시가화예정용지 주거용지로 변경

넷째, 오산시에 접수 및 추진 중인 단위개발사업 완료

다섯째, 황구지천변 하수종말처리장 준공

다음으로 20011~2015년까지를 목표로 수립된 제3단계 계획이 있는
데, 이 기간 중에는 다음과 같이 계획되어 있다.

첫째, 세마역 주변 시가화예정용지를 주거용지로 변경

둘째, 기존 시가지 내 도시·주거환경정비계획을 지속적으로 추진

셋째, 도시기반시설 확충 및 도시민의 휴식 공간 제공을 위한 공원 정비

마지막으로 2016~2020년까지를 목표로 수립된 제4단계 계획이 있다. 이 기간 중에는 다음과 같은 단계별 개발계획이 수립되어 있다.

첫째, 원동, 부산동, 고현동, 지곶동, 양산동 일원 미개발 주거용지 개발

둘째, 중·저밀도의 개발을 유도하여 쾌적한 주거환경 조성

셋째, 주거환경개선사업과 주택재개발사업을 통해 주거환경을 개선하고 부족한 기반시설 확보

넷째, 생활권별 휴식공간, 편의, 교육, 문화공간을 지속적으로 확보

투자 포인트 3 기존 도심을 주목하라

오산시 도심은 오산역 부근 구(舊)시가지와 오산시청이 있는 운암지구 주변의 신(新)시가지로 구분된다. 구시가지는 오산역을 중심으로 국도 1호선과 경부선철도를 중심으로 남북방향으로 형성되어 있는데 다음과 같은 문제점이 있다.

첫째, 도로 혼잡과 주차시설 부족 문제 등이 상존하고 있음에도 불구하고 건축물의 밀도가 높아 기반시설 확대에 어려움이 있다.

둘째, 오산역을 중심으로 역세권 중심지로 부각되고 있으나 기반시설 부족, 가구 및 획지의 기반구조 등 개별여건 미약으로 활성화가 미약하다.

셋째, 오산역 주변으로 중·소규모 상업기능들이 형성되어 있으나 필지가 소규모로 분할되어 있으며, 대부분의 건물들이 매우 낙후되어 노후·불량한 상태로 방치되어 있다.

여기에 중부생활권을 중심으로 세교, 세교Ⅱ 등 대규모 택지개발사업이 진행 중에 있다는 점을 고려할 때 구시가지에 대한 체계적 정비가 이루어지지 않을 경우 구시가지의 공동화 현상은 피할 수 없을 것으로 예상

<그림 1-38> 기성 시가지 정비 검토대상지

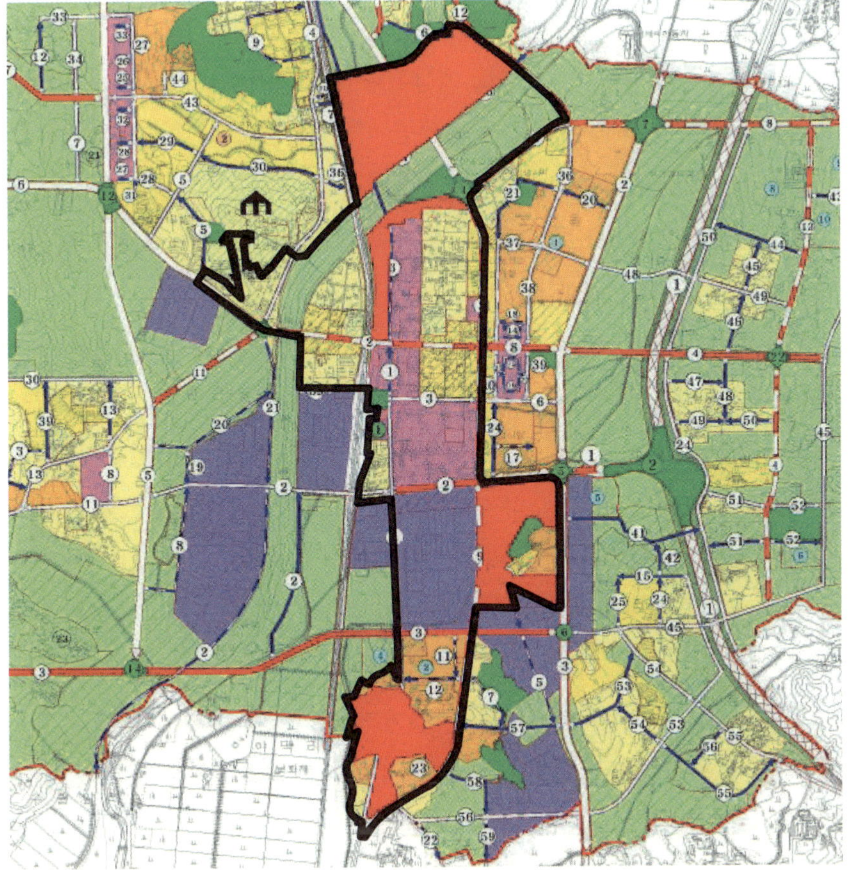

자료 : 2020년 오산시 도시기본계획

된다. 이와 같은 현실을 고려해 기존 구시가지에 대한 철저한 분석을 통해 투자를 한다면 적지 않은 투자 수익을 거둘 수 있을 것으로 예상된다.

투자 포인트 4 뉴타운 사업 추진지역을 주목하라

오산역 주변(오산동, 원동, 가수동, 청학동, 궐동, 수청동 일원)을 중심으로 추진되고 있는 뉴타운 사업을 주의 깊게 주목해볼 필요가 있다. 오산시에 따르면 현재 지구 지정을 위한 용역이 진행되고 있는데, 오는 8월 정도면 촉진지구 지정이 가능할 것으로 예상된다. 현재 용역발주 호재로 뉴타운 대상지역은 가격이 많이 상승했을 뿐만 아니라 매물도 귀한 상황이다. 특히 오산역, 오산대역 등 역세권 주변지역과 위 역세권과 가깝고 오산천, 오산종합운동장 등과도 거리상으로 가까운 오산동, 궐동 지역의 매물은 선호도가 높아 더욱 귀한 상태다.

2008년 5월 말 현재 시세를 보면 다세대주택은 3.3㎡당 1,400만~1,800만 원 수준이고, 단독주택은 도로 상태에 따라 차이가 많이 나고 있으나 대략 3.3㎡당 400만~600만 원 수준에서 시세가 형성되어 있다. 종전에 비해 가격이 많이 상승했으나 5,000만 원 수준의 실투자금액으로도 투자할 수 있다는 장점이 있어 매력적인 투자처라고 할 수 있다. 다만 도시재정비를 위한 특별법(도촉법)에 따라 뉴타운으로 지정될 경우 장기간 투자금액이 묶일 수 있다는 점을 고려해야 낭패를 면할 수 있다는 점은 기억해두어야 한다. 입주까지를 겨냥한 장기적 관점에서의 투자를 하되 사정상 장기투자가 어려운 경우라면 도촉법상 토지거래허가를 받지 않아도 되는 대지지분 20㎡ 이하의 매물을 노리는 것이 좋을 것이다.

투자 포인트 5 ⠀**세교 택지개발지구와 개발수혜지역을 주목하라**

향후 오산시의 대표 주거지역으로 발돋움할 것으로 예상되는 곳은 2009년 완공 예정인 세교 택지지구와 20013년 완공예정인 세교Ⅱ 택지지구라고 할 수 있다. 두 곳의 택지지구는 면적이 각각 323만㎡, 296만㎡로 대규모로 조성되는 택지지구다.

2007년 12월부터 분양이 시작된 세교 택지개발지구의 경우 지구 동쪽으로 국도 1호선이 지나가고, 지구 내에는 전철역인 세마역과 오산대역이 위치하고 있어 뛰어난 교통환경을 자랑하고 있다는 장점이 있다. 또한 지구 서쪽의 가장동 일원에는 가장산업단지가 조성되는데 동탄2신도시 개발에 따라 동탄2신도시 개발 예정지 안에 있던 공장과 연구소 등이 이전해올 예정이어서 자족기능 역시 일정 수준 이상 확보할 수 있을 것으로 예상된다. 여기에 기존의 동탄신도시와, 주택공급 확대방안으로 2007년 확정된 동탄2신도시와 인접하고 있어 직·간접적인 수혜를 기대할 수 있다는 점에서 적지 않은 가격상승이 예상된다.

그러므로 내 집 마련을 계획하고 있는 실수요자나 장기적인 관점에서 투자를 계획하고 있는 가치투자자라면 이들 지역에서 공급되는 신규공급 물량을 주목할 필요가 있다.

세교 택지개발지구의 개발은 인근 지역 부동산 가격에도 상당한 영향을 줄 것으로 예상된다. 특히 원동, 궐동 일대의 기존 아파트들이 직접적인 수혜를 입을 것으로 분석되는데, 이들 지역을 선점하는 투자 전략 역시 장기적으로 효과적인 투자 전략이 될 것으로 예상된다.

'BUY 오산시', 이것만은 주의하라

분명 오산시는 개발가능지가 많다는 장점이 있는 도시인 것만은 확실하다. 그러나 개발이 불가능한 개발불능지 역시 결코 적지 않다. 따라서 개발가능지와 개발불능지를 정확히 파악한 상태에서 투자에 나서야만 에상외의 투자실패를 막을 수 있다. 적지 않은 투자자들이 아직도 개발 호재가 있다는 언론이나 어설픈 정보만을 바탕으로 위험한 투자를 감행하는 경우를 종종 목격하게 된다. 무식하면 용감하다는 우스갯소리가 딱 맞아 떨어지는 경우가 아닐 수 없다. 또한 개발 호재를 기초로 투자를 할 경우 군중심리에 휩쓸린 나머지 미래 가격상승분까지 매매가격에 반영된 매물을 덥석 구입하게 되는 경우도 자주 발생하게 되는데 이런 경우를 가리켜 "상투 잡았다"고 하는 것이다.

그러므로 상투를 잡지 않기 위해서는 냉철하게 과거 및 현재가격과 함께 인근 지역의 지가 수준이나 주택가격 동향 등을 면밀히 검토하는 자세가 필요한데, 개발 호재가 많은 오산시의 경우는 이러한 과정을 꼭 거쳐야 함을 잊어서는 안 된다. 마지막으로 세금문제를 고려한 목표 투자기간 수립과 함께 매입과 관련한 각종 지출비용에 대한 증빙서류 관리 및 다운계약서의 유혹을 잘 피해나가는 지혜가 또한 필요하다는 사실을 반드시 명심해두어야 한다.

06

용인시,
최고의
고품격 도시를 꿈꾼다

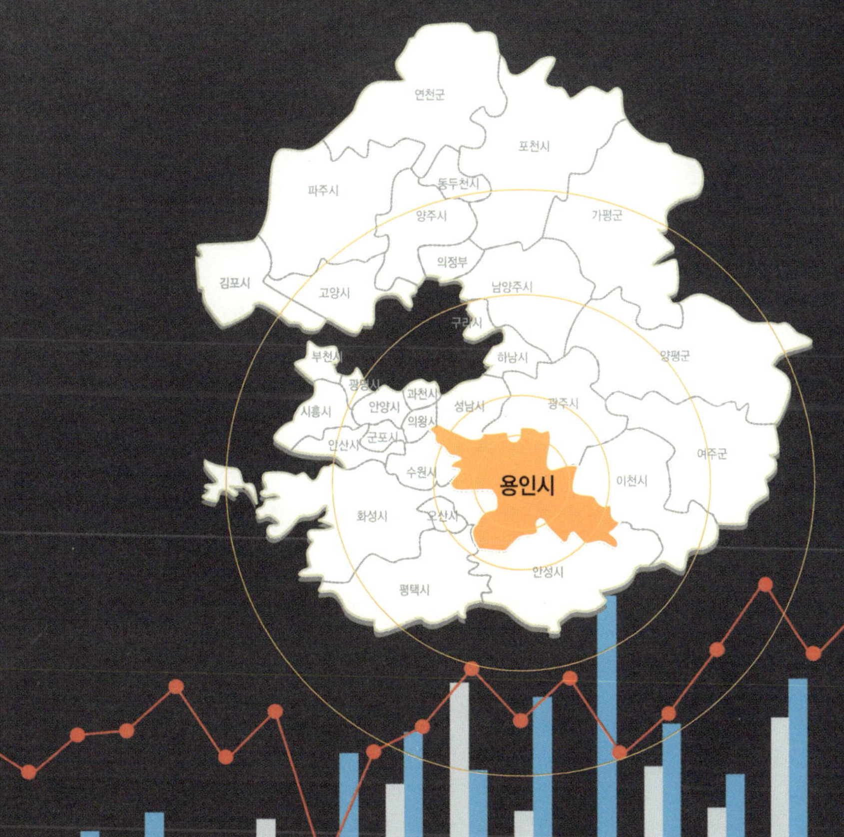

1

용인시의 현황과 개발계획

다음의 설명이 가리키는 곳은 어디일까? 한번 알아맞혀 보시기 바란다.

첫째, 교통망이 제대로 갖춰지지 않아 출·퇴근길은 총칼 없는 전쟁의 연속이었고, 학교를 비롯한 각종 기반시설 역시 턱없이 부족해 2000년대 초까지 난개발의 대명사로 불리던 곳.

둘째, 각종 호재가 이어지면서 가격상승이 크게 두드러져 현재는 대한민국 부동산 대표선수라고 자타가 공인하는 버블세븐 지역의 하나로 당당히 그 이름을 올리고 있는 곳.

셋째, 동쪽으로 이천시, 서쪽으로 수원시와 화성시, 남쪽으로 안성시, 북쪽으로 성남시와 광주시에 접하고 있어 수도권 남부 중심도시인 곳.

넷째, '제3차 수도권정비계획 실천을 위한 2020년 경기도 관리계획'에 따르면 수원·성남과 함께 비즈니스·연구개발·IT산업 거점지역으로 발전해 나갈 것으로 예상돼 자족기능이 크게 강화될 것으로 예상되는 곳.

다섯째, 경부고속도로와 영동고속도로가 각각 남북축 및 동서축을 이루어 신갈분기점을 형성하고 있고, 국도 17호선, 42호선, 43호선, 45호선이 관통, 주변지역과의 지역간 간선도로를 형성하고 있어 사통팔달의 교통 요충지라 할 수 있는 곳.

여섯째, 전국 기초지방자치단체 가운데 가장 많은 11개 대학이 있으며, 49개의 각종 연구소 및 34개에 달하는 기업연수원 등 산학연 시설이 고루 분포하고 있는 곳.

일곱째, 전체 면적이 592㎢로 경기도 면적의 5.8%를 차지하고 있으며 2007년 10월 말 현재 인구가 81만여 명으로 대도시권 수준의 인구를 보유한 거대도시로 고속성장하고 있는 곳.

여덟째, 한국민속촌, 에버랜드뿐만 아니라 26곳의 골프장과 1곳의 스키장 및 15개의 박물관과 미술관, 5개의 휴양 콘도미니엄 등 관광위락시설이 집중되어 있는 곳.

이곳이 과연 어디일까? 이미 짐작하셨겠지만, 바로 용인시다.

용인시, 어떤 곳인가

실수요자들뿐만 아니라 투자자들까지 투자대상으로서 용인시를 새롭게 주목하기 시작한 시점은 아이러니하게도 정부가 용인시를 버블세븐 가운데 하나로 지목한 시점부터라고 해도 과언이 아니다. 그렇다면 버블세븐으로 지목된 곳은 어디일까? 강남, 서초, 송파, 목동, 분당, 평촌, 용인 등이 버블세븐으로 지목된 곳들이다. 누가 봐도 하나같이 대한민국을 대표하는 우량지역들임을 인정하지 않을 수 없는 곳들이다. 이때부터 용인시는 대한민국 대표 주거지역 가운데 한 곳으로 당당히 정부로부터 공인받은 것이나 다름없는 상황이 되었다. 이런 이유로 주택 수요계층들의 뇌리 속에 남은 버블세븐 지역은 "집값에 거품이 많아 서둘러 집을 팔아

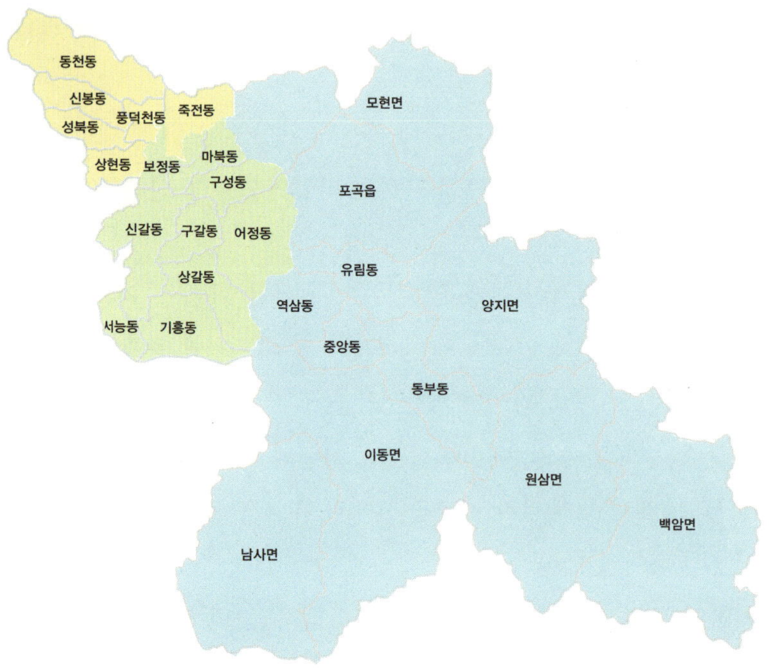

야 가격하락에 따른 손해를 막을 수 있는 곳"이 아니라 "반드시 집값이 오르는 지역"이 되었고, 그 결과 용인시 부동산 시장은 판교발 부동산 광풍까지 더해지면서 2005~2006년에 걸쳐 말 그대로 폭등이라는 표현이 잘 어울리는 가격상승 현상이 나타나게 되었던 것이다. 그러나 이처럼 용인시가 대한민국을 대표하는 우량지역으로 탈바꿈한 데에는 '난개발' 딱지를 떼어낸 것이 결정적이었다고 볼 수 있다.

2000년대 이후 용인시는 건교부와 손잡고 획기적인 교통개선대책을 추진하였는데, 그 효과가 2004년 이후부터 서서히 빛을 발하기 시작한 것이다. 이에 그치지 않고 분당선 연장, 신분당선 연장, 서울~용인 간 고속도로 등의 사업이 순조롭게 추진되고 있어 용인의 가장 큰 문제점이었던 교통문제를 획기적으로 개선시켜 줄 수 있을 것으로 예상된다. 그야말로 대형 호재가 아닐 수 없다.

그러나 새 정부가 출범한 현재까지 버블세븐 지역의 부동산 가격 흐름은 잔뜩 위축된 상태다. 용인시 역시 예외는 아니다. 부동산 정보제공업체인 스피드뱅크가 조사한 '11.15 부동산 대책' 발표를 전후로 한 1년간의 용인시 아파트값 상승률을 보면 '11.15 부동산 대책' 발표 전 1년간 22.99%라는 엄청난 상승률을 보였으나, '11.15 부동산 대책' 발표 이후 1년간은 상승은커녕 오히려 2.3% 하락한 것으로 나타났다.

이를 두고 일부 전문가들은 거품이 서서히 걷히는 과정이라고 주장하기도 하고, 또 다른 전문가들은 '11.15 부동산 대책' 발표 이후 연이어 발표된 '1.11 부동산 대책', '1.31 부동산 대책'과 함께 늘어난 거래세 및 보유세 부담 등으로 부동산에 대한 투자심리가 크게 위축된 결과인 만큼 조만간 반등국면에 진입할 것이라고 전망하기도 한다. 과연 어떤 전망이 정확한 것일까? 아마도 이 질문에 답하기 위해서는 용인시의 현재 상황을 정확히 진단해보는 것이 가장 정확할 것 같다.

먼저 용인시의 발전을 가로막고 있는 토지이용규제현황을 살펴보자. 용인시의 개별 법률에 의한 토지이용규제현황은 수도권정비계획법에 의한 자연보전권역 등 5개 주요 항목에 의한 개별권역 및 구역 등으로 지정되어 있다. 내용을 좀 더 자세히 살펴보면 군사시설 등 주요시설을 보호하기 위한 구역을 제외하면 대부분 자연환경 보호와 관련된 규제사항이라는 것과 대부분의 규제들이 용인시 동부권에 중점적으로 가해지고 있어 동·서 간 도시성장 불균형을 야기하고 있는 주요 원인으로 작용하고 있다는 사실을 알 수 있다. 이와 같은 문제는 일정 부분 용인시가 갖고 있

〈그림 1-40〉 용인시 토지이용규제현황

자료 : 2020년 용인시 도시기본계획

〈표 1-20〉 용인시 주요 토지이용규제 현황

구분	근 거 법	면적(㎢)	대 상 지 역	비 고
자연보전권역	수도권정비계획	• 약 308	• 모현 · 포곡 · 양지 · 백암 · 원삼면 일원	

특별대책지역	환경정책기본법	• I권역 – 약 50.4
		• II권역 – 약 157.1
			• I권역 – 모현면
			• II권역 – 4개동 지역
			    – 포곡읍
			    – 양지면	

군사시설보호구역	군사시설보호법	• 7개소 – 약 11.3	• 포곡읍 외 7개 지역	
개발제한구역	국토의 계획 및 이용에 관한 법률	• 1개소 – 약 9.3	• 광교산 일원	
상수원보호구역	수도법	• 1개소 – 약 1.3	• 진위천 일원	• 평택지방 상수원보호구역

자료 : 2020년 용인시 도시기본계획

는 도시 특성에서도 찾아볼 수 있다.

용인시는 도농통합형 행정구역 형태를 취하고 있다. 처인구, 기흥구, 수지구의 3개 구청이 설치되어 그 산하에 1읍 6면 22개 동의 단위 행정구역이 형성되어 있는 것만 보아도 도농통합형 도시임이 잘 드러나고 있다. 사정이 이렇다 보니 공공택지 개발사업 및 민간주택 개발사업이 활발히 진행된 수지구, 기흥구 등 용인 서북부권은 인구가 급증하고 있는 반면 남부 농촌지역인 남사면, 원삼면, 백암면의 인구는 정체현상을 보이는 등 지역 간 인구격차가 나타나고 있는 것이다.

그러나 위와 같은 단점들에도 불구하고 대부분의 투자자들과 전문가들이 용인시의 미래가치를 높게 보는 원인은 다음과 같다.

첫째, 신갈분기점을 중심으로 남북 방향으로는 경부고속도로가, 동서 방향으로는 영동고속도로가 교차하는 교통의 요충지라는 점

둘째, 좁게는 상현동·풍덕천동의 수지지역과 판교, 성복동, 신봉동, 죽전동, 보정동, 동백동 등이 융합하고 넓게는 용인을 중심으로 판교, 분당, 광교, 용통, 동탄이 하나로 어우러져 거대한 초우량 주거벨트를 형성하게 될 것으로 예상된다는 점

셋째, 보정동 죽전자이(59평 단일 평형)의 경우에서 보듯 대형 아파트 비중이 여타 지역에 비해 상당히 높아 고급 주거타운으로 발돋움하기 위한 조건 중 하나를 충족하고 있다는 점

넷째, 광교신도시의 조성에 따른 직접적 시너지 효과뿐만 아니라 자체적으로도 개발 잠재력이 여전히 충분한 곳이라는 점

다섯째, 신분당선 연장, 분당선 연장, 서울~용인 간 고속도로 등이 개통될 경우 서울 접근성이 획기적으로 개선된다는 점

여섯째, 용인외고, 수지고 등 지역명문으로 떠오르는 학교들이 생겨남

으로써 부동산 가격을 크게 좌우하는 교육환경이 긍정적으로 변하고 있다는 점

2020년 용인시 도시기본계획 뜯어보기

'2020년 용인시 도시기본계획'에 나타난 용인시의 미래모습을 요약하면 첨단산업·연구도시, 연사·문화·관광도시, 환경생태청정도시, 도·농 복합도시 구현 등이 된다. 이러한 미래상을 실현하기 위해 용인시는 용인 생활권(중앙동, 동부동, 유림동, 역삼동, 포곡읍), 주변 대도시 생활권(수지

〈표 1-21〉 용인시 도시공간구조 현황

구분	공 간 적 특 성	비 고
용인 생활권	• 주변 농촌지역의 배후 중심지로서 독자적 생활권 형성 • 대학 및 공장 등이 다수 입지해 있으며 에버랜드의 입지에 따른 관광위락기능이 강화되고 있음 • 용인시의 중추기능 강화를 위한 도시기반시설 확충 필요	중암동, 동부동, 유림동, 역삼동, 포곡읍
주변 대도시 생활권	• 서울, 수원, 성남 등 주변 대도시로부터의 영향력이 강화되고 있는 지역으로, 각종 개발사업이 시행 중에 있어 수도권에 대한 지원기능 강화 전망 • 수도권과 인접하여 기업 연구소, 연구원 등이 산재 • 개발압력을 적절히 수용하여 자족도시로의 기반구축이 당면 과제	수지구, 기흥구
양지 생활권	• 전형적인 농촌지역이며, 양지리조트를 활용한 관광기능 강화 • 생활기반시설의 확충으로 자체 생활권 강화 필요	양지면, 백암면, 원삼면
광주 생활권	• 모현면 북부지역의 경우 용인보다는 광주, 성남 등의 주변 도시에 영향력이 강한 지역으로 수도권과의 직접적인 연계가 가능한 지역	모현면 북부지역
오산 생활권	• 지리적 여건상 오산, 화성에 근접하고 있어 상대적으로 주변 도시의 영향력이 강화되고 있음 • 수도권 정비계획상 성장관리권역으로 낙후된 지역경제 활성화를 위한 지역중심지 형성 개발전략 수립	남사면 서부지역

자료 : 2020년 용인시 도시기본계획

〈그림 1-41〉 용인시 도시공간구조 현황도

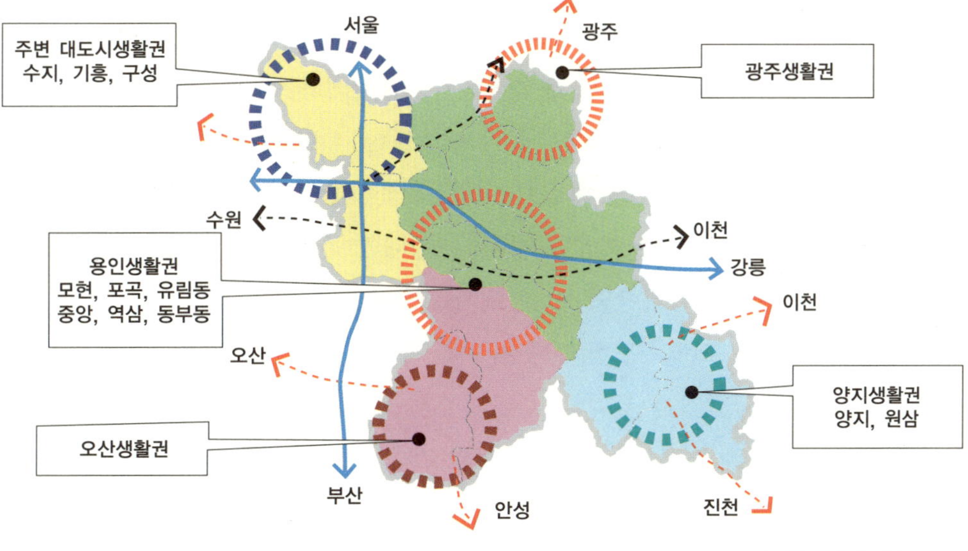

〈그림 1-42〉 용인시 생활권 구상종합도

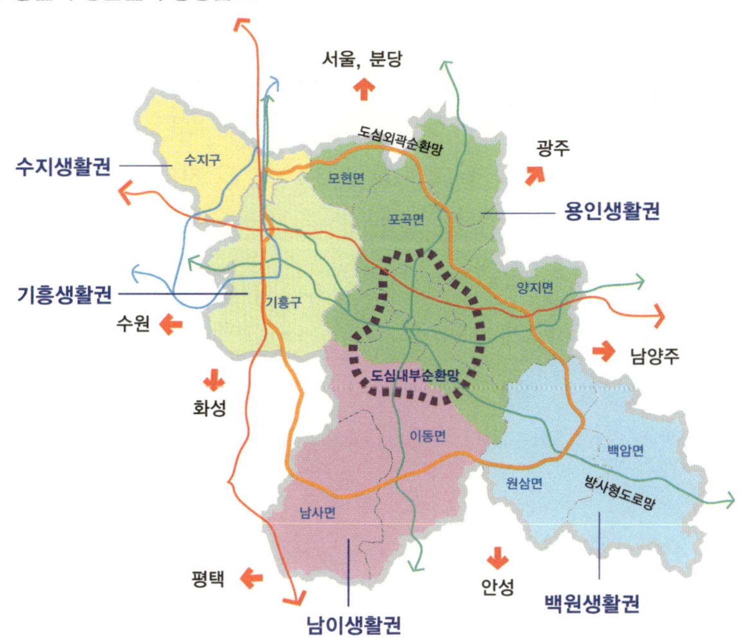

자료 : 2020년 용인시 도시기본계획

구, 기흥구), 양지 생활권(양지면, 백암면, 원삼면), 광주 생활권(모현면 북부지역), 오산 생활권(남사면 서부지역)으로 형성되어 있는 공간구조를 용인시 전역을 1개의 대(大)생활권으로 설정하고 수지생활권(수지구 및 죽전택지개발지구), 기흥·구성생활권(기흥구), 용인생활권(용인 4개동지역, 모현면, 포곡읍, 양지면), 남이생활권(남사면, 이동면), 백원생활권(백암면, 원삼면)의 5개 지역생활권으로 구분해 각 권역별로 개발해 나간다는 구상이다.

즉 종전의 2016년 용인시 도시기본계획에서 제시한 1중심 4개 생활권이 5개 지역생활권으로 재편된 것이다. 이를 통해 기존 계획에 의한 도시공간구조의 기본 골격은 유지하되, 도시공간구조의 유기적인 네트워크 체계를 구축하려는 것이다. 이제 구체적으로 각 생활권별 개발방향을 살펴보도록 하자.

수지생활권 투자는 추가적인 기반시설 확보 수준을 활용하라

먼저 수지생활권에서 주목해야 할 부분은 '불필요한 시가지 확산 방지'와 기(旣)시가화지역의 체계적 정비 유도라고 할 수 있다. 이는 더 이상의 마구잡이식 개발은 철저히 막되 이미 시가화가 된 지역은 공공기반시설을 확충하고 체계적으로 정비해 나가겠다는 것을 의미한다. 이는 곧 수지생활권인 수지구 일대와 죽전택지개발지구는 향후 추가적인 개발은 억제되면서 공공기반시설의 확충이 이루어질 것이고, 그에 따라 부동산 시장 역시 움직일 가능성이 매우 높음을 시사하는 것이라고 할 수 있다.

따라서 직접적인 개발보다는 교통여건의 개선이나 학군, 자족기능의 확보 등에 따른 투자 전략의 수립이 필요한 생활권이라고 보아도 무방하다. 그런 점에서 볼 때 2008년은 2009년 6월 완공예정인 용인~서울 간 고속화도로, 신분당선 개통 등의 호재가 있는 분당, 판교, 광교신도시로 둘러싸인 수지생활권을 주목할 필요가 있으며, 보정역의 수혜를 일정부분 기대할 수 있는 죽전지구 역시 눈여겨볼 필요가 있다.

기흥·구성생활권, 신도시 자족생활권이라는 점에 주목하라

기흥·구성생활권은 행정구역상 기흥구 일대다. 더 구체적으로 보면 신갈동, 구갈동, 상갈동, 기흥동, 서농동, 구성동, 마북동, 어정동, 보정동이 기흥·구성생활권을 이루고 있으며, 주기능이 신도시 자족생활권이라는 점에 비추어볼 때 투자자 입장에서 가장 관심을 가져야 하는 부분은 아무래도 주거 및 첨단연구업무 기능이라고 볼 수 있다.

특히 장기적 관점에서 접근하는 투자자라면 불량주거환경지역 개선과 도시철도역세권 개발에 관심을 기울일 필요가 있다. 보정역 주변인 구성지구는 가격상승 여력이 높을 것으로 예상되는 만큼 특히 주목해볼 필요가 있다. 또한 마북동, 신갈동, 구갈동, 상갈동, 하갈동 지역은 주거환경 개선에 따른 가격상승을 기대해볼 수 있는 만큼 이를 고려한 투자를 한다면 안정적인 투자 수익을 기대할 수 있을 것으로 예상된다.

용인생활권, 경전철 예정지역과 도심공업기능 이전을 주목하라

용인생활권은 행정구역상 용인동 지역과 모현, 포곡, 양지면을 포함하고 있으며, 주기능은 전원복합주거와 관광위락기능이 합쳐진 전원형 문화생활권이다. 용인생활권에서 가장 관심을 기울여야 할 부분은 경전철 개통에 따른 호재를 기대할 수 있는 지역들(각 경전철 역세권)과 도심공업지역으로부터 이전해오는 공업기능이 얼마나 자족기능의 확보에 기여할 수 있느냐 하는 것이다. 또한 경전철 역세권을 체계적으로 정비해 나갈 계획인 점을 감안할 때 향후 일정 수준 이상의 상권을 형성할 가능성이 높은

자료 : 2020년 용인시 도시기본계획

만큼 주거용 부동산뿐만 아니라 수익성 부동산의 투자도 의외로 효과적일 것으로 예상된다. 다만 한 가지 용인생활권을 대상으로 도시기본계획에서 수립한 계획들은 현실화되기까지 오랜 기간이 소요될 수밖에 없다는 점을 감안하고 투자에 나서야 큰 낭패를 면할 수 있다는 점은 반드시 숙지해두어야 할 것이다.

남이생활권, 남부 복합자족생활권이다

남이생활권은 행정구역상 남사면과 이동면이 해당된다. 부동산에 조금이라도 관심을 갖고 있는 사람이라면 남이생활권에 관심을 기울일 필요

〈표 1-22〉 각 생활권별 개발방향

구분	주 기 능	토지이용 및 주요 개발 계획
수지 생활권	• 수도권배후 신도시생활권 　– 자족형 신도시 　– 지역중심생활권 형성	• 도시생활환경 개선을 위한 공공기반시설 확충 　– 계획적 관리강화 및 기시가화지역 체계적 정비 유도 • 주변 대도시와 연계된 신도시생활권으로 기능 강화 • 보전용지에 대한 관리강화와 불필요한 시가지확산 방지 • 기훼손지역의 계획·체계적 정비 유도
기흥 구성 생활권	• 신도시 자족생활권 　– 주거 및 첨단연구업무 　– 관광·휴양·휴게기능	• 불량 주거환경지역 개선 등 기훼손지역 계획적 정비 유도 • 도시철도 역세권개발을 통한 문화·편의시설 확충 • 기흥호수유원지 개발을 통한 시민의 휴식·휴게공간 확충 • 첨단연구업무지역 개발을 통한 자족기능 강화
용인 생활권	• 전원형 문화생활권 　– 전원복합주거 　– 관광·위락기능	• 경전철 개통 등 지역교통체계 확립 및 접근성 제고를 통한 도심기능 활성화 • 지역균형개발을 위한 제약요소 극복 　– '신개발–후개발' 체계 확립 • 우수한 자연환경을 활용한 전원형 복합주거단지 조성 • 경전철 역세권 정비구상 • 도심공업지역 이전적지의 계획적 개발도모
남이 생활권	• 남부 복합자족생활권 　– 첨단산업 　– 신지역 중심지 형성 　– 복합주거기능	• 도시의 배후기능 탈퇴를 위한 신지역 중심지 형성 　– 첨단산업단지 및 공업용지 이전 대체부지 조성 　– 배후기능 및 자족기능이 완비된 복합도시 조성 • 비도시지역의 계획적 관리 강화
백원 생활권	• 관광·휴양복합생활권 　– 관광·휴양 　– 전원주거지능	• MBC드라미아 등 테마파크형 관광개발로 관광·휴양기능 강화 　– 관광인프라를 활용한 세류형 배후기능 강화 • 비도시지역의 계획적 관리 강화 　– 개발가능지 및 보전지역의 설정 • 전원주거기능 및 첨단농업, 관광농원 등의 유치를 통한 지역경제 활성화

자료 : 2020년 용인시 도시기본계획

가 있음을 단숨에 알 수 있을 것이다. 남이생활권은 분당급 신도시 후보지로 강력하게 거론되던 지역이다. 이런 이유로 남이생활권이 용인생활권에 이어 두 번째로 시가화예정용지가 많다는 사실에 놀랄 필요가 없는 것이다. 이는 곧 남이생활권의 투자 포인트가 바로 개발 수혜지역에 있음을 보여주는 것이라고 할 수 있다. 특히 주거용지로 개발되는 이동면 천리 일대와 남사면 이곡리, 봉우리, 봉명리, 동삼리, 이동면 송전리, 고당리 및 공업용지로 개발되는 남사면 북리, 상업용지로 개발되는 남사면 이곡리와 북리 일대를 주목해볼 필요가 있다. 그러나 이들 지역에 대한 개발계획 역시 짧게는 2010년, 길게는 2015년까지를 목표로 하는 장기계획임을 반드시 염두에 두고 투자를 해야 낭패를 면할 수 있음은 용인생활권과 같다고 할 수 있다.

백원생활권, 관광 · 휴양기능의 강화가 포인트다

백원생활권은 행정구역상 백암면, 원삼면이 해당되고 주기능은 관광 · 휴양과 전원주거기능이 어우러지는 관광 · 휴양 복합생활권이다. 백원생활권에서 투자유망 지역은 주거용도로 2단계, 3단계에 걸쳐 총 7만 2,000㎡ 규모로 개발되는 원삼면 고당리 일원과 역시 주거용도로 개발되는 백암면 근창리, 백암리 일원이라고 할 수 있다.

2

용인시를 공략하는
투자 포인트

투자 포인트 1　**개발가능지들을 장기적 관점으로 접근하라**

'2020년 용인시 도시기본계획'에 따르면 현재 용인시가 개발 가능한 미개발지는 총 104.0㎢로 전체 면적의 17.6%를 차지하고 있는 것으로 나타나 있다. 그러나 공원, 농업진흥지역, 자연환경 등으로 인해 개발을 억제해야 하는 면적 역시 125.3㎢로 전체 면적의 21.2%를 차지하고 있어 개발억제지역 역시 상당한 부분을 차지하고 있는 현실이다.

〈그림 1-44〉를 보면 어느 곳을 개발할 수 있는지를 나타내주는 개발가능지역이 표시되어 있다. 전체적으로 볼 때 개발가능지가 많은 곳을 순서대로 나열하면 백암면(18.7km²), 남사면(14.2km²), 양지면(13.3km²), 원삼면(9.9km²), 용인동(9.6km²)의 순서가 된다. 개발가능지역이 많다는 말은 그때가 언제가 되었든 간에 개발이 될 가능성이 매우 높다는 것을 의미한다. 이는 곧 장기적으로 투자매력이 많은 곳이라는 것을 의미하는 것이기도 하다. 따라서 위에서 언급한 지역들을 장기적 관점에서 접근하는 전략이 효과적일 것으로 예상된다.

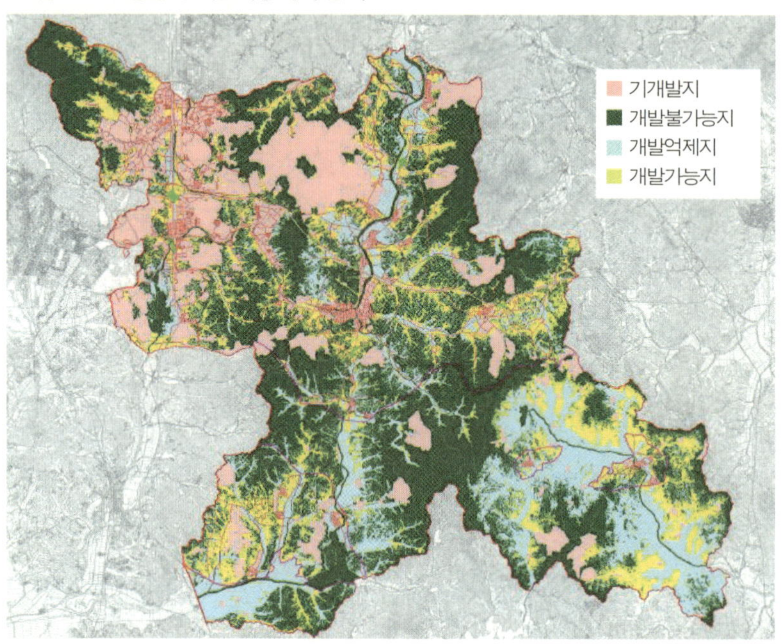

〈표 1-23〉 용인시 개발가능지 현황

(단위 : ㎢, %)

구분	계	기계발지	개발가능지	개발 불능지	개발 억제지
계	59.5(100.0)	119.3(20.2)	104.0(17.6)	242.9(41.0)	125.3(21.2)
수지동지역	42.0	13.4	6.3	20.5	1.8
구성동지역	35.2	15.5	8.1	13.0	4.2
기흥동지역	46.7	21.4	5.3	11.4	3.0
용인동지역	57.6	8.6	9.6	29.3	10.1
포곽읍	41.8	16.7	6.1	12.4	6.6
모현면	50.4	14.6	8.3	21.0	6.5
양지면	57.7	7.1	13.3	28.5	8.8
남사면	58.6	7.2	14.2	20.1	17.1
이동면	75.6	6.9	5.0	46.4	18.1
백암면	65.7	4.0	18.7	18.4	24.6
원삼면	60.2	3.9	9.9	21.9	24.5

주: ( )는 구성비

자료 : 2020년 용인시 도시기본계획

투자 포인트 2 **단계별 개발계획을 고려하라**

2020년 용인시 도시기본계획 역시 여타의 도시기본계획과 마찬가지로 그 중요도에 따라 사업에 우선순위를 두고 있다. 즉 도시공간구조 재편 전략과 직결되어 있거나 이미 추진하고 있는 사업을 우선 실시하고 개발여건이 양호한 지역을 우선적으로 개발하는 것이다. 〈표 1-24〉를 보면 단계별 개발계획의 개발방향과 추진계획이 잘 나타나 있다.

단계별 개발계획에서 반드시 짚고 넘어가야 할 부분은 바로 각 단계에서 어떤 방향으로 개발을 추진하느냐 하는 점이다. 대표적으로 2단계

〈표 1-24〉 용인시 개발방향과 추진계획

구분	개 발 방 향	추 진 계 획
1단계 (2003~2005년)	• 도시기반시설 확충 • 기추진 도시개발사업 추진 • 도심지 개발 • 기존시가지 정비	• 기존 시가화용지 개발 및 정비 • 신봉·동천 택지개발 사업 완료
2단계 (2006~2010년)	• 각 생활권별 중심지 개발 • 산업기반시설 확충 • 기존시가지 주변지역 개발	• 기존 시가지 주변지역 개발 – 신봉, 성복, 유방동, 원삼, 백암 • 동백, 죽전 서천지구, 흥덕, 구성 등 택지개발 사업 완료 • 종합행정타운 주변 중심 상업·업무지구 개발 • 북리공업용지 개발 • MBC드라미아 및 배후단지 개발 등 • 시가화예정용지 계획적 정비유노
3단계 (2011~2015년)	• 미개발 시가지 개발 • 도시경관 정비	• 단계적 시가화예정용지 개발
4단계 (2016~2020년)	• 시가지 외곽지역 개발 • 도시경관 정비	• 단계별 시가화예정용지 개발

자료 : 2020년 용인시 도시기본계획

〈그림 1-45〉 용인시 단계별 개발계획도

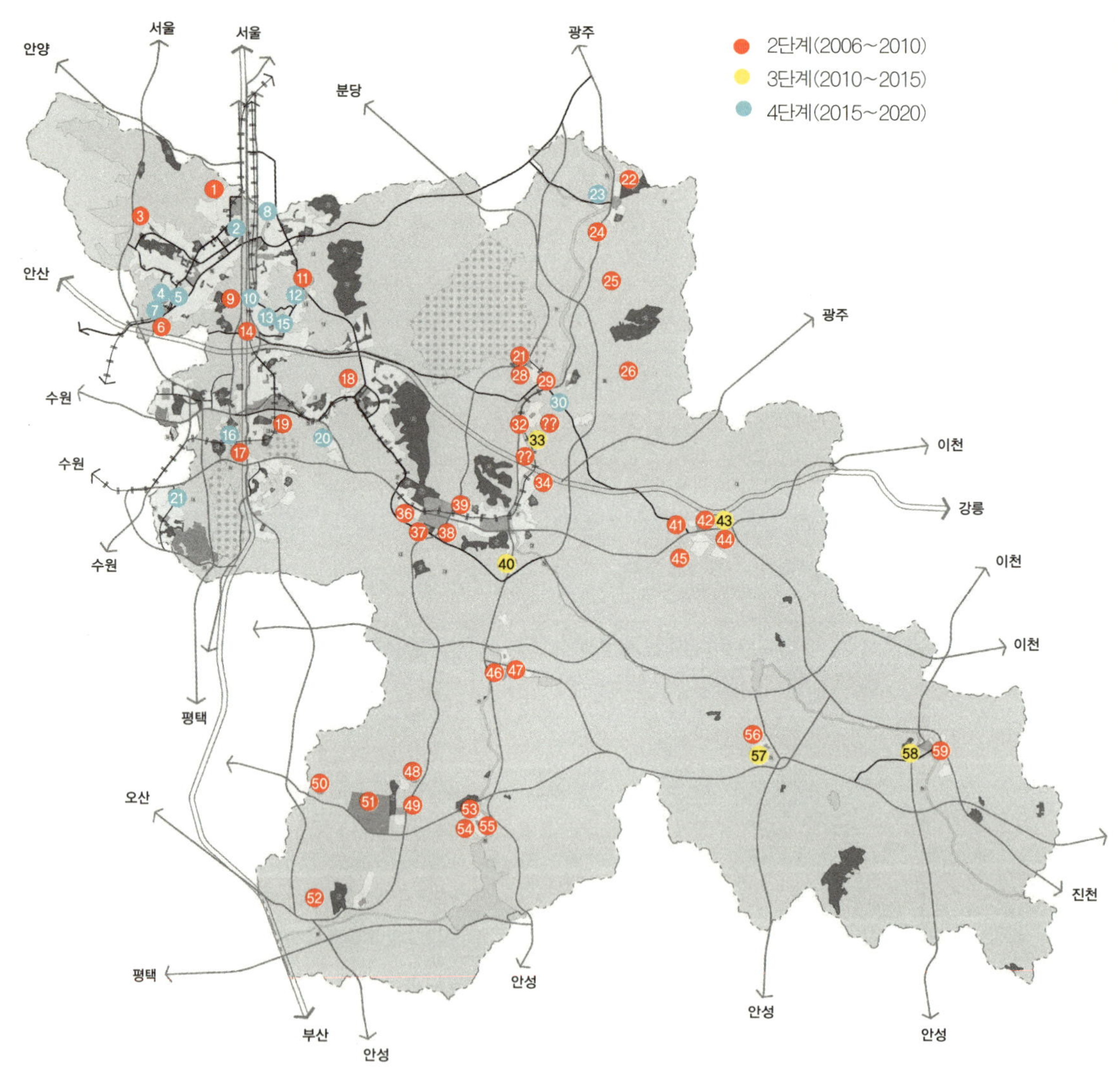
안양
서울
서울
광주
분당
2단계(2006~2010)
3단계(2010~2015)
4단계(2015~2020)
안산
광주
수원
이천
수원
강릉
수원
이천
이천
평택
오산
진천
평택
부산
안성
안성
안성
안성
자료 : 2020년 용인시 도시기본계획

(2006~2010년) 계획을 보면 주요 개발방향은 각 생활권별 중심지 개발, 산업기반시설 확충, 기존 시가지 주변지역 개발 등이 있고, 이를 위해 구체적으로 신봉, 성복, 유방동, 원삼, 백암 등과 같은 기존 시가지 주변지역 개발과 동백, 죽전, 서천, 흥덕, 구성 등 택지개발 사업의 완료, 시가화예정용지 계획적 정비유도 등과 같은 추진계획이 수립되어 있음을 알 수 있다.

따라서 도시기본계획에 기초해 용인시 투자를 계획하고 있는 경우라면 투자대상을 확정하기 이전에 예상 투자기간을 먼저 결정한 후 투자대상을 결정하는 절차를 거쳐야만 효과적인 투자 전략을 수립할 수 있다. 이쯤 되면 보다 자세하게 단계별 개발계획을 알고 싶은 욕심이 생기게 된다. 보다 자세히 알고 싶다면 〈표 1-25〉를 참고하기 바란다.

〈그림 1-45〉는 단계별 개발계획도를 나타내고 있다. 빨간색은 2단계 사업을 가리키고 있는데 빨간색 부분이 많은 지역은 현재 사업이 추진 중에 있거나 가까운 시일 내에 각종 사업이 추진될 지역이다. 그만큼 투자기간이 짧다는 장점이 있다고 볼 수 있다. 반면 파란색은 4단계 사업을 나타내주는 것으로 개발재료가 실현되기까지 상당한 시일이 소요됨을 의미하는 것이기도 하다. 투자기간과 투자수익은 대체로 반비례하는 경향이 있다. 짧은 투자기간은 낮은 수익을, 긴 투자기간은 높은 수익을 올린다는 말이다.

투자금액 역시 비슷한 흐름을 보인다. 현금화 시점까지 오랜 시일이 소요되는 경우 보다 적은 투자금액으로 높은 투자수익을 기대할 수 있다. 따라서 현재 자신의 투자금액과 목표 투자기간 및 목표수익률을 충분히 고려하여 계획적인 투자를 할 수만 있다면 용인을 투자의 황금어장으로 불러도 좋을 듯하다.

<표 1-25> 단계별 개발계획 세부사항

구분	주용도	위치	규모(㎡)	단계별 계획	개발방향
1	주거	동천동 일원	397,000	2단계	• 개발방식 : 도시개발사업 – 1단계 도시개발사업지구와 연계개발
2	주거	풍덕천동 일원	105,000	4단계	• 개발방식 : 도시개발사업 또는 지구단위계획
3	주거	신봉동 일원	335,000	2단계	• 개발방식 : 도시개발사업 – 1단계 도시개발사업지구와 연계개발
4	주거	상현동 일원	80,000	4단계	• 개발방식 : 도시개발사업 또는 지구단위계획
5	주거	상현동 일원	207,000	4단계	• 개발방식 : 도시개발사업 또는 지구단위계획
6	주거	상현동 일원	1,310,000	2단계	• 광교태크노밸리 택지개발예정지구 • 개발방식 : 택지개발사업
7	주거	상현동 일원	14,000	4단계	• 개발방식 : 도시개발사업 또는 지구단위계획
8	주거	죽전동 일원	38,000	4단계	• 개발방식 : 도시개발사업 또는 지구단위계획
9	상업 (유통단지)	기흥구 보정동 일원	352,200	2단계	• 기능 : 상 · 물류시설 – 공동 집배송 단지 – 도 · 소매단지 : 대형할인점, 전문상가, 도소매단지 – 농수산물 도매단지 – 지원시설용지 : 가공 · 제조시설, 편익시설, 정보지원센터
10	주거	기흥구 보정동 일원	22,900	4단계	• 개발방식 : 도시개발사업 또는 지구단위계획
11	주거 (대학촌)	기흥구 마북동 일원	200,400	2단계	• 개발방식 : 도시개발사업 또는 지구단위계획 • 주용도 : 대학 관련 문화 · 공공복합시설 및 저밀주거(아파트 제외)

구분	주용도	위치	규모(㎡)	단계별 계획	개발방향
12	주거	기흥구 마북동 일원	76,300	4단계	• 개발방식 : 도시개발사업 또는 지구단위계획
13	주거	기흥구 마북동 일원	109,000	4단계	• 개발방식 : 도시개발사업 또는 지구단위계획
14	상업	기흥구 마북동 일원	131,000	2단계	• 개발방식 : 도시개발사업 또는 지구단위계획
15	주거	기흥구 언남동 일원	22,000	4단계	• 개발방식 : 도시개발사업 또는 지구단위계획
16	주거	기흥구 하갈동 일원	142,000	4단계	• 개발방식 : 도시개발사업 또는 지구단위계획

17	공업 (첨단연구·업무 복합)	기흥구 하갈동 일원	433,000	2단계	• 개발방식 : 도시개발사업
					• 기능 : 첨단연구단지
					  - 유치업종 : ME, MT, 신소재, 제약산업관련 등
					  - 산학연구기관 : (R&D용지)

18	주거	기흥구 중동 일원	483,000	2단계	• 동진원 : 가구단지 정비사업지구 포함 - 면적 : 약 300,000㎡ • 개발방식 : 도시개발사업 또는 지구단위계획
19	상업 (환승 역세권)	기흥구 구갈동 일원	321,000	2단계	• 개발방식 : 도시개발사업 또는 지구단위계획 • 기능 : 상업·업무시설, 역세권기능, 고속터미널 등
20	주거	기흥구 상하동 일원	170,000	4단계	• 개발방식 : 도시개발사업 또는 지구단위계획
21	주거	기흥구 서천동 일원	46,640	4단계	• 개발방식 : 도시개발사업 또는 지구단위계획
22	주거	모현면 왕산리 일원	357,000	2단계	• 개발방식 : 도시개발사업 또는 지구단위계획

구분	주용도	위치	규모(㎡)	단계별 계획	개발방향
23	주거	모현면 일산리 일원	53,600	4단계	• 개발방식 : 도시개발사업 또는 지구단위계획
24	주거	모현면 갈담리 일원	992,000	2단계	• 개발방식 : 도시개발사업 또는 지구단위계획
25	주거 (전원형 복합주거 단지)	모현면 초부리 일원	1,210,000	2단계	• 개발방식 : 도시개발사업 (임상이 양호한 지역은 공원·녹지 등 보전용도로 계획)
26	주거 (전원형 복합주거 단지)	포곡읍 금어리 일원	1,331,000	2단계	• 개발방식 : 도시개발사업 (임상이 양호한 지역은 공원·녹지 등 보전용도로 계획)
27	주거	포곡읍 전대리 일원	39,000	2단계	• 개발방식 : 도시개발사업 또는 지구단위계획
28	주거	포곡읍 전대리 일원	77,000	2단계	• 개발방식 : 도시개발사업 또는 지구단위계획
29	주거	포곡읍 전대리 일원	104,000	2단계	• 개발방식 : 도시개발사업 또는 지구단위계획
30	주거	포곡읍 삼계리 일원	203,000	4단계	• 개발방식 : 도시개발사업 또는 지구단위계획
31	주거	포곡읍 둔전리 일원	167,000	2단계	• 개발방식 : 도시개발사업 또는 지구단위계획
32	주거	포곡읍 둔전리 일원	25,000	2단계	• 개발방식 : 도시개발사업 또는 지구단위계획
33	주거	고림동 일원	610,000	3단계	• 개발방식 : 도시개발사업 또는 지구단위계획
34	주거	고림동 일원	184,000	2단계	• 개발방식 : 도시개발사업 또는 지구단위계획

구분	주용도	위치	규모(㎡)	단계별 계획	개발방향
35	주거	유방동 일원	111,000	2단계	• 개발방식 : 도시개발사업 또는 지구단 위계획
36	주거	삼가동 일원	167,000	2단계	• 개발방식 : 도시개발사업 또는 지구단 위계획
37	상업	역북동 일원	691,000	2단계	• 개발방식 : 도시개발사업 또는 지구단 위계획
38	주거	역북동 일원	435,000	2단계	• 개발방식 : 도시개발사업 (내부녹지축 원형보존하여 주변지역과 연결체계 구축)
39	주거	역북동 일원	542,000	2단계	• 개발방식 : 도시개발사업 또는 지구단 위계획
40	주거	남동 일원	646,000	3단계	• 개발방식 : 도시개발사업 또는 지구단 위계획
41	주거	양지면 양지리 일원	422,000	2단계	• 개발방식 : 도시개발사업 또는 지구단 위계획
42	주거	양지면 양지리 일원	19,000	2단계	• 개발방식 : 도시개발사업 또는 지구단 위계획
43	주거	양지면 양지리 일원	105,000	3단계	• 개발방식 : 도시개발사업 또는 지구단 위계획
44	상업 (유통단지)	양지면 양지리 일원	326,000	2단계	• 기능 : 상·물류시설 – 집 배송단지, 농수산물 유통센터, 　지원시설 용지
45	주거	양지면 남곡리 일원	628,000	2단계	• 개발방식 : 도시개발사업 또는 지구단 위계획
46	주거	이동면 천리 일원	140,000	2단계	• 개발방식 : 도시개발사업 또는 지구단 위계획
47	주거	이동면 천리 일원	16,000	2단계	• 개발방식 : 도시개발사업 또는 지구단 위계획

구분	주용도	위치	규모(㎡)	단계별 계획	개발방향
48	주거	남사면 이곡리 일원	913,000	2단계	• 개발방식 : 도시개발사업 또는 지구단위계획
49	상업	남사면 이곡리 일원	82,000	2단계	• 개발방식 : 도시개발사업 또는 지구단위계획
50	상업 (유통단지)	남사면 북리 일원	482,000	2단계	• 기능 : 상 · 물류시설 　− 화물 터미널 　− 공동집배송단지 　− 지원시설용지 : 정보처리시설 　　　　　　　편익시설 　　　　　　　관람집회 · 전시시설
51	공업	남사면 북리 일원	1,670,000	2단계	• 개발방식 : 지구단위계획
52	주거	남사면 봉무리, 봉명리, 동삼리 일원	5,709,000	2단계	• 개발방식 : 택지개발사업(공영개발방식)
53	주거	이동면 송전리 일원	41,000	2단계	• 개발방식 : 도시개발사업 또는 지구단위계획
54	주거	이동면 송전리 일원	216,000	2단계	• 개발방식 : 도시개발사업 또는 지구단위계획
55	주거	이동면 송전리 일원	58,000	2단계	• 개발방식 : 도시개발사업 또는 지구단위계획
56	주거	원삼면 고당리 일원	54,000	2단계	• 개발방식 : 도시개발사업 또는 지구단위계획
57	주거	원삼면 고당리 일원	28,000	3단계	• 개발방식 : 도시개발사업 또는 지구단위계획
58	주거	백암면 근창리 일원	73,000	3단계	• 개발방식 : 도시개발사업 또는 지구단위계획
59	주거 (준주거)	백암면 백암리 일원	51,000	2단계	• 백암 온천구역을 위한 개발후보지

자료 : 2020년 용인시 도시기본계획

투자 포인트 3 시가화예정구역을 주목하라

용인시의 시가화예정용지는 총 21.277km²인데 이를 다시 각 생활권별로 세분해 살펴보면 수지생활권 2.477km², 기흥·구성생활권 2.218km², 용인생활권 8.830km², 남이생활권 7.577km², 백원생활권 0.205km²이다. 시가화예정구역이 많다는 것은 장차 개발이 예정되어 있는 곳이 많다는 것을 의미한다고 이미 누차 언급한 바 있다. 따라서 이들 지역은 당연히 관심을 가져야 한다. 각 생활권별로 구분해놓고 보니 용인생활권과 남이생활권에 시가화예정용지가 많다는 사실을 알 수 있다. 이는 용인시 토지이용계획도를 통해 보다 명확히 나타난다.

투자 포인트 4 역세권 정비구상을 주목하라

2020년 용인시 도시기본계획에는 분당선 연장선 도시철도 건설 및 용인 경전철 건설에 따른 역사 예정지 주변에 역세권이 형성될 것으로 예상됨에 따라 역사 주변지역에 대한 신규개발구상 및 도시환경정비계획을 구상하고 있다. 이미 시가화된 지역에 대해서는 효율적인 정비방안을 모색하고, 아직 개발이 이루어지지 않은 지역에 대해서는 개발방향을 설정하였는데 그 내용이 〈표 1-26〉이다.

투자 포인트 5 도시·주거환경 정비기본계획을 분석하라

2010년 용인시 도시·수거환경 성비기본세획에 따르면 용인시의 정비예정구역은 총 16곳으로 기흥2구역, 삼가1~2구역, 용인1~10구역, 양지1구역, 포곡1구역, 모현1구역 등이다. 이들 정비예정구역은 대부분 용인의 기존 도심에 위치하고 있는데 이들 지역은 용인시의 미래가치를 기준으로 볼 때 향후 커다란 투자수익을 기대할 수 있을 것으로 예상된다. 〈표

<표 1-26> 역세권 개발 및 정비구상

구 분		현황분석	계획구상	비고
도시철도	① 죽전역	· 죽전택지개발사업지구	· 죽전택지개발사업지구로 복합역사계획이 진행 중인 지역이므로 관련계획에의거 역세권 개발	· 신규개발
	② 구성역	· 미개발지역으로 2016년 도시기본계획상 보전용지임	· 역사입지에 따른 주변공공기반시설 및 편입시설 확충이 가능토록 역세권 개발을 위한 시가화예정용지 지정 · 전면부 기존 시가화지역 도시관리계획으로 정비	· 신규개발 및 기존시가지 정비
	③ 구갈역	· 녹십자 및 태평양화학 공장부지 이전 예정지임 · 기존계획상 역세권개발을 위한 후보지로 기반영	· 경전철과의 환승지점으로 복합역세권 상업용지 개발 추진 중임 · 신규 개발사업으로 추진	· 신규개발
	④ 상갈역	· 조성완료된 상갈택지개발사업지구 및 대규모 연구시설 입지	· 계획적 개발이 완료된 지역으로 현황반영	· 현황유지
경전철	① 구갈역	· 도시철도 환승역 · 구갈역세권 상업지역	· 구갈역세권 상업지역 개발추진	· 신규개발
	② 강남대역	· 구갈3 택지개발사업지구	· 택지개발사업 개발계획 기반영 지역으로 관련계획에 따라 추진	· 신규개발
	③ 지석역	· 기존 시가화지역	· 역사 연접된 기존 시가화 지역으로 지구단위계획 등 도시관리계획을 통한 역세권 기능 정비	· 기존 시가지 정비
	④ 어정 ⑤ 동백 ⑥ 초당역	· 동백택지개발사업지구	· 택지개발사업 개발계획기반영 지역으로 관련계획에 따라 추진	· 신규개발

구 분		현황분석	계획구상	비고
경전철	⑦ 삼가역	·국도42호선변 기존 시가화 지역	·역사 연접된 기존 시가화 지역으로 지구단위계획 등 도시관리계획을 통한 역세권 기능 정비	·기존 시가지 정비
	⑧ 시청, 용인대역	·행정타운 조성 중 ·기존 계획상 행정타운 배후 상업용지 개발예정지	·행정타운 배후상업용지 개발 시 계획적 개발 유도	·신규개발
	⑨ 명지대역	·국도42호선변 기존 시가화 지역	·역사 연접된 기존 시가화지역으로 지구단위계획 등 도시관리계획을 통한 역세권 기능 정비	·기존 시가지 정비
	⑩ 김량장역	·기존 상업지역으로 지구단위계획 구역	·기존 상업지역에 대한 지구단위계획수립을 통한 역세권기능 부여로 계획적 정비유도	·기존 시가지 정비
	⑪ 운동장, 송담대역	·기존 상업지역	·기존 상업지역으로 역사연접 블록에 대한 지구단위계획 수립을 통한 역세권기능 부여 및 계획적 정비유도	·기존 시가지 정비
	⑫ 고진역	·기존 계획상 공업지역 이전 적지를(복합주거용지) 위한 시가화예정용지	·도심부적격 공업지역 이전 적지개발을 위한 지구단위계획 수립을 통한 역세권 기능 부여	·신규개발
	⑬ 보평역	·기존 계획상 시가화예정 용지	·시가화예정용지 개발계획수립시 역세권 기능 반영하여 계획수립	·신규개발
	⑭ 수포역	·기존 계획상 시가화예정 용지	·시가화예정용지 개발계획수립시 역세권 기능 반영하여 계획수립	·신규개발
	⑮ 전대, 에버랜드역	·에버랜드입구 기존 시가화 지역	·역사 전면부 기존 시가화(산업·주거)지역 지구단위 계획 수립을 통한 역세권 기능부여 및 체계적 정비 유도	·기존 시가지 정비

자료 : 2020년 용인시 도시기본계획

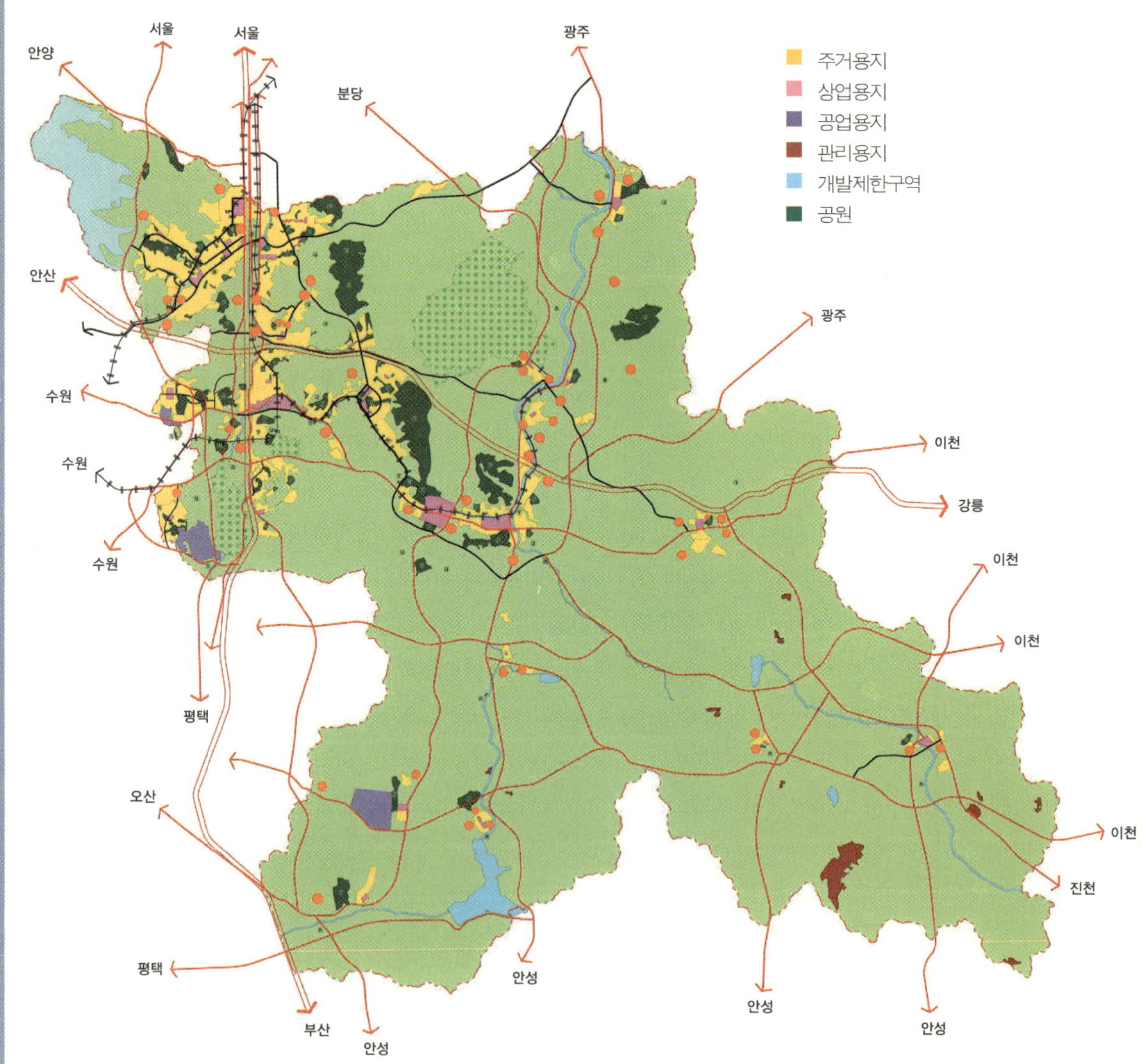

자료 : 2020년 용인시 도시기본계획

1-27〉은 '2010 용인시 도시·주거환경 정비기본계획'에 따라 정비예정구역으로 지정된 지역들이다. 이들 정비예정구역들은 정비사업을 통해 새롭게 태어날 경우 해당 지역의 부동산 가격은 고공비행을 할 것이 틀림없다. 따라서 실수요자라면 위 정비예정구역을 노려보는 것이 내 집 마련과 함께 자본이득도 동시에 추구할 수 있는 좋은 선택이 될 수 있을 것으로 예상된다.

〈표 1-27〉 2010년 용인시 도시·주거환경 정비기본계획

구분	구역명	사업유형	위　치	면적(㎡)	건폐율(%)	용적률(%)	층수	단계
1	기흥2구역	주택재건축사업	신갈주공아파트	31,600	50 이하	220 이하 (상한 250)	–	1
2	삼가1구역	유보구역 (주택재개발/주거환경 개선 공동주택방식)	삼가동 110번지 일원	16,000	60 이하	200 이하 (상한 230)	–	2
3	삼가2구역	유보구역 (주택재개발/주거환경 개선 공동주택방식)	삼가동 216번지 일원	16,000	60 이하	200 이하 (상한 230)	–	1
4	용인1구역	주택재건축사업	김량장 주공아파트	22,500	60 이하	200 이하 (상한 230)	–	1
5	용인2구역	주택재건축사업	역북주공아파트	19,400	60 이하	200 이하 (상한 230)	–	1
6	용인3구역	유보구역 (주택재개발/주거환경 개선 공동주택방식)	역북동 454번지 일원	19,300	60 이하	200 이하 (상한 230)	–	2
7	용인4구역	유보구역 (주택재개발/주거환경 개선 공동주택방식)	김량장동 199 번지 일원	37,100	60 이하	150 이하 (상한 200)	–	1
8	용인5구역	유보구역 (주택재개발/주거환경 개선 공동주택방식)	김량장동 235 번지 일원	34,300	60 이하	200 이하 (상한 230)	평균층수15 층 이하(일부 10층 이하)	1

구분	구역명	사업유형	위 치	면적(㎡)	건폐율(%)	용적률(%)	층수	단계
9	용인6구역	유보구역 (주택재개발/주거환경 개선 공동주택방식)	김량장동 186 번지 일원	44,590	60 이하	150 이하 (상한 200)	–	1
10	용인7구역	유보구역 (주택재개발/주거환경 개선 공동주택방식)	김량장동 159 번지 일원	22,400	60 이하	200 이하 (상한 230)	평균층수15 층 이하(일부 10층 이하)	1
11	용인8구역	유보구역 (주택재개발/주거환경 개선 공동주택방식)	김량장동 309 번지 일원	51,400	60 이하	300 이하	–	1
12	용인9구역	주거환경개선사업 (현지개량)	마평동 740번지 일원	29,900	60 이하	200 이하 (상한 230)	6층 이하	1
13	용인10구역	주거환경개선사업 (현지개량)	마평동 601번지 일원	24,200	60 이하	200 이하 (상한 230)	6층 이하	1
14	양지1구역	주거환경개선사업 (현지개량)	양지면 양지리 383번지 일원	24,300	60 이하	150 이하 (상한 200)	3층 이하	1
15	포곡1구역	주거환경개선사업 (현지개량)	포곡읍 전대리 150번지 일원	11,100	60 이하	200 이하 (상한 230)	–	1
16	모현1구역	유보구역 (주택재개발/주거환경 개선 공동주택방식)	모현면 왕산리 789번지 일원	22,800	60 이하	300 이하	일부 6층 이하	1

투자 포인트 6 **동천, 신봉, 성복, 수지, 죽전, 보정, 동백, 흥덕, 상현 지구를 주목하라**

신봉, 성복, 동천지구는, 최고 우량지역 가운데 한 곳으로 자타가 공인하고 있는 판교신도시와 접하고 있다는 점에서 매우 유망하다고 볼 수 있고, '최첨단 미니 디지털 도시'라고 불리는 흥덕지구 역시 장차 용인을 대표하는 지역으로 발돋움할 가능성이 매우 높다는 점에서 눈여겨볼 필요가 있는 곳이다. 또한 신분당선의 수혜가 기대되는 수지지역과 분당선 수혜지역인 보정동 일대 역시 향후 투자전망이 밝다고 할 수 있다. 동백지구, 흥덕지구, 상현지구 역시 결코 소홀히 해서는 안 될 지역으로 손꼽을 수 있다. 인근 지역들과 함께 대규모 고급 주거벨트를 구축할 것으로 예상되기 때문이다.

아마도 2008년은 용인지역 부동산을 비교적 저렴하게 구입할 수 있는 최고의 기회가 될 것이다. 2007년 한 해 동안 가격이 상승은커녕 오히려 마이너스를 기록했기 때문이다. 따라서 용인지역 부동산 투자를 계획하고 있는 경우라면 2008년을 적극 활용할 것을 추천한다.

'BUY 용인시', 이것만은 조심하라

엄청난 기대를 모으고 있기는 하지만 용인시에 투자를 계획하고 있는 투자자라면 반드시 고려해야 하는 것이 있다. 용인 시가지를 중심으로 한 북부지역 중 서북부지역(수지구, 기흥구)은 각종 개발사업으로 지속적 인구 유입이 이루어지고 있고, 동북부지역(포곡읍, 모현면)도 관광산업의 활성화로 도시적 생활형태를 유지하고 있으나, 제도적 제약으로 인한 도시발전의 한계와 소규모 국지적 개발형태가 증가하여, 남부지역(백암면, 원삼면, 남사면, 이동면)은 1차산업 위주의 산발적 집단취락 형태로 농촌지향적 구조를 띠고 있는 등 지역 격차가 심화되고 있는 상태라는 점이 바로 그것이다.

이러한 문세의 근본 원인은 용인시의 발전을 가로막고 있는 규제가 적지 않다는 점에서 찾을 수 있다. 현재 용인시는 수도권정비계획법에 의한 자연보전권역 등 무려 5개 주요 항목에 의한 개별권역과 구역 등으로 지정되어 있는 상태이다. 군사시설 등 주요시설을 보호하기 위한 구역을 제외하면 대부분 자연환경 보호와 관련된 규제사항들인데, 주로 용인시 동부권에 집중되어 있다는 특징을 보이고 있다. 이는 용인시의 동·서 간 균형발전을 저해하고 있는 원인인 만큼 어떤 식으로든 이를 극복하기 위한 시도들이 계속될 것으로 예상되기는 하지만 단기간에 해결할 수 있는 성질의 것이 아니기 때문에 투자시 이를 고려하는 자세가 필요하다.

07
수원시,
명품도시로
발돋움하다

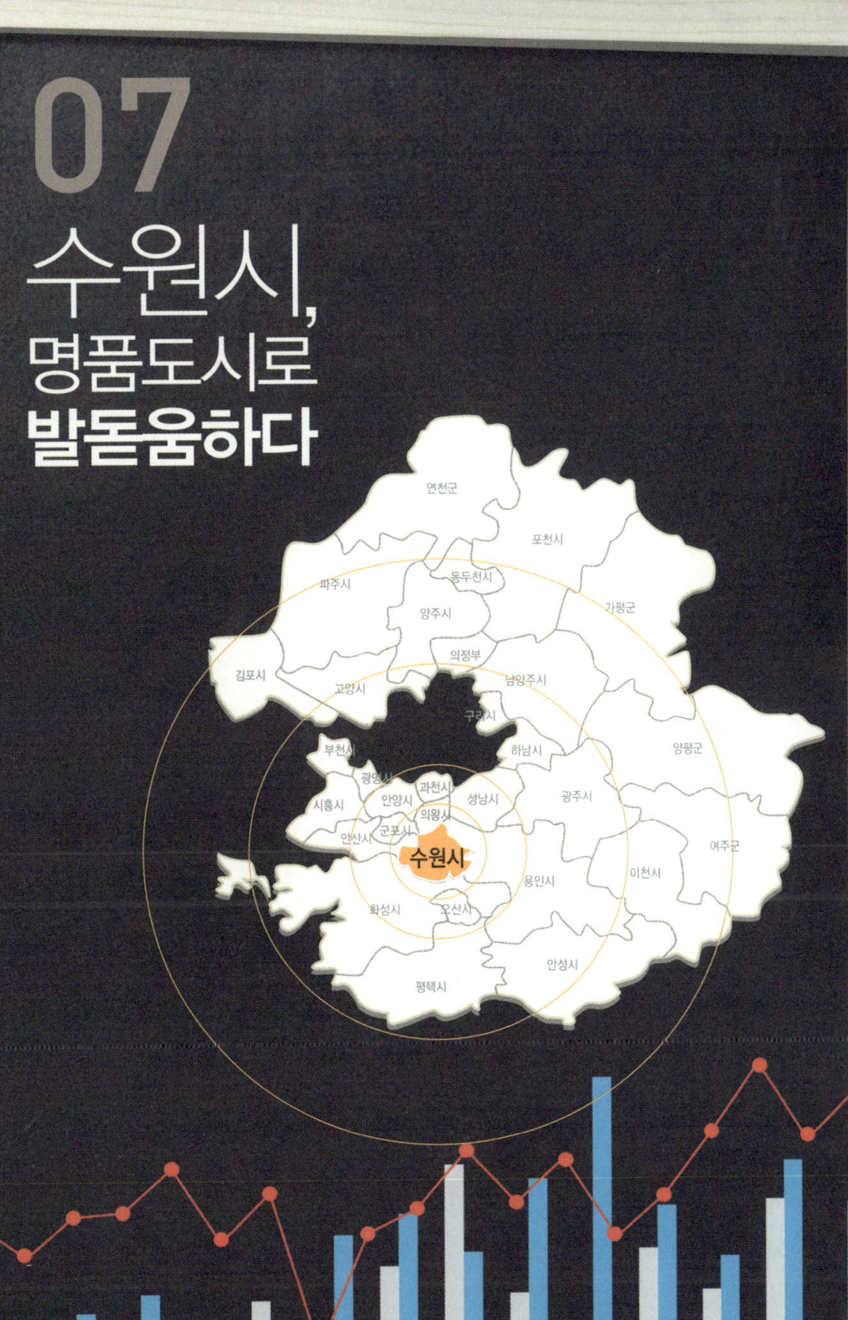

1

수원시의 현황과 개발계획

누군가가 "수원시는 약 10년 정도 후면 대한민국을 대표하는 명품도시로 자리 매김할 가능성이 가장 높은 곳입니다"라고 말한다면 당신은 그 사람에게 어떤 말을 해주고 싶은가? "말도 안 되는 소리에요"라고 할까? 아니면 "저도 같은 생각입니다. 그런데 어떤 점에서 그렇게 생각하시나요?"라고 할까?

만일 누군가 필자에게 "수원시가 명품도시로 발돋움할 수 있을까요?"라고 묻는다면 필자는 주저 없이 "예!"라고 답할 것이다. 그렇다면 무엇이 필자로 하여금 수원시의 미래가치를 높게 평가하도록 하는 것일까? 첫째, 수원시를 말할 때 결코 빼놓을 수 없는 광교신도시 효과를 들 수 있다. 광교신도시는 자타가 공인하는 자족기능과 웰빙주거환경을 갖췄을 뿐만 아니라 뛰어난 대중교통환경까지 자랑하는 대표적 명품신도시가 될 전망이다. 이처럼 뛰어난 명품신도시의 존재만으로도 수원시의 미래가치는 이미 보장받고 있는 것이라고 감히 말할 수 있다.

둘째, 동서축을 연결하는 수인선, 분당선 연장, 신분당선과 남북축을 연결하는 경부선2복선 등 광역철도망의 확충을 통해 대중교통 여건이 크게 개선될 것으로 기대를 모으고 있다는 점을 들 수 있다. 대중교통 여건의 편리성이 부동산 시장에 미치는 영향의 정도를 감안할 때 이는 분명 대형 호재임에 틀림없다.

셋째, 현재보다 더욱 뛰어난 자족기능을 갖춘 도시로 탈바꿈할 예정이라는 점을 들 수 있다. 기존의 '고색동 수원지방산업단지'와 삼성전자를 중심으로 하는 첨단산업중심의 자족기능에, 광교신도시에 조성되는 광역 행정 · 업무기능 및 첨단 R&D기능이 합쳐지게 될 경우 예상되는 시너지효과는 수원시를 넘어 경기도 전체 발전에 큰 원동력으로 작용할 가능성이 높다. 자족기능과 도시의 미래가치 사이에는 높은 상관관계가 존재한다는 사실은 이미 일산, 산본신도시의 과거 부동산 가격흐름을 통해서도 입증된 바 있다.

넷째, 우량 개발가능지가 많아 개발에 따른 가치상승을 기대할 수 있다는 점을 들 수 있다. 광교신도시 예정지역 외에도 SK케미컬 이전부지, 호매실지역, 지방산업단지 확장, 공공기관 이전부지 등 개발가능지가 많다는 장점이 있는 곳이 바로 수원시이다.

다섯째, 자연친화적이면서 활력 있는 미래형 도시경관의 형성을 유도함으로써 웰빙주거환경이 잘 갖춰질 것으로 예상된다는 점을 들 수 있다. 웰빙주거환경을 갖추기 위해 수원시는 자연경관, 역사경관, 시가지경관을 적극 관리함과 동시에 도시탐방로를 조성하고 인구증가에 대비해 광교산을 중심으로 칠보산, 원천유원지로 이어지는 주녹지축과 칠보산에서 여기산~숙지산~팔달산~광교부도심~영흥공원으로 이어지는 부녹지축 그리고 4대하천 및 저수지의 수변공간을 활용하는 수변축을 통해 자연과 하나가 되는 도시환경을 조성할 계획을 수립한 상태다.

　최근 몇 년 새 웰빙주거환경이 크게 강조되고 있는 추세를 감안할 때 수원시의 미래가치에 매우 긍정적으로 작용할 것이 분명하다. 이처럼 수원시는 뛰어난 경쟁력을 갖추고 있어 경기도를 넘어 대한민국 대표 명품 도시로 발돋움할 것으로 예상되는 지역 중 한 곳이다. 이제 구체적으로 수원시가 어떤 곳인지 살펴보도록 하자.

이곳이 바로 수원시다

　수원시는 동쪽으로 용인시, 서쪽으로 안산시, 남쪽으로 화성시, 북쪽으로 의왕시와 군포시에 접하고 있다. 전체 면적이 121.103㎢이며 경기도청이 위치하고 있는 경기도의 행정중심지라는 특징이 있는 도시다. 말하자면 경기도의 행정수도인 것이다. 그러나 아쉽게도 경기도는 그동안 경기도의 행정수도다운 발전을 이뤄내지 못했다. 수도권정비계획 등 각종 규제, 수원화성의 보호 등으로 인해 개발이 제한되었기 때문이다. 여기에 경부선으로 인해 도시가 동서로 나뉜 결과 균형발전이 이뤄지지 않았다는 점 역시 수원시가 갖고 있는 내재가치에 비해 저평가되고 있는 원인으로 작용하였던 것이다.

　그러나 이제 수원시는 새로운 도약을 준비하고 있다. 간선도로망과 수원시내 세류역~버스터미널~시청~월드컵경기장~종합운동장~정자·천천지구~성대역을 연결하는 총 22개 역사 18.75㎞의 도시경전철과 동서 간 연결기능을 담당하게 될 분당선, 신분당선, 수인선 등이 수원시의 균형발전의 촉매제가 될 것으로 예상되기 때문이다.

　이와 함께 세간의 이목이 집중되고 있는 광교신도시 또한 수원시의 비상에 강력한 동력이 될 것으로 예상된다. 대부분의 사람들은 수원시와 광교신도시를 동일시하고 있다. 그래서 많은 사람들이 "수원시 하면 가장 먼저 떠오르는 것이 무엇인가요?"라고 질문하면 주저 없이 "광교신도시"라고 대답하고 있는 것이다. 그렇다면 광교신도시는 도대체 어떤 곳인가?

수원시 매탄동, 이의동, 원천동, 하동, 우만동, 연무동 일원에 약 1,128만㎡의 규모로 조성되는 광교신도시는 친환경적인 웰빙주거환경을 갖추고 있을 뿐만 아니라 행정·업무 및 첨단 산업단지가 조화를 이루는 자족도시라는 점에서 향후 미래가치가 엄청날 것으로 기대를 모으고 있는 곳이다. 이는 전문가들의 가치평가에서도 잘 나타나고 있다. 부동산 전문가 10명을 대상으로 광교신도시, 은평뉴타운, 파주신도시, 김포양촌신도시에 대한 투자가치 평가를 의뢰한 결과 광교신도시가 1위를 차지한 것이다. 다음은 해당 기사 중 일부다.

> 분양가를 주변 시세와 비교하면 은평뉴타운 분양가는 시세보다 크게 높은 반면 광교신도시나 김포양촌신도시는 오히려 낮아 투자가치 면에서 가장 유리한 것으로 조사됐다.
>
> – 중략 –
>
> 전문가들의 투자가치 평가에서는 광교신도시, 은평뉴타운, 파주신도시, 김포양촌신도시 순으로 나타났다. 전문가 10명을 상대로 설문 조사한 결과 투자가치가 가장 높은 곳으로 광교신도시를 꼽은 사람은 5명, 은평뉴타운은 4명이었고, 나머지 1명은 두 곳의 투자가치를 동급으로 평가했다.
>
> – 《한국경제신문》 2007. 10. 29 기사 중에서

위 기사는 전문가 역시 광교신도시의 미래가치를 높게 평가하고 있음을 단적으로 나타내주고 있는 것이라고 할 수 있다.

 수도권 남부지역은 수원과 평택을 중심으로 인근의 용인시, 화성시, 오산시, 안성시, 성남시, 의왕시와 도시기능을 상호분담·보완하여 자족도시권으로 발전시켜 나간다는 계획이다. 이를 위해 수원시는 2개 단지로 이루어진 수원산업단지에 2개 단지를 추가 조성하여 IT 등 첨단산업부문을 유치하고 이목동 일대 SK케미컬, 해태유업 등 공장을 이전시키고 해당 부지를 주택단지로 활용할 계획이다.

뿐만 아니라, 권선동에 행정타운을 조성하고 시내 노후지역에 대한 도시·주거환경정비사업을 통해 신·구도심이 함께 어우러지는 활기찬 도시로 변모시킬 계획이다. 이러한 노력들이 성과를 내게 될 오는 2020년 수원시는 인구 129만 명 규모를 자랑하는 경기도의 행정수도가 될 것으로 예상된다. 진정한 의미에서의 행정수도가 될 전망인 것이다. 이렇게 된다면 수원시는 투자의 엘도라도가 되지 않을까!

2020년 수원시 도시기본계획 뜯어보기

'2020년 수원시 도시기본계획'에 따르면 수원시는 역사·문화·관광도시, 수도권 남부의 행정·업무중추도시, 지식기반산업도시, 환경·교육도시, 건강복지도시를 정책목표로 삼아 수도권 남부 1차 거점도시로 발전해 나갈 전망이다. 이를 위해 수원시는 수원역~수원화성~수원시청을 연결해 1도심으로 설정하고, 광교신도시와 영통신도시를 2부도심으로, 정자, 호매실지구, 지방산업단지를 3지구중심으로 각각 도시공간구조를 설정했다.

이와 함께

〈그림 1-47〉 수원시 생활권별 인구배분

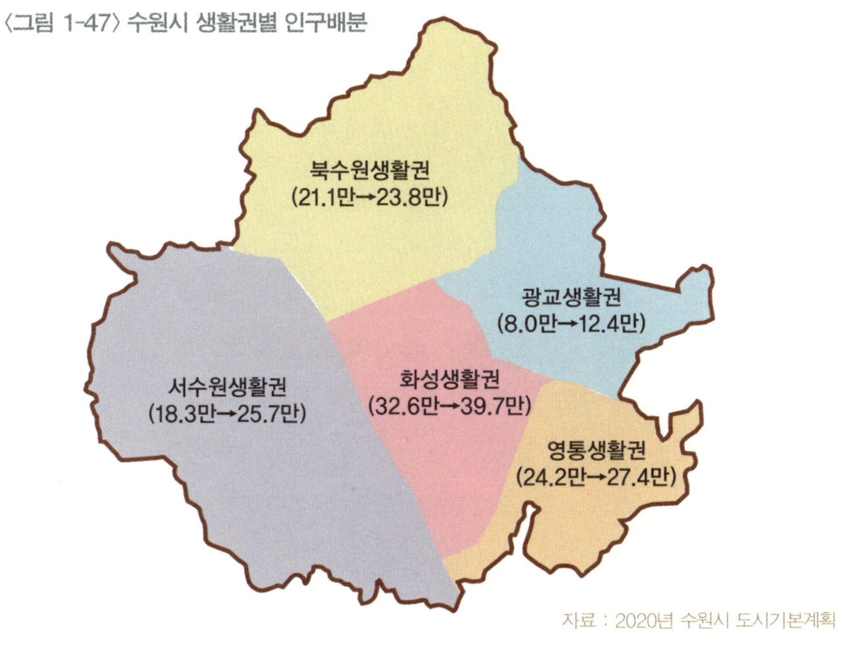

자료 : 2020년 수원시 도시기본계획

〈표 1-28〉 수원시 생활권별 개발 방향

구분	주요 기능	개발 방향
화성생활권	관광·문화예술, 중심상업	• 수원화성 브랜드화 • 수원역, 재래시장 활성화
영통생활권	첨단산업, 지역상업	• 부도심, 첨단산업 유성 • 주변지역과 광역생활권 연계
광교생활권	광역행정·업무, R&D, 교육	• 광역행정·업무기능 육성 • 첨단R&D기능 유지
북수원생활권	주거, 문화·여가	• SK케미컬 이전부지 개발 • 화서역 역세권 개발
서수원생활권	주거, 지역상업, 농업연구, 첨단부품	• 호매실지역 개발 • 지방산업단지 확장

자료 : 2020년 수원시 도시기본계획

중(中)생활권을 설정했는데 주요 내용은 다음과 같다.

수원시는 모든 생활권에 주목할 필요가 있는데 그 이유는 개발가능성과 미래 자본이득확보, 즉 투자수익 측면에서 볼 때 어느 곳 하나 매력적이지 않은 곳이 없기 때문이다.

화성생활권 여기가 포인트다

화성생활권의 주요 기능은 관광, 문화예술, 중심상업에 있다. 이에 따라 개발방향 역시 수원화성 브랜드화, 수원역, 재리시장의 활성화로 잡혀 있다. 현재 화성생활권은 전체 생활권 중 가장 많은 인구가 거주하고 있는 생활권이다. 2005년 기준 화성생활권의 인구는 32만 6,000명이고, 2020년이 되면 인구는 39만 7,000명에 달할 전망이다.

그러나 화성생활권은 문화적 가치가 있는 지역이라는 특성상 현재 여건을 고려해 보완적 개발이 진행될 것으로 예상된다. 화성생활권에서 주목할 곳은 단연 수원역 주변이라고 할 수 있다. 향후 개발에 따른 기대효과가 상당할 것으로 예상되기 때문이다. 수원역은 분당선과 수인선이 지나는 교통의 요지로 탈바꿈하게 될 전망이다. 여기에 KCC 공장부지 및 서호 주변의 이전대상 공공기관 부지의 개발이 이루어지면 수원역 주변은 큰 가격상승을 보일 것이 확실시된다.

주요 수혜예상지역으로는 수원역 광장 뒤편으로 형성되어 있는 일반상업지역과 수원역 광장 위쪽의 고등동 해창아파트, 청호아파트와 롯데, 영림아파트 및 그 주변의 주거환경개선사업지역과 주택재개발사업지역, 수원역을 마주보고 있는 매산동 대우아파트와 매산로3가 주택재개발사업지역 및 수원역 바로 밑인 세류동 세류1지구 주거환경개선사업지역, 평동 동남아파트 등이 직접적 수혜지역이 될 것으로 예상된다.

영통생활권은 앞으로도 탄탄대로다

어떤 사람은 광교신도시로 인해 영통생활권이 상대적으로 위축되지 않겠느냐는 전망을 내놓기도 한다. 그러나 광교신도시가 있음으로써 영통생활권은 오히려 더 가치가 높아질 가능성이 높다. 이렇게 주장하는 근거는 영통생활권의 주요 기능에서 찾을 수 있다.

영통생활권은 잘 알려진 바와 같이 이미 삼성전자로 대표되는 첨단지식산업이 제 기능을 발휘하고 있는 곳이다. 이러한 영통생활권의 기능은 광교신도시의 주요 기능 중 하나인 첨단 R&D기능과 정확하게 일치하고 있는 것이라고 할 수 있다. 따라서 광교신도시가 조성되면 영통생활권과 상호 유기적 관계를 형성하면서 공동번영의 길을 걸어갈 가능성이 높다고 보는 것이 타당하다. 이렇게 되면 영통생활권은 광교신도시의 직접적 수혜지역이 될 뿐만 아니라 분당선이라는 대형 호재와 함께 리모델링 가능성이 높은 지역이라는 투자메리트를 자랑하는 지역으로 거듭나게 된다.

그렇다면 구체적으로 어느 지역이 유망할까? 일단 분당선이 지나는 곳이 최고 투자 유망지역이 될 것으로 예상된다. 따라서 영통역 주변의 건영, 진덕, 서광, 현대, 동아, 극동, 풍림, 주공, 미주, 신원, 신명, 동보, 태영 등 아파트 단지들과 영덕역 주변의 주공, 삼성, 건영, 벽산 대우, 동신, 삼익 아파트, 방죽역 주변의 현대, 쌍용, 청와, 극동, LG, 두산, 한신, 우성 아파트 등은 향후 가격상승 잠재력이 큰 곳들이라고 할 수 있다. 또한 수익성 부동산의 경우에는 영통역, 영덕역, 방죽역 등 지하철 역세권을 중심으로 투자를 한다면 향후 안정된 수익과 함께 자산가치의 상승에 따라 적지 않은 시세차익도 거둘 수 있을 것으로 전망된다.

광교생활권은 광교신도시 수혜지역이 포인트다

광교생활권은 광교신도시 수혜지역이 투자 포인트라고 할 수 있다. 현실적으로 광교신도시에 직접적으로 진입할 수 있는 방법이 쉽지 않은 까닭이다. 직접적인 광교신도시 수혜지역을 든다면 우만동 우만주공3·4단지, 우만 주공2차, 현대, 원천주공1차, 금호동 삼익3차, 매탄동 법원삼거리 주변 토지 및 건물과 원천로를 따라 자리 잡고 있는 원천주공2단지, 원천성일, 한국1차, 극동 아파트 등을 들 수 있다. 이외에도 직·간접적인 혜택을 기대할 수 있는 지역으로 호매실지구, 영통지구, KBS수원방송센터 주변 등을 들 수 있다.

광교신도시 수혜지역은 광교신도시가 자랑하는 자족기능에 특히 영향을 받을 가능성이 높다. 일차적으로는 주택가격에 긍정적인 영향을 주게 될 전망이고 동시에 수익성 부동산의 가격상승에도 큰 영향을 주게 될 것으로 예상된다. 현재 이들 지역은 광교신도시, 분당선 등에 따른 기대심리가 반영되어 있는 관계로 높은 시세가 형성되어 있는 상태다. 그러나 그동안 부동산 시장이 상당기간 위축되어 있었다는 점을 감안한다면 아직은 추가상승에 따른 투자수익을 기대해도 좋을 만한 수준이라고 볼 수 있다. 아마도 광교생활권에 대한 최적 투자타이밍은 2008년 상반기가 될 것이다. 따라서 상반기를 넘기지 않고 투자를 실천하면 좋은 결과를 기대해도 좋을 것으로 예상된다.

서수원생활권은 공공기관 이전에 따른 개발가능지 주변이 포인트다

서수원생활권의 핵심은 이전대상 공공기관 부지의 개발과 권선구 행정타운에 있다. 우선 어떤 공공기관이 이전대상인지, 위치는 어디인지를 먼저 살펴보도록 하자. 현재 수원시에 있는 이전대상 공공기관 부지는 크게

5곳으로 나눌 수 있는데, 국세공무원교육원, 지방혁신인력개발원, 국립종
자관리소, 농업연수원, 농촌진흥청 및 그 소속기관 등이 그것이다.

〈표 1-29〉 수원시 이전대상 공공기관 현황

구분	기 관 명		소재지	부지면적(㎡)	용도지역	이전지역	비고
계	12개 기관			3,231,583			
①	국세공무원교육원		장안구 파장동	91,915	1종일반,자연녹지	제주	
②	지방혁신인력개발원		장안구 파장동	50,222	1종일반,자연녹지	전북	구 자치인력개발원
③	국립종자관리소		영통구 망포동	58,219	자연녹지	경북	
④	농업연수원		권선구 서둔동	41,638	제1·2주거	전남	농림부소속
⑤ 농촌진흥청 및 그 소속기관	❶ 서호주변지역	농업공학연구소	권선구 서둔동	44,034	자연녹지	전북	
		농업과학기술원	권선구 구운동	60,662	자연녹지	전북	
		농업생명공학연구원	권선구 화서동	10,572	자연녹지	전북	
		농촌진흥청	권선구 서둔동	352,806	1종일반	전북	
		작물과학원	권선구 서둔동	758,823	자연녹지	전북	
	❷ 탑동일대	농업과학기술원	권선구 서둔동	330,180	자연녹지	전북	
		농업생명공학연구원	권선구 서둔동	28,278	자연녹지	전북	
		원예연구소	권선구 탑동	164,556	자연녹지	전북	
		작물과학원	권선구 탑동	289,338	자연녹지	전북	
		한국농업선분학교	권선구 서둔동	4,931	자연녹지	전북	
	❸ 축산연구소		권선구 오목천동	426,554	자연녹지	전북	
	❹ 원예연구소		장안구 이목동	390,350	자연녹지	전북	
	❺ 농업과학기술원 (망포동)		영통구 망포동	128,505	자연녹지	전북	

자료 : 2020년 수원시 도시기본계획

<표 1-30> 이전대상 공공기관 활용방안

구분	기 관 명		수원시 2020년 도시기본계획 변경	비고
❶	국세공무원교육원		• 교육 · 연수기능 • 관광 · 숙박기능 • 문화 · 복지기능	
❷	지방혁신인력개발원		• 교육 · 연수기능 • 관광 · 숙박기능 • 문화 · 복지기능	
❸	국립종자관리소		• 주거 · 편익기능 • 문화 · 복지기능 • 근린공원	
❹	농업연수원		• 친환경주거단지 • 농업, 관광관련 국제교류 · 문화 · 관광 · 숙박기능 • 농업테마공원 • R&D기능	이전비용 일부 보전을 위해 저밀도 주거기능 도입
❺ 농촌 진흥청 및 그 소속 기관	❶ 서호 주변 지역	농업공학연구소 농업과학기술원 농업생명공학연구원 농촌진흥청 작물과학원	• 친환경주거단지 • 농업, 관광관련 국제교류 · 문화 · 관광 · 숙박기능 • 농업테마공원 • R&D기능	이전비용 일부 보전을 위해 저밀도 주거기능 도입
	❷ 탑동 일대	농업과학기술원 농업생명공학연구원 원예연구소 작물과학원 한국농업전문학교	• R&D기능 • 주거 및 편익기능 • 근린공원 • 유보지	이전비용 일부 보전을 위해 저밀도 주거기능 도입
	❸ 축산연구소		• 주거 · 편익기능 • R&D기능 • 근린공원	
	❹ 원예연구소		• 주거 · 편익기능 • 사회복지기능 • 교육시설 • 근린공원	
	❺ 농업과학기술원 (망포동)		• 주거 · 편익기능 • 문화 · 복지기능 • 근린공원	

자료 : 2020년 수원시 도시기본계획

〈그림 1-48〉 수원시 이전대상 공공기관 위치도

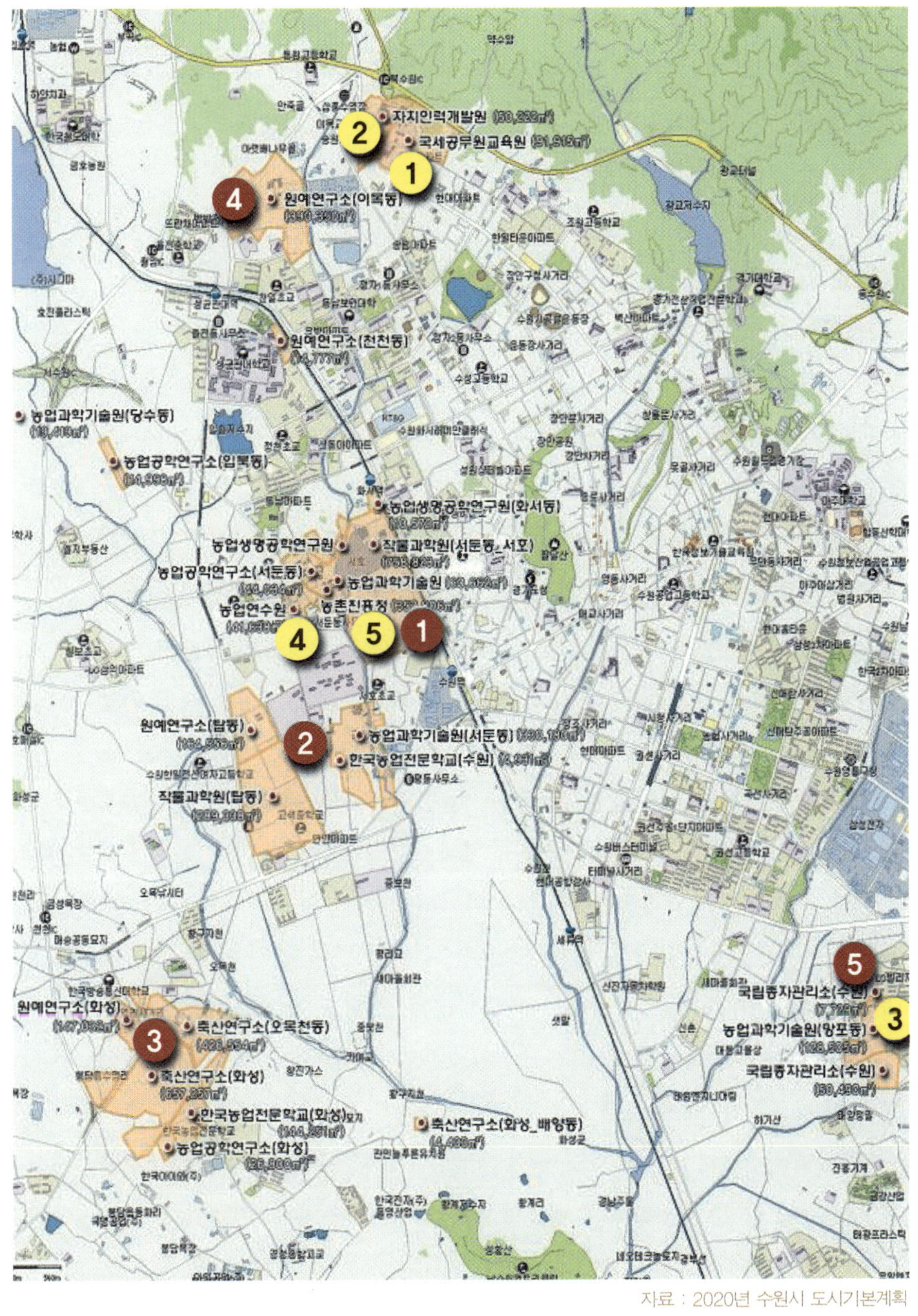

자료 : 2020년 수원시 도시기본계획

이전대상 공공기관 중 상당수가 권선구 서둔동, 탑동, 오목천동, 화서동, 구운동 일대에 자리 잡고 있음을 알 수 있다. '2020년 수원시 도시기본계획'에서는 이들 이전대상 공공기관의 부지에 대한 활용계획을 반영하였는데 그 내용이 〈표 1-30〉이다.

〈표 1-30〉에 나타나고 있는 것과 같이 이전대상 공공기관 부지에는 주거기능과 자족기능이 조화를 이루도록 계획이 수립되어 있다. 또한 웰빙 주거환경의 조성을 위해 이목동, 호매실동, 고색동, 오목천동, 권선동, 망포동 일원 총 8개 지역에 72만㎡ 규모의 공원을 확보한 상태로, 그동안 발전에서 소외되어온 서수원생활권을 개발해 동서균형발전을 도모하고 있는 것이다.

서수원생활권 일대는 다른 지역에 비해 상대적으로 저평가된 측면이 있는 관계로 투자수익률 측면에서 큰 효과를 기대할 수 있을 만한 지역으로 손꼽을 수 있다. 따라서 적어도 주요 이전대상 공공기관의 위치와 이들 지역을 개발했을 경우 수혜를 입을 수 있는 지역 등을 파악하는 것이 매우 중요하다. 우선, 이전대상 공공기관들의 위치를 살펴보는 것이 중요하다. 〈그림 1-48〉을 보면 이전대상 공공기관의 위치를 한눈에 파악할 수 있다. 자, 이제 위치파악이 끝났으니 주요 수혜예상지역을 찾아보자.

우선 서호 주변지역과 탑동 일대에 위치하고 있는 농촌진흥청 및 그 소속기관 부지 개발에 따른 수혜지역으로는 수원역 주변과 탑동, 서둔동 일대, 인접지역인 화서동, 고등동, 정자동 정자1,2지구 일대를 들 수 있다. 다음으로 장안구 파장동의 국세공무원교육원 부지와 지방혁신인력개발원 부지는 인근의 SK케미컬 부지와 함께 시너지 효과를 발휘할 가능성이 높다. 따라서 SK케미컬 부지와 국세공무원교육원 사이를 지나는 경수로 주변의 토지 및 주택가격이 수혜를 입을 것으로 예상되며, 아파트 단지로는 한일타운이 대표적 수혜단지가 될 것으로 예상된다. 또한 SK케미컬 부지 뒤편의 정자1·2·3동, 천천동, 율전동, 송죽동 지역의 대규모 아파트 단지들과 수익성 부동산 등이 적지 않은 수혜를 입을 것으로 예상된다.

북수원생활권은 SK케미컬 이전부지와 화서역 역세권이 포인트다

'2020년 수원시 도시기본계획' 상 북수원생활권의 주요 기능은 주거, 문화, 여가로 계획되어 있다. 기본계획에 이미 제시되어 있는 것과 같이 북수원생활권의 투자 포인트는 SK케미컬 이전부지 개발과 화서역 역세권 개발이다. 먼저 SK케미컬 이전부지 개발을 살펴보면 핵심은 장안구 정자동 600-1번지 일대 49만m² 규모의 SK케미컬 부지를 고색동 수원지방 산업단지로 이전시키고 해당 부지를 주거용지로 개발하는 데 있다. 이렇게 되면 그동안 악취, 소음 문제 등으로 고통 받던 천천1지구 아파트와 정자1지구 및 정자동 일대 아파트 단지들의 주거쾌적성이 크게 개선될 것으로 예상돼 주변 부동산 가격에 대형호재로 작용할 전망이다. 여기에 이웃하고 있는 공공기관 이전부지와 함께 시너지 효과까지 기대할 수 있다는 점에서 주목할 필요가 있는 지역이다.

다음으로 화서역세권 주변을 살펴보자. 화서역은 광교신도시~화서~호매실지구로 이어지는 신분당선의 핵심지역일 뿐만 아니라, 이전 대상 공공기관 부지인 서호 주변지역과 가깝고 주변에 정자1·2지구, 천천2지구, 화서시구 등이 있어 개발에 따른 효과가 상당한 곳으로 주목을 받고 있는 곳이다. 화서역세권 개발에 따라 수혜를 기대할 수 있는 곳은 대체적으로 신분당선 개통에 따른 수혜지역과 그 궤를 같이하고 있으나 대표적인 몇 곳만 꼽는다면, 화서역과 가까운 화서주공, 현대한진아파트, 정자2지구(신동아, 현대, 대우, 코오롱, LG아파트), 정자1지구(장안, 풍림아파트) 및 이라고 할 수 있다.

2

수원시를 공략하는
투자 포인트

투자 포인트 1　교통축을 파악하라

　수원시는 향후 수인선, 분당선, 신분당선, 경전철 등 철도와 도로 확장 및 신설을 통해 교통여건이 크게 개선될 전망이다. 따라서 교통의 핵심요지로 거듭날 곳으로 예상되는 곳에 돈을 묻는다면 적지 않은 투자수익을 거둘 수 있을 것으로 예상된다. 2020년 수원시 도시기본계획에 나타난 교통체계구상의 핵심은 두 가지로 요약할 수 있는데, 도로망 간 연계 강화와 광역철도망의 추진이 그것이다. 먼저 도로망 간 연계를 이해하기 위해서는 〈그림 1-49〉를 주목해야 한다. 이 그림에 표시되어 있는 R1, R2, R3는 각각 내부순환도로, 외부순환도로, 광역순환도로다. 또한 점선으로 표시된 부분은 향후 신규 개설될 도로구간을 의미한다. 그러면 점선 부분이 연결된다면 어떤 점이 편리해질까? 도로를 통한 접근성이 크게 개선될 것이다. 여기에 동서축의 수인선, 분당선, 신분당선과 남북축의 경부선 2복선, 신교통수단인 경전철이 도입되면 수원시는 뛰어난 광역교통체계를 갖추게 됨으로써 미래가치에 날개를 달게 될 것으로 예상된다.

〈그림 1-49〉 수원시 교통체계 구상도

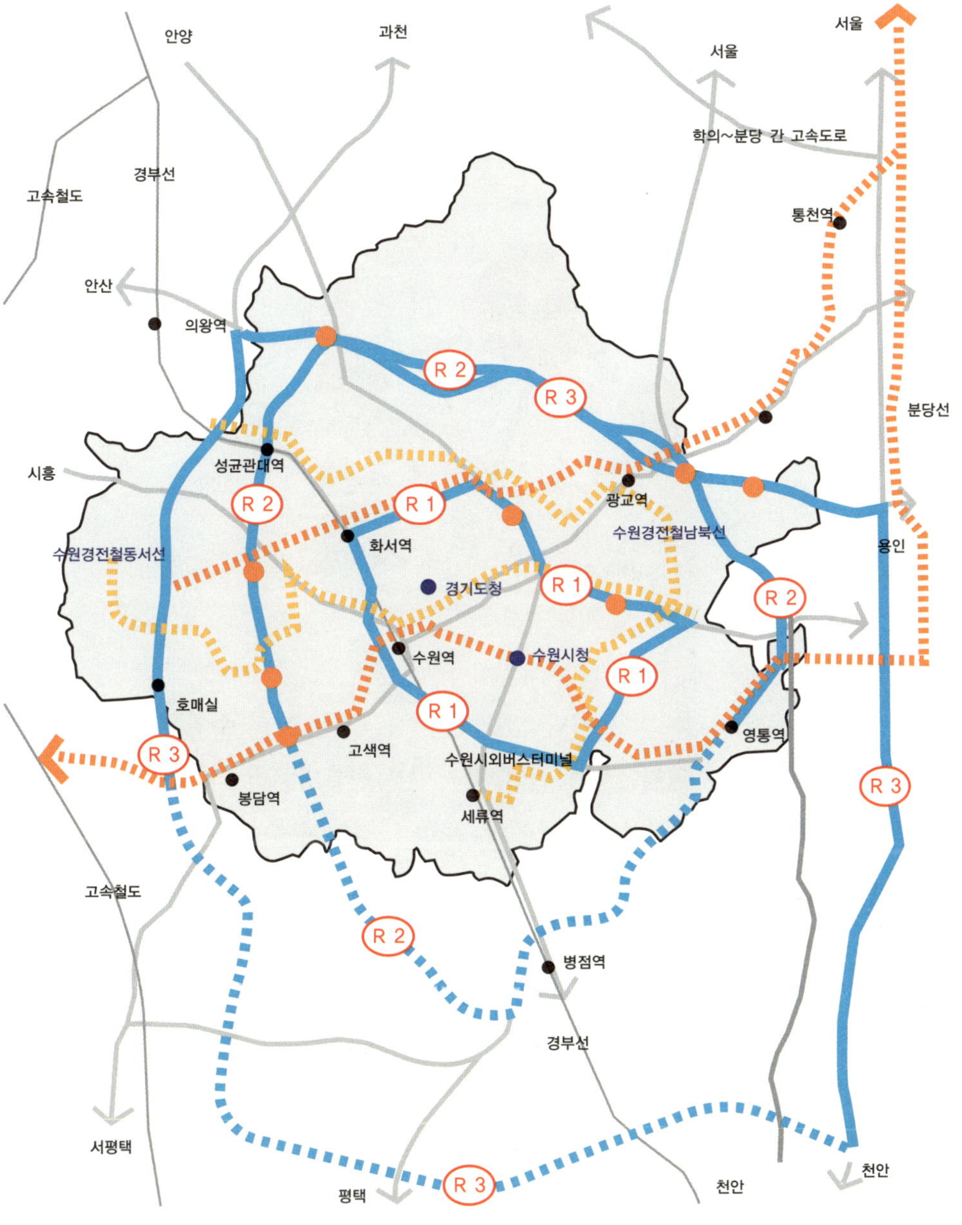

자료 : 2020년 수원시 도시기본계획

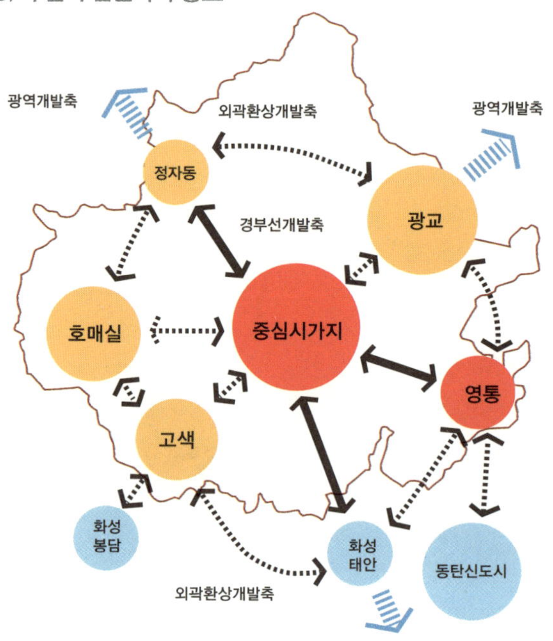

　그렇다면 투자 유망지역은 어디일까? 〈그림 1-49〉을 보면 수원역과 화서역이 눈에 띈다. 수원역은 분당선이, 화서역은 신분당선이 지나는 교통의 요지로 탈바꿈할 지역이기 때문이다. 또한 병점역이 눈에 들어오는데 그 이유는 외곽순환도로 개통이 병점역에 긍정적으로 작용할 것으로 예상되기 때문이다. 이 외에도 신분당선과 분당선이 지나는 지역은 모두 수혜를 입게 될 것인 만큼 이들 지역에 꾸준히 관심을 갖는다면 좋은 결과를 얻을 수 있을 것으로 예상된다.

투자 포인트 2 **도시 발전축을 읽으면 돈이 보인다**

개발가능지에 투자하는 것만큼 큰 투자수익을 남길 수 있는 방법은 거의 없다. 따라서 성공적인 'BUY 수원시'가 되기 위해서는 수원시의 발전축을 정확하게 파악하고 있어야 한다.

'2020 수원시 도시기본계획'은 수원시의 도시 발전축을 경부선 개발축·영통축을 중심으로 하는 기존 개발축과 외곽환상 개발축·광역적 연계를 유도하는 신개발축으로 제시하고 있다. 기존 개발축이 어느 정도 개발이 진행되어 있다는 점을 고려할 때 향후 신개발축에 개발압력이 보다 거세질 가능성이 높다. 따라서 그림에서 보는 바와 같이 외곽환상 개발축과 이들 지역을 연결하는 연결축에 좀 더 관심을 기울일 필요가 있다.

투자 포인트 3   자족기능 강화에 주목하라

'2020년 수원시 도시기본계획'상 가장 중요한 포인트 중의 하나가 경부선을 기준으로 동쪽으로 영통구에 위치한 삼성전자와 서쪽으로 권선구에 위치한 '고색동 수원지방산업단지'를 확장시켜 자족기능을 갖춘 도시로 발전시켜 나간다는 부분이다. 그중에서도 핵심은 수원지방산업단지의 확장에 있다. 고색동 917번지 일대에 약 28만 7,000㎡ 규모로 조성해 현재 조립금속, 전자제품, 영상음향 등 7개 업종의 무공해 첨단업종이 들어서 있는 고색동 수원지방산업단지 1단지와 2007년 8월 착공해 2008년 8월 준공예정인 약 12만㎡ 규모의 2단지에는 기계장비 등 3개 업종이 입주할 예정이다. 여기에 '2020년 수원시 도시기본계획'에 따라 조성될 3단지는 오는 2012년까지 사업비 약 2,900억 원을 투입해 추진할 예정인데 바로 이곳에 평동 일대 공장과 정자동 SK케미컬 공장이 이전될 예정이다. 이렇게 되면 현재보다 효과적으로 자족기능을 발휘할 수 있을 것으로 예상되는데, 자족기능이 부동산 가격 형성에서 차지하는 비중을 감안할 때 매우 긍정적인 흐름이 아닐 수 없다.

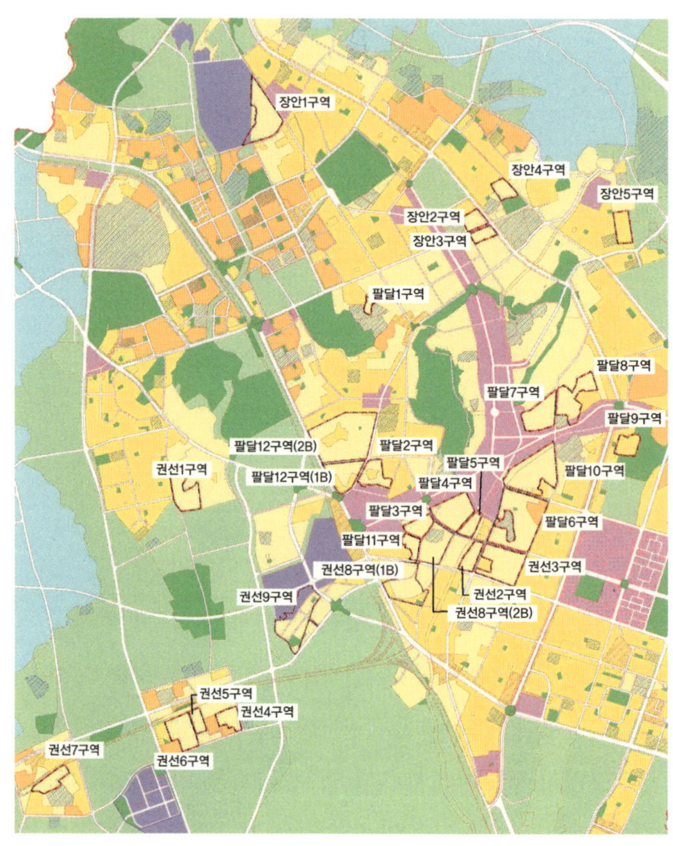

〈그림 1-51〉
수원시 정비예정구역 총괄도
자료 : 2020년 수원시 도시기본계획

 구도심이 돈 되는 세상이다

분양가 상한제가 시행되고 있어 실수요자들의 내 집 마련 부담이 한결 덜해진 것은 사실이다. 그러나 청약가점제가 함께 시행되고 있어 가점이 높은 무주택자가 아닌 이상 내 집 마련의 길은 더 길고 험난해진 상태다. 따라서 청약가점이 낮은 실수요자들은 내 집 마련을 위한 전략을 수립할 때 분양시장뿐만 아니라 가능한 다른 대안 역시 신중하게 고민해 볼 필요가 있다. 이때 관심을 갖고 살펴보아야 하는 것이 바로 '2010년 수원시 도시주거환경정비 기본계획'이다.

주거환경정비란 주거지역의 사회적·물리적 조건을 개량하거나 보수하고, 그 기능을 유지하여 더 향상된 상태로 개선하는 것이라고 정의할 수 있다. 즉 주거환경에 악영향을 미치는 요인을 제거하는 것이 주거환경정비인 것이다. 그렇다면 '2010년 수원시 도시주거환경정비 기본계획'에는 주거환경정비와 관련된 계획이 있을까? 그렇다. 수원시뿐만 아니라 모든 도시주거환경정비 기본계획에는 주거환경정비와 관련된 계획이 수립되어 있는데, 정비예정구역이 바로 그것이다. 따라서 정비예정구역을 파악하면 주거환경이 크게 개선됨으로써 실수요 측면뿐만 아니라 투자가치 측면에서도 큰 성공을 거둘 수 있는 지역을 물속 들여다보듯 훤히 알 수 있는 것이다.

그럼, 수원시의 정비예정구역은 어느 지역에 지정되어 있는지를 살펴보자. 〈그림 1-51〉은 수원시 도시주거환경정비 기본계획에 의해 정비예정구역으로 지정된 곳을 표시한 것이다. 그림을 보면 팔달구 쪽에 정비예정구역이 집중적으로 몰려 있음을 알 수 있는데, 이는 팔달구에 정비대상 노후화주택 등이 많이 분포되어 있음을 나타내는 것이라고 볼 수 있다. 이들 지역은 정비예정구역으로 지정되면서 가격이 많이 상승하는 현상을 보였다. 이 때문에 선뜻 매수하기를 꺼리는 투자자들도 많은 것이 사실이다.

그러나 정비예정구역에 포함되어 있는 지역들은 모두 여러 가지 이유로 오랜 기간 가격이 약세를 보이던 지역들이다. 원래 낮았던 가격이 정비예정구역으로 지정되면서 개발 기대감이 반영됨으로써 상승폭이 커져 결국 "지나치게 가격이 상승한 것이 아닐까" 하는 의구심을 갖기 쉬운데 이러한 의구심은 떨쳐버릴 필요가 있다. 그만큼 이들 지역은 여전히 투자가치가 높기 때문이다. 특히 국가지정 문화재가 인접해 있어 그동안 투자자들의 관심을 끌지 못했던 팔달11구역의 경우 지난 4월 4일 문화재가 있는 지역에서 재개발을 위해 반드시 거쳐야 하는 문화재 보호구역 현상변경허가를 받아 가장 큰 난관을 극복한 만큼 시내 여타 정비예정구역에 비해 비교적 저가 메리트가 있다고 볼 수 있기 때문에 적극적인 매수 전략이 효과적일 수 있다.

투자 포인트 5 · 호재 많은 권선구를 주목하라

수원시 권선구 일대는 개발 호재가 넘치는 대표적인 지역 가운데 한 곳이다. 가장 먼저 재건축을 통해 신흥 주거지역으로 거듭나고 있다는 점을 들 수 있다. 지리적으로 경부고속도로 이용이 편리하고 영통신도시, 광교신도시와 이웃하고 있다는 장점이 돋보이는 곳이기도 하다. 현대산업개발이 권선동에 도시개발사업을 통해 미니 신도시급 대단지를 공급한다는 점 역시 빼놓을 수 없다. 올 11월부터 내년까지 순차적으로 총 7,050가구를 분양할 예정인데 뛰어난 입지여건을 자랑하고 있어 벌써부터 많은 주목을 받고 있는 곳이라고 할 수 있다. 여기에 분당선 및 신분당선이 수원까지 연결되면 부동산 가격 형성의 시금석이라고 할 수 있는 강남 접근성이 크게 개선될 예정이라는 점 역시 무시할 수 없다. 또한 지역적인 면에서 보았을 때 매탄동~인계동으로 이어지는 중심 주거축으로 발돋움할 것이 확실시 되고 있어 향후 권선구 일대는 수원시 전체 아파트 가격을 선도하는 지역이 될 전망이다.

이상의 내용만 살펴봐도 권선구 일대 부동산에 호재가 많다는 사실은 쉽게 알 수 있다. 그러나 권선구 일대 부동산을 보다 주목해야 하는 진정한 이유는 바로 자족기능 강화와 주거편리성 확보에서 찾을 수 있다. 가장 먼저 눈에 띄는 것이 고색동 일원에 조성 중인 첨단산업단지와 권선동

행정타운이다. 고색동 일원(수원지방산업단지2·3단지)의 첨단산업단지는 권선구뿐만 아니라 수원시 전체의 경쟁력을 강화시켜줄 수 있는 자족기능을 담당할 것으로 예상된다. 권선구 탑동에 조성이 완료된 행정타운에는 권선구청 외에도 각종 행정 및 교육, 의료, 문화 등 각종 기반시설들이 들어서 있어 일정 수준 이상의 자족기능과 더불어 주거편리성을 확보에 기여하고 있기 때문에 부동산 시장에 상당히 긍정적인 영향을 미치게 될 전망이다.

투자 유망지역은 재건축이 진행 중인 권선동 권선주공1·3차와 권선주공2차, 신규 분양예정인 현대아이파크, 시가화예정용지가 입지하고 있는 오목천동, 고색동, 권선동, 곡반정동 인근 토지라고 할 수 있다. 다만 이들 지역은 이미 개발 호재가 상당 부분 시세에 반영되고 있다는 점을 고려해 신중하게 접근해야 할 필요가 있다. 따라서 단기 투자대상은 아니고 장기적인 관점에서 가치투자가 유망한 지역이라고 할 수 있다.

투자 포인트 6 만인의 연인 광교신도시

광교신도시는 수원시(매탄동, 이의동, 원천동, 하동, 우만동, 연무동 일원)와 용인시 일부지역(용인시 상현동, 영덕동 일원)에 1,128만 2,521㎡ 규모로 조성되는 신도시이다. 광교신도시에 관심을 갖고 청약을 준비 중인 실수요자들이 엄청나게 많다. 그 이유는 광교신도시가 광역행정 및 첨단산업 입지를 통한 행정복합도시 및 자족형 신두시로 조성될 예정이기 때문이다. 신도시 내에 경기도청사, 도의회 및 각종 행정지원시설이 들어서는 것은 물론이고 국제 수준의 업무복합단지인 비즈니스파크, 국제업무지원을 위한 컨벤션센터, 그리고 이를 뒷받침하기 위한 광역복합상업공간인 파워센터, 친수형 여가공간인 어뮤즈센터, 교육복지에 대한 수요를 반영한 에듀

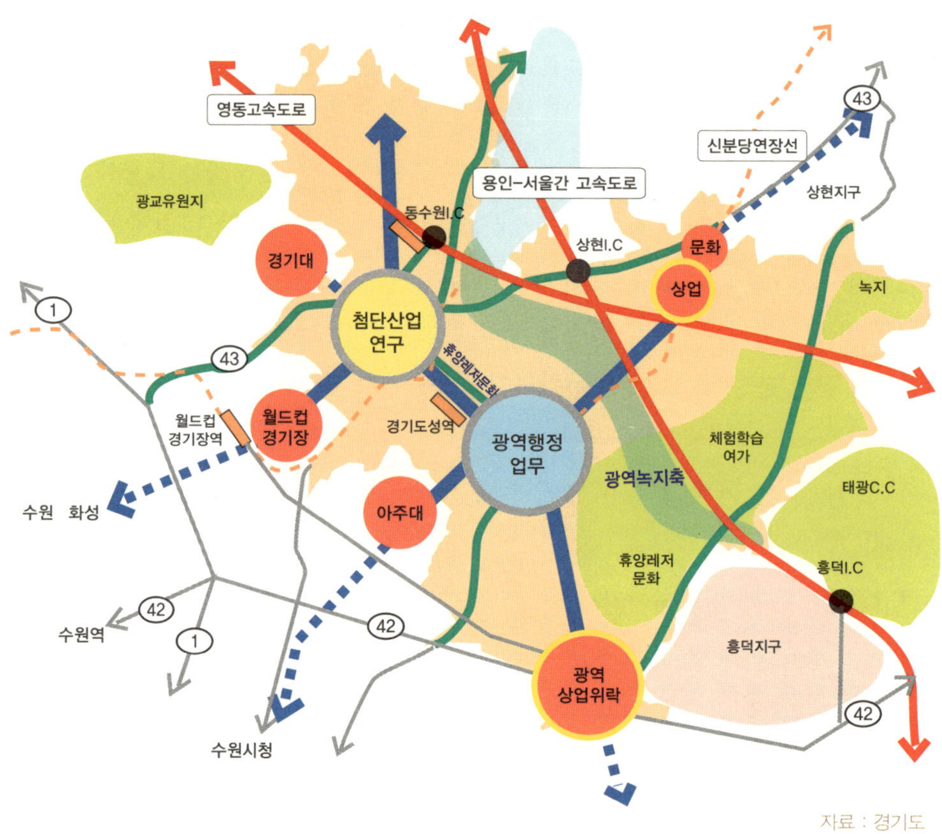

타운과 함께 주거편리성 확보를 가능하게 해줄 대규모 판매영업시설, 업무시설, 복합상업문화시설, 근린시설이 들어서게 될 예정이다.

기본적으로 자족기능과 교육 및 여가환경이 잘 갖춰진 광교신도시의 또 다른 장점은 뛰어난 자연환경을 충분히 살린 자연친화적 주거공간을 자랑한다는 점이다. 갈수록 웰빙주거환경을 강조하는 시대적 흐름을 감안할 때 여타 지역과 차별화되는 강점이 아닐 수 없다.

〈그림 1-53〉 수원시 도시기본 구상도

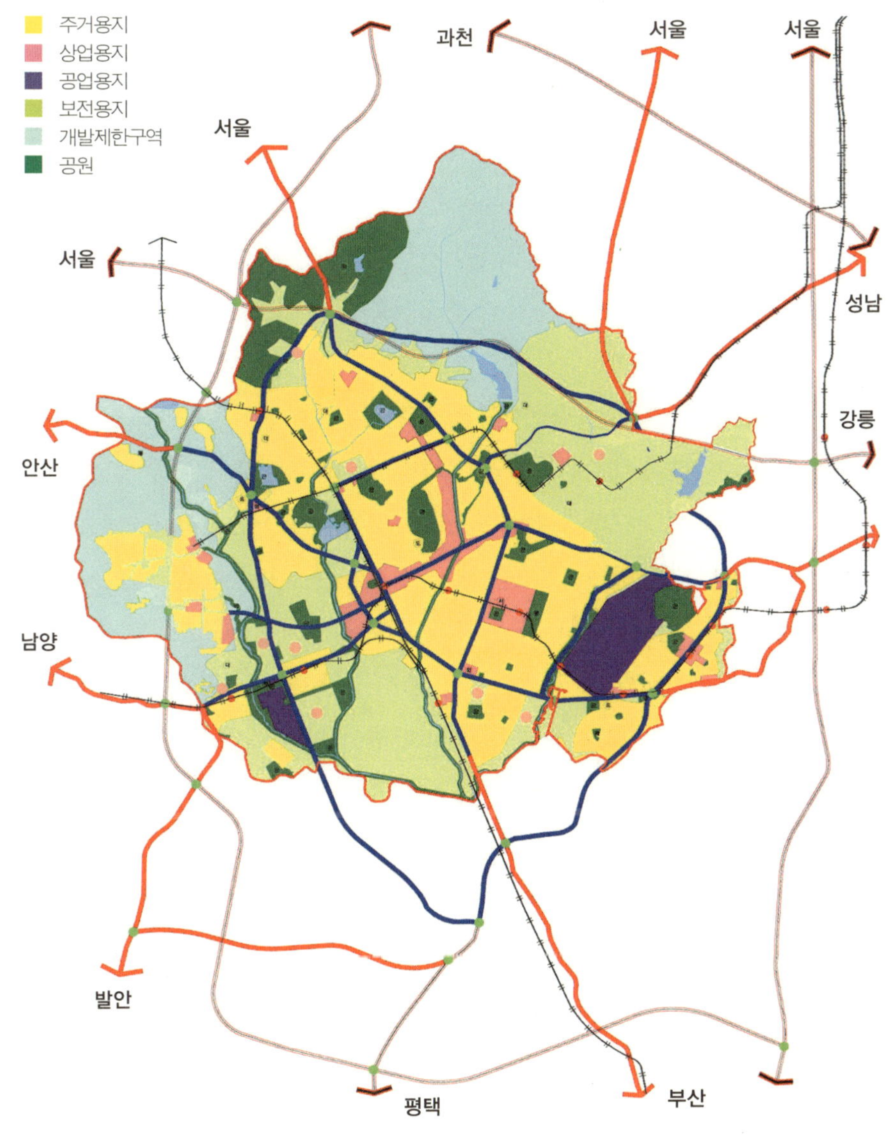
주거용지
상업용지
공업용지
보전용지
개발제한구역
공원
과천
서울
서울
서울
서울
성남
강릉
안산
남양
발안
평택
부산
자료 : 2020년 수원시 도시기본계획

위와 같은 광교신도시의 특징을 살펴볼 때 단연 광교신도시 분양물량에 가장 우선적으로 투자를 고려해야 한다. 따라서 실수요자라면 분양가 상한제의 적용으로 저렴한 분양가에 공급될 예정인 광교신도시 분양물량을 적극 노려보는 전략이 필요할 전망이다. 그런데 광교신도시의 경우 분양물량이 가점이 높은 청약자에게 우선 공급될 것이 확실시되고 있다. 이는 곧 유주택자나 가점이 낮은 실수요자인 경우 그만큼 당첨 가능성이 낮다는 의미다. 따라서 이런 경우라면 광교신도시의 수혜가 기대되는 지역을 주목할 필요가 있다. 그렇다면 광교신도시의 수혜가 기대되는 대표적인 지역은 어디가 될까?

대표적인 수혜지역은 광교신도시와 인접하고 있는 영통신도시, 매탄동·우만동·원천동 일원과 용인 흥덕지구, 상현동 일대가 될 전망이다. 특히 수원 월드컵경기장과 접해 있고 새 아파트라는 장점이 있는 우만동 월드메르디앙과 매탄동 매탄홈타운, 삼성1·2차, 성일, 삼호, 현대, 동남, 극동, 한일1차, 신매탄 위브하늘채, 원천성일, 인계동 래미안 및 향후 리모델링 호재를 기대할 수 있는 소형평형 위주의 원천동 원천주공, 장기적으로 재건축을 기대할 수 있는 원천동 아주아파트등은 이미 개발 호재가 상당 부분 시세에 반영되었지만 여전히 투자가치가 돋보이는 곳이라고 할 수 있다. 소액투자자인 경우라면 원천동 원천주공 소형평형이 3.3㎡당 860만 원 수준의 시세를 형성하고 있는 만큼 전세를 끼고 사둔다면 장기적으로 일정 수준 이상의 투자수익이 가능할 것으로 예상된다. 이외에도 주변 입지여건의 변화가 있을 경우를 가정하면서 묻어둔다는 마음으로 접근한다면 3.3㎡당 560만 원대라는 파격적인 시세가 돋보이는 원천동 신미주아파트 역시 투자를 고려해볼 만하다고 할 수 있다.

08

김포시,
미래가
기대되는 도시

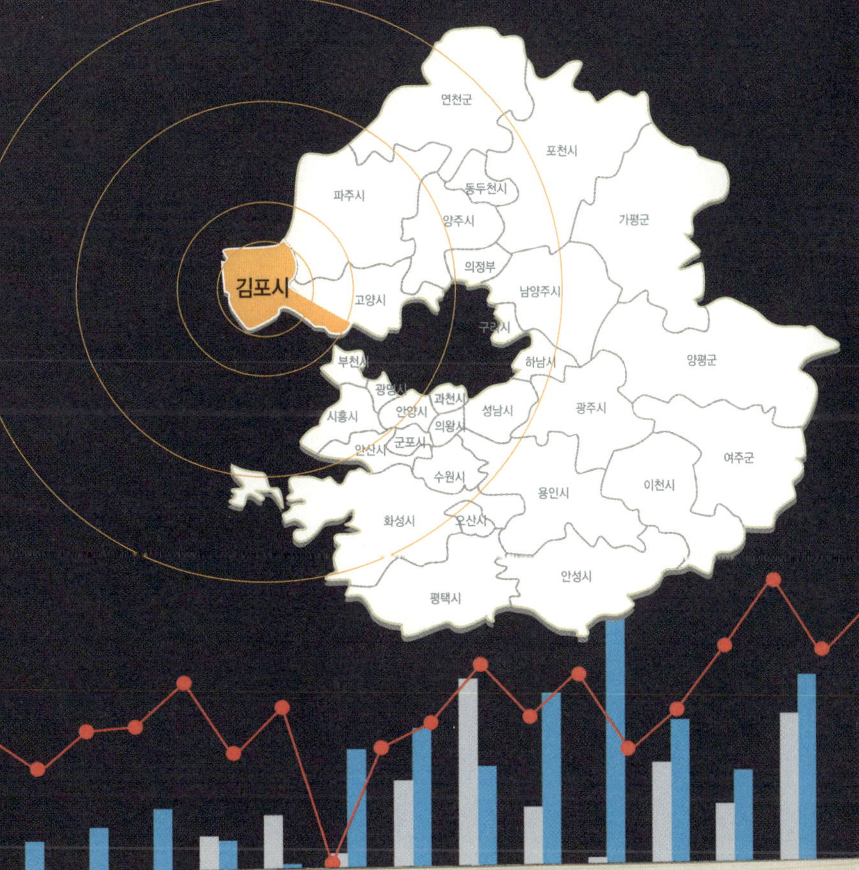

1

김포시의 현황과
개발계획

대부분의 사람들에게 "부동산과 관련해 김포시 하면 가장 먼저 떠오르는 것은 무엇입니까?"라고 묻는다면 아마도 십중팔구 "김포한강신도시"라고 대답할 것이다. 그도 그럴 것이 '김포한강신도시'는 수도권 제2기 신도시로서 총 1,173만㎡의 면적에 주택 5만 7,492호를 공급하는 수도권 서북부 지역의 대규모 신도시인 데다 올해부터 본격적으로 분양이 시작되는 관계로 많은 관심과 주목을 받고 있는 상황이기 때문이다.

올해 들어 언론의 집중 조명을 받은 일산대교 개통 역시 부동산에 관심이 있는 사람이라면 김포시와 관련해 가장 먼저 떠오르는 단어가 될 수 있을 것이다. 일산대교는 고양시 이산포 IC~김포시 걸포 IC 간 1.59㎞를 연결하는 6차선 도로의 교량인데, 언론의 집중 조명을 받은 이유는 일산대교의 개통으로 김포와 일산신도시가 하나의 생활권이 될 것이라는 기대 때문이다. 실제로 일산대교를 이용할 경우 김포에서 일산신도시까지 불과 2분이면 도달할 수 있게 되었다. 하나의 생활권이라는 표현이 딱 들어맞는다고 할 수 있는 것이다.

김포시, 이런 곳이다

여러 가지 면에서 김포시는 장점과 잠재력이 돋보이는 도시라고 할 수 있다.

첫째, 김포시는 남쪽으로 서울, 인천, 부천 등 대도시와 인접한 수도권 서북부의 중심도시라는 특징이 있다. 특히 수도권 부동산 가격 형성에 있어 매우 중요한 역할을 하고 있는 서울 접근성 측면에서 본다면 서울 도심으로부터 불과 20~25㎞ 거리에 위치하고 있어 상당한 잠재력이 있는 도시라고 할 수 있다. 이와 같은 특징은 도시기본계획의 상위계획인 '2020년 수도권 광역도시계획'에서 김포시를 안양, 광명, 부천, 시흥, 안산 등의 산업지역과의 연계 강화를 통해 서울 서남권에 집중된 통행을 분산하는 한편 수도권 지식산업벨트의 한 축을 담당하도록 하는 배경이라고 할 수 있다.

둘째, 수도권 제2기 신도시인 '김포한강신도시'가 조성된다는 점을 들 수 있다. '김포한강신도시'는 그 이름에서 나타나듯 한강물을 이용한 수로도시로서 한강하구에 접하고 있다는 장점이 돋보이는 신도시인데, 이는 여타의 신도시와 차별화되는 특징이라고 할 수 있다.

셋째, 구도심에 대한 뉴타운 사업이 추진 중이어서 그동안 김포시의 문제점으로 지적되어 왔던 신·구도심 간 개발 불균형 현상의 해소와 함께, '김포한강신도시'와 시너지 효과를 발휘하게 될 경우 도시 전체가 한 단계 업그레이드되는 효과를 기대할 수 있을 것으로 예상된다.

넷째, 고촌면 향산리에는 산업연구단지가, 양촌면 학운리 일대에는 첨단산업단지가 각각 조성될 예정이고, 대곶면 대벽리 일대에는 헬기제조 및 부품제조를 담당하게 될 항공산업단지가 조성될 예정이다. 이와 같은 산업단지는 김포시의 자족기능을 한층 강화해줄 것으로 예상된다.

다섯째, 오는 2020년 계획인구 59만 명을 자랑하는 대도시로 거듭날 것이라는 점을 들 수 있다. 2007년 12월 말 기준 김포시 인구가 21만 6,931명이라는 점을 감안할 때 상당한 인구증가가 발생할 것으로 예상되는데 이와 같은 인구증가는 개발압력으로 이어질 수밖에 없어 그만큼 김포시 부동산 시장에 긍정적 요인으로 작용할 가능성이 높다고 할 수 있다.

여섯째, 교통 여건이 크게 개선될 것으로 예상된다는 점을 들 수 있다. 남북 4축 송포~인천 간 도로 및 동서 1축의 고속화도로, 남북 3축의 제2외곽순환도로와 동서 3축의 R&D도로 등이 계획되어 있으며, 김포공항과 신도시를 연결하는 도시철도가 계획되어 있어 국도 48호선에 크게 의존하던 것에서 탈피해 사통팔달의 교통중심도시가 될 것으로 예상되기 때문이다.

일곱째, 한반도 대운하의 화물터미널인 조강터미널이 월곶면 조강리에 입지할 것으로 예상됨에 따라 대운하의 직접 수혜지역이 될 것이라는 점을 들 수 있다. 한반도 대운하는 이명박 정부의 핵심 공약이자 향후 부동산 시장에 엄청난 파급 효과를 가져올 것이라는 점에서 김포시로서는 대형 호재라고 할 수 있다.

2020년 김포시 도시기본계획 뜯어보기

2020년 김포시 도시기본계획에 나타난 김포시의 미래모습은 첫째, 전원생태도시, 둘째, 관광휴양도시, 셋째, 첨단산업도시, 넷째, 통일화합도시다. 이 중 투자자 입장에서 주목해보아야 할 부분은 크게 두 가지라고 할 수 있는데, 첨단산업도시와 통일화합도시가 바로 그것이다. 첨단산업

단지의 조성을 위해서 '2020년 김포시 도시기본계획'은 항공, IT 등 첨단
산업단지 조성과 인천~김포~파주를 연결하는 산업벨트 조성을 제시하
고 있고, 통일화합도시의 조성을 위해서는 남북교류 활성화를 위한 경제
협력단지 조성과 김포~개성 간 평화의 다리 조성을 제시하고 있다.

김포시 도시공간구조 구상은 이렇다

2020년 김포시의 미래모습을 구체화하기 위해 '2020년 김포시 도시기
본계획'은 김포시 도시공간구조를 1도심(양촌 신도시) 2부도심(김포, 통진) 4
지역중심(고촌, 대곶, 월곶, 하성)으로 구분해 각각의 특성에 맞게 개발시켜
나갈 계획이다.

양촌 도심은 중심도시 역할이 부여되어 있다. 이를 위해 양촌 도심을
'김포한강신도시'를 중심으로 인천-일산과 연계되는 광역행정업무중심
으로 개발할 계획이다. 뿐만 아니라, '김포한강신도시'는 인근의 양촌 지
방산업단지, 파주 LCD단지 등과 연계한 도시지원·업무·연구·지식 기
반 등 첨단산업 중심의 자족기능을 갖춘 자족적 신도시로 기대를 모으고
있다. 현재 문제점으로 지적받고 있는 만성적인 교통난은 김포공항역~
신도시를 연결하는 23㎞ 거리의 도시철도 건설, 한강변을 따라 신설되는
김포고속화도로 신설, 올림픽대로 상습정체 구간 해소를 위한 일부 구간
(1.6㎞) 확장이 이루어질 경우 현재보다 크게 완화될 것으로 예상된다.

통진 부도심은 물류산업, 관광 중심의 부도심 기능을 담당할 것이다.
물류산업 기능의 강화를 위해 통진읍 일대에 남북 물류거점지역을 조성할
계획이다. 이 외에도 택지개발이 가능한 시가화예정용지가 신규로 지정되
었을 뿐만 아니라 신도시와 연결되는 주변지역의 난개발 방지와 향후 계
획적인 개발을 도모하기 위해 시가화예정용지가 추가 지정된 상태이다.

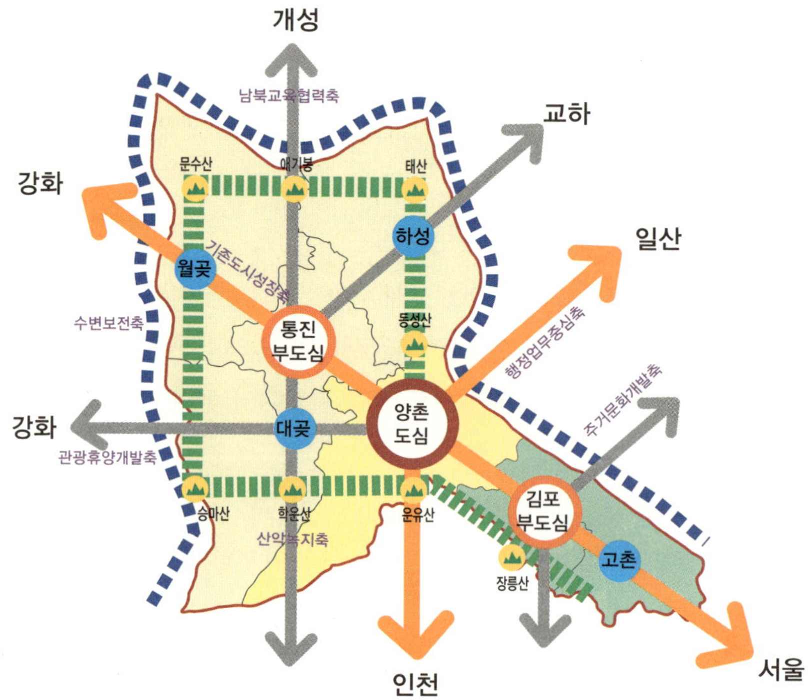

김포 부도심은 주거, 문화중심의 부도심 기능을 담당한다. 김포 부도심은 김포시의 기존 도심에 해당하는 곳으로 부도심 기능의 강화를 위해 뉴타운 사업이 추진될 계획이다. 이미 뉴타운으로 지정된 김포시청 주변지역에 이어 양촌면 양곡리 약 35만 2,000㎡와 통진, 대곳, 월곳, 하성 등 구(舊)시가지에 대한 뉴타운 사업을 위해 현재 타당성 조사가 진행 중에 있는 상태이다.

4곳의 지역중심 가운데 고촌 지역중심은 태리, 신곡리, 풍곡리 일대에 주거지역 용도의 시가화예정용지가 확보되어 있고, 향산리 일대에는 산업연구단지 용도의 시가화예정용지가 확보되어 있다. 대곶 지역중심은 대벽리 일대에 항공지방산업단지 용도의 시가화예정용지가 확보되어 있고, 월곶 지역중심은 한반도 대운하의 화물터미널인 조강터미널이라는 대형 호재가 있다. 하성 지역중심은 뉴타운 사업 추진을 위한 타당성조사가 진행 중이다.

김포시 생활권 구상을 읽어라

2020년 김포시 도시기본계획은 김포시 전체를 하나로 하는 1개의 대(大)생활권과 남부 중(中)생활권, 중부 중생활권, 북부 중생활권 등 3개의 중생활권으로 생활권을 설정하였다.

남부 중생활권은 총 44.786㎢의 면적으로 행정구역상 김포1동, 사우동, 풍무동, 고촌면이 포함되는데, 2020년 계획인구가 21만 7,000명에 달할 것으로 예상되는 생활권이다. 남부 중생활권은 김포시 기존 도심 즉 원도심 지역이라는 특징이 있는데, 적지 않은 인구 증가가 예상되는 생활권으로 주거·문화 중심기능을 갖춘 생활권이 될 것으로 예상된다. 남부 중생활권은 특히 뉴타운 사업을 주목할 필요가 있다. 구도심 지역을 중심으로 하는 생활권이기 때문이다. 이미 김포시청 주변 2.2㎢에 재정비촉진지구 지정이 완료된 상태로 뉴타운 사업이 순조롭게 진행되고 있다.

자족기능 역시 종전보다 강화될 것으로 예상되는데 향산리에 기존의 '종달새 마을'을 정비한 산업연구단지가 조성될 예정이기 때문이다. 이 밖에 걸포동 일대와 고촌면 풍곡리, 태리, 신곡리 일원이 신흥주거지역으로 기대를 모으고 있다는 점과 한반도 대운하 수혜지역이라는 점은 남부 중생활권을 눈여겨보아야 하는 대목이라고 할 수 있다.

다음으로 중부 중생활권은 52.887㎢의 면적으로 행정구역상 김포2동과

양촌면이 포함되는데 오는 2020년 계획인구는 3곳의 중생활권 중 가장 많은 25만 명이 예상되는 생활권이다. 인구 증가 역시 가장 클 것으로 예상되는데, 김포시의 중심지 역할을 수행할 수 있도록 행정업무중심 기능이 부여되어 있으면서 동시에 수도권 제2기신도시인 '김포한강신도시' 가 들어서게 된다는 점에서 그 원인을 찾을 수 있다. 뿐만 아니라, 양촌산업단지가 위치하고 있어 자족기능 역시 매우 돋보이는 생활권이라고 할 수 있다.

마지막으로 북부 중생활권은 면적만 놓고 보면 가장 넓은 178.898㎢의 면적을 자랑하는 생활권으로 행정구역상 통진읍, 대곶, 월곶, 하성면 등을 포함하고 있지만, 2020년 계획인구는 세 곳의 중생활권 중 가장 적은

12만 3,000명이 예상되는 생활권이다. 특히 북부 중생활권의 중심지라고 할 수 있는 통진읍 서안리 일대에 택지개발용도의 시가화예정용지가 확보되어 있고, 남북물류거점지역으로 개발될 것이라는 점, 대곶면 대곡리 일대에 항공산업단지가 조성된다는 점이 기대를 모으고 있는 생활권이라고 할 수 있다.

2

김포시를 공략하는
투자 포인트

투자 포인트 1 **단계별 개발계획으로 효율적으로 투자하라**

'2020년 김포시 도시기본계획' 역시 단계별로 개발계획을 수립해놓고 있다. 이를 단계별로 살펴보면 2단계(2006~2010년), 3단계(2011~2915년), 4단계(2016~2020년)가 있는데, 각각의 단계별로 중점을 두고 개발할 지역이 상이한 관계로 개발단계 또는 그 직전단계에 투자를 하게 될 경우 투자기간을 최소화하면서 투자수익은 극대화할 수 있다. 따라서 'BUY 김포시'를 계획하고 있는 투자자라면 반드시 꼼꼼히 챙겨두어야 할 내용이라고 할 수 있다.

가장 가까운 2단계(2006~2010년)에서 주목해야 할 개발계획은 단연 자족기능이라고 할 수 있다. 대곶면 대벽리 일원에 0.074㎢ 규모로 조성되

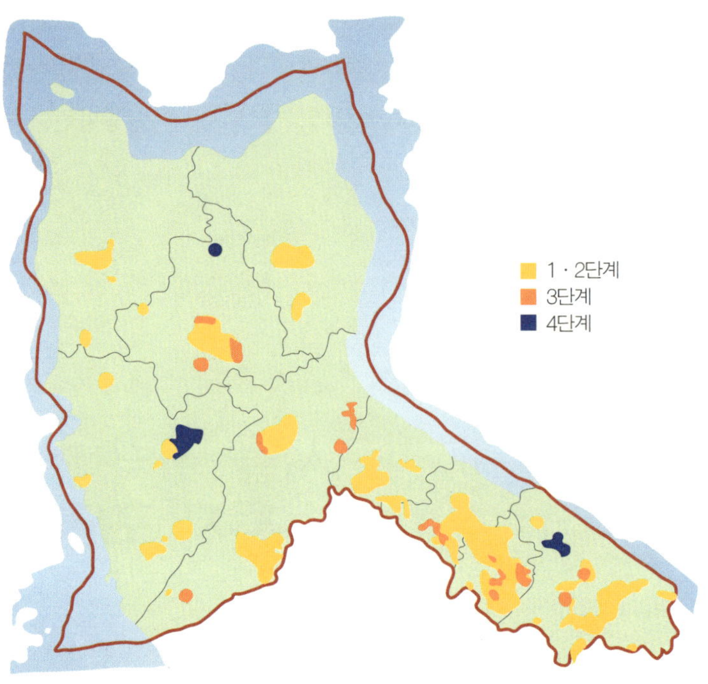

구분	2006년	2단계 (2006~2010)	3단계 (2011~2015)	4단계 (2016~2020)
합계(㎢)	276.571	276.571	276.571	276.571
시가화용지	9.717	16.476	18.006	19.093
주거용지	13.494	13.494	15.024	15.071
상업용지	0.360	0.816	0.816	0.856
공업용지	2.412	2.166	2.166	2.166
시가화예정용지	–	1.469	20.944	27.598
보전용지	264.084	258.626	237.621	229.880

자료 : 2020년 김포시 도시기본계획

는 항공지방산업단지, 고촌면 향산리 일원에 1.091㎢ 규모로 조성되는 산업연구단지, 통진읍 옹정리 일원에 0.133㎢ 규모로 조성되는 첨단산업단지 등이 있기 때문이다. 또한 기존 도시개발사업지구와의 연계 개발을 위해 걸포동 일대에 0.046㎢ 규모의 주거지 개발이 예정되어 있다.

3단계(2011~2015년)에서 주목해야 할 개발계획으로는 양촌면 학운리 일원에 조성되는 3.110㎢ 규모의 첨단지식산업단지, '김포한강신도시', 고촌면 태리, 신곡리, 풍곡리 일원에 주거 목적의 개발, 통진읍 서안리 일원 2.958㎢ 규모의 주거목적 공영개발 등이 있다.

마지막 4단계(2016~2020년)에서 주목해야 할 개발계획으로는 통진읍 고정리 일원에 3.449㎢ 규모로 조성되는 남북경협산업단지와 고촌면 향산리 일원에 0.095㎢ 규모의 주거목적 개발 등이 있다.

투자 포인트 2 　최대의 투자 포인트는 김포한강신도시

김포시 최대의 투자 포인트라고 할 수 있는 곳은 양촌신도시로 친숙한 '김포한강신도시' 라고 할 수 있다. '김포한강신도시' 는 수도권 제2기 신도시 가운데 하나다.

연접한 장기지구 88만㎡를 합해 총 1,173만㎡의 규모를 자랑하는 신도시로 장기지구를 제외하고도 단독주택 1,665호, 연립주택 3,300호, 아파트 4만 5,787호, 주상복합 2,060호 등 총 5만 2,812호가 올해 6월부터 2009년 말까지 순차적으로 공급될 예정이다. 최근 김포신도시의 명칭이 '김포한강신도시' 로 확정되었는데 김포에 들어서게 될 수도권 제2기 신도시의 특성과 잘 어울리는 명칭이라고 할 수 있다.

실제로 김포한강신도시는 한강변의 풍부한 수자원 등 자연환경을 활용해 국내 최대 규모인 16㎞에 달하는 수로를 조성해 수로도시로 조성될 예

<그림 1-57> 김포 한강신도시

정이다. 신도시 중앙을 흐르는 김포대수로 주변을 중심으로 생태환경지구, 문화교류지구, 복합업무지구로 구분해 하천, 실개천 등이 흐르는 수로가 조성되는 것이다. 또한 한강변 60만㎡가 조류생태공원으로 조성되고 전통 한옥을 활용한 문화예술마을이 조성될 계획이다. 여기에 만성적인 교통정체 현상을 빚고 있는 국도 48호선과 김포우회도로의 교통정체현상 해소를 위해 고촌~운양 IC 간 11㎞를 연결하는 김포고속화도로가 2009년까지 신설되고, 올림픽대로 상습정체구간 해소를 위해 일부 구간을 6차선에서 8차선으로 확장하며, 2012년에는 김포공항~김포한강신도시 간 23㎞를 잇는 경전철 신설 등이 계획되어 있어 교통여건이 크게 개

선될 전망이다. 이 외에도 신도시의 미래가치에 큰 영향을 주게 될 자족기능 강화 역시 계획되어 있는데, 농산물·건강·미용 관련 기업연구소·전시관 및 기업지원시설 등 첨단과학집중지역(Science Park) 용지로 6만㎡, 정보기술(IT), 생명공학(BT) 등 벤처업무시설, 시제품 생산 및 벤처업무지원·교류시설 용지로 9만 5,000㎡, 무공해 아파트형 공장, 농산물 유통 및 가공시설, 농기구 및 자동차 수리센터 등과 같은 도시지원시설용지 11만 5,000㎡ 등이 예정돼 있어 김포 한강신도시 자체적으로 자족기능을 확보하는 데 큰 무리가 없을 것으로 전망된다.

투자 포인트 3 구도심을 주목하라

김포시청 주변의 북변동, 감정동 일원은 뉴타운 사업이라는 대형 호재가 있는 지역이기는 하지만 이미 부동산 가격에 호재요인이 대부분 반영되어 있는 상태라고 할 수 있어 단기적 관점에서는 큰 투자매력이 없는 지역으로 볼 수도 있다. 하지만 '김포한강신도시', 한반도 대운하, 남북경협산업단지 등 자족기능 강화 등이 예정되어 있는 만큼 장기적 관점에서 투자를 계획하고 있는 투자자들에게는 여전히 매력적인 투자처라고 할 수 있다.

최근 김포시가 신규로 뉴타운 추진을 위한 타당성 조사를 끝낸 양곡리, 구래리 일원 양곡지구 역시 뉴타운으로 추진될 것으로 예상된다. 양곡택지지구, 김포한강신도시로 명칭이 바뀐 양촌택지지구 등과 접해 있어 좋은 입지여건을 갖춘 곳인 만큼 실수요자라면 한 번쯤 이곳에 관심을 가져볼 필요가 있다고 할 수 있다.

투자 포인트 4 한반도 대운하의 조강터미널

이명박 정부 최대 역점사업 중 하나가 될 한반도 대운하의 수혜가 기대되는 지역 중의 하나가 바로 조강터미널이 위치하고 있는 김포시 월곶면 조강리 일대와 그 주변지역이다. 조강터미널은 경부운하의 첫 터미널로 옛 조강나루터 자리로 이곳에는 화물터미널이 들어설 것으로 예상된다. 한반도 대운하 구상안에 따르면 여객터미널 주변에는 박물관, 미술관, 과학관, 전시관, 기념관 등 현지 특성에 적합한 문화공간들이 들어서고 운하를 따라 각종 공원이 조성될 것으로 예상된다. 또한 운하 주변에는 자전거길, 인라인 광장, 조깅 코스와 함께 경관이 수려한 곳에는 수영장, 야영장, 휴게소 등이 조성됨으로써 운하 주변지역은 그야말로 관광문화벨트의 중심지가 될 것으로 예상된다.

또한 화물터미널에는 컨테이너를 바로 옮겨 실을 수 있는 부두시설과 선석이 마련돼 바지선이 오갈 수 있어 가까운 지역으로는 곧바로 수출까지 할 수 있을 전망이다. 결국 화물터미널은 항구의 기능을 모두 갖추게 됨으로써 화물터미널이 위치한 지역은 내항(內港)으로 거듭나게 되는 셈이다. 김포시 월곶면 일대를 주목해야 하는 이유가 바로 여기에 있다. 따라서 조강터미널이 들어서는 월곶면과 그 수혜지역인 고촌면 일대를 주목해야 할 것으로 예상된다.

이 밖에 조강터미널 주변을 주목해야 하는 이유가 또 있는데, 바로 조강터미널의 입지적 측면과 관련되어 있다. 조강터미널은 강 건너로 북한과 맞닿아 있는 곳에 위치하고 있는데 새 정부는 강화군 교동도 한강 하구 퇴적지 일대를 준설해 약 30만㎢를 확보한 후 남북경제협력지구를 조성하는 나들섬 프로젝트를 계획하고 있다. '조강터미널=나들섬 프로젝트'와 연결된다는 점이 김포시 월곶면 일대와 그 수혜지역인 고촌면 일대를 주목해야 하는 또 다른 이유인 것이다.

하지만 다만 한 가지 운하 건설로 인해 수혜를 입게 될 지역의 부동산 가격이 술렁이고 있는 점을 새 정부가 이미 파악하고 있다는 것을 반드시 주의해야 할 것이다. 조만간 한반도 대운하 사업이 제 궤도에 오를 것으로 예상되는 만큼 이와 병행해 운하 주변지역에 대한 토지거래허가구역 지정과 토지거래허가구역 지정 이전 거래에 대한 자금출처 조사 등을 통해 투기적 거래를 색출할 것이 확실시 되고 있다. 따라서 조강터미널 수혜지역에 대한 투자를 계획하고 있다면 투기가 아닌 투자 목적이 되어야 할 것이다.

투자 포인트 5 개발축을 주목하라

2020년 김포시 도시기본계획에서 제시하고 있는 개발축은 크게 2개의 주개발축과 4개의 보조축으로 나뉜다. 주축은 제2외곽순환도로 및 국도 48호선 등 광역교통망을 기초로 설정되었고, 4개의 보조축은 지역을 연결하는 간선도로축을 중심으로 설정되었다는 특징이 있다. 발전 주축은 다시 동서축과 남북축으로 구분할 수 있는데, 동서축은 국도 48호선에 중심을 둔 기존 도시 성장축인 반면 남북축은 제2외관순환고속도로를 중심으로 하는 행정업무 중심축이라고 할 수 있다.

다음으로 4개의 발전 보조축은 각각 ① 첨단지식산업축, ② 남북교류협력축, ③ 주거문화개발축, ④ 관광휴양개발축으로 나뉘게 되는데, 첨단지식산업축은 국지도 48호선, 56호선을 중심으로 양촌산업단지~복합단지~남북협력단지~파주 LCD단지로 연결되는 자족기능축이라고 할 수 있

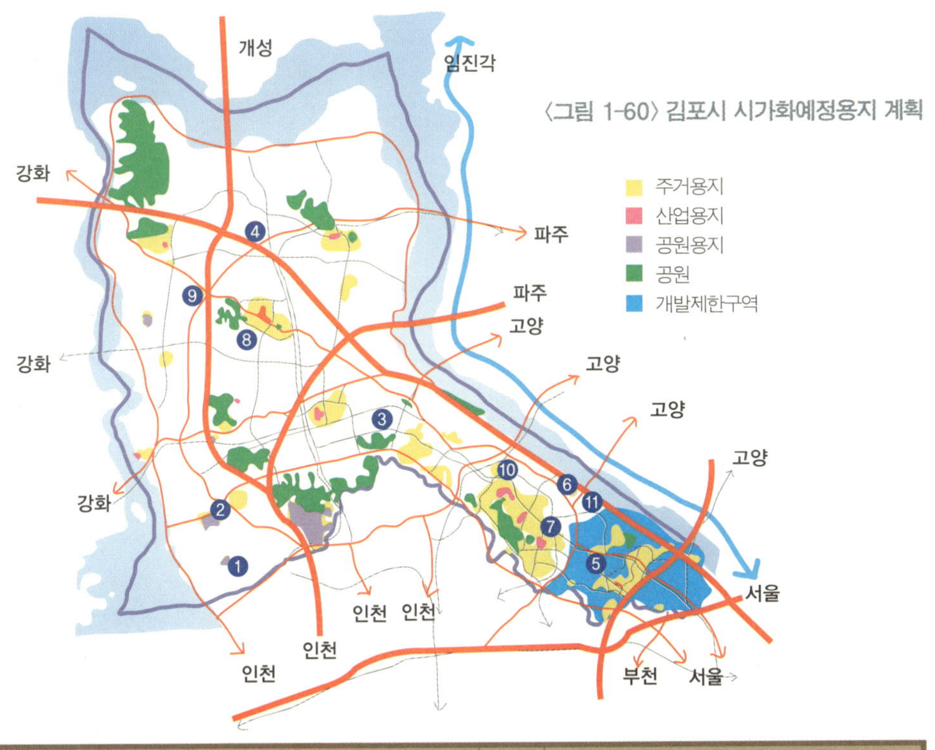

구분	위 치	변 경 내 역		면적(㎢)	변 경 내 용
		기정	변경		
❶	양촌면 학운리 일원	예정용지, 보전용지	시가화예정용지	3.110	인천시와 연계된 첨단산업단지 조성(당조 1.137㎢)
❷	대곶면 대벽리 일원	시가화예정용지	시가화예정용지	0.074	항공지방산업단지 확장 조성
❸	김포시 운양동 일원	보전용지, 예정용지	시가화예정용지	16.120	신도시 및 주변지역의 계획적 개발(당조 10.660㎢)
❹	동진읍 고정리 일원	예정용지, 보전용지	시가화예정용지	3.449	남북 물류거점 및 산업단지 개발(당조 2.480㎢)
❺	고촌면 태리 일원	개발제한구역	시가화예정용지	0.397	개발제한구역내 조정가능지역(3개소)
❻	고촌면 향산리 일원	보전용지	시가화예정용지	1.091	산재된 공장정비를 통한 사업연구단지 조성
❼	김포시 사우동 일원	보전용지	시가화예정용지	0.125	제1종지구단위계획구역과 연계된 계획적 개발
❽	통진읍 서암리 일원	보전용지	시가화예정용지	2.958	통진 부도심기능의 주거·상업 등 시가화용지 개발
❾	통진읍 옹정리 일원	보전용지	시가화예정용지	0.133	기존 팬택과 연계된 경쟁력있는 첨단산업단지 조성
❿	김포시 걸포동 일원	보전용지	시가화예정용지	0.046	기존 걸포 도시개발사업지구와 연계된 계획적 개발
⓫	고촌면 향산리 일원	보전용지	시가화예정용지	0.095	향산지구단위계획구역과 연계된 계획적 개발

자료 : 2020년 김포시 도시기본계획

다. 남북교류협력축은 김포~개성을 잇는 고속도로를 중심으로 인천~통진~개성을 연결하는 축으로 새 정부의 실용주의 정책을 강력하게 추진하고 있는 점을 감안할 때 남북이 상호 윈윈할 수 있는 교류협력방안이 나올 것으로 예상된다. 이렇게 될 경우 남북교류협력축의 상승잠재력이 매우 클 것이 확실시되고 있는 상태이다. 다음으로 주거문화개발축은 국지도 98호선을 중심으로 인천~김포~일산을 연결하는 축으로 양 끝점에 개발 호재가 많은 축이라는 특징이 있다. 마지막으로 관광·휴양개발축은 국지도 78호선을 중심으로 덕포진에서 문수산, 애기봉, 철새도래지를 거쳐 신도시 자연생태공원을 잇는 축이다.

투자 포인트 6 '시가화예정용지'가 돈 된다

'시가화예정용지'는 도시발전을 고려해 개발의 중심이 되는 개발축과 개발 가능한 토지인 개발가능지를 중심으로 시가화에 필요한 개발공간을 사전에 확보하기 위해 지정하게 되는데 도시지역 내 자연녹지지역, 관리지역 내 계획관리지역, 개발진흥지구 중 개발계획이 수립되지 않은 지역에 지정된다. 다만 당초 지정된 용도로 개발하기 위해서는 지구단위계획을 수립하는 과정을 거쳐야 한다. '2020년 김포시 도시기본계획'상에는 총 11곳의 '시가화예정용지'가 계획되어 있는데 항공지방산업단지, 첨단산업단지, 남북물류 거점 및 산업단지 개발 등과 같은 자족기능 강화를 위한 '시가화예정용지' 지정이 많다는 특징을 보이고 있다.

'시가화예정용지'에 나타난 투자 포인트는 자족기능 강화와 개발이 예상되는 주거지역에 있다고 할 수 있다. 자족기능 강화와 관련해서는 산업단지가 예정되어 있는 지역으로 통하는 도로를 따라 투자하면 좋은 결과가 있을 것으로 예상된다. 주거지역과 관련해서는 걸포동, 통진읍, 운양

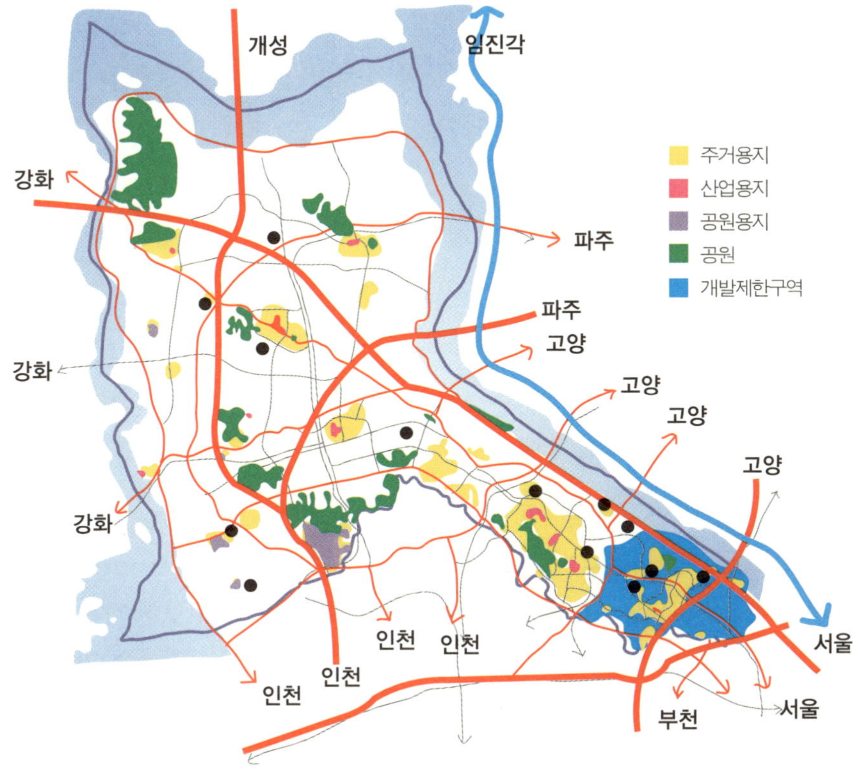

동, 고촌면 등이 유망할 것으로 예상된다.

투자 포인트 7 **겹호재가 돋보이는 통진읍**

김포시 북부권에 속하는 통진읍 일대는 '2020년 김포시 도시기본계획' 상 물류산업·관광 위주의 부도심 기능이 부여되어 있다. 우선 수도권 제 2외곽순환도로, 김포~개성 간 고속도로 등이 예정되어 있는 등 남북물류 기능을 담당할 최적지로 평가받고 있는 통진읍 고정리 일대에는 대형 유이다.
통진읍 서안리 일대에는 통진지역의 부도심 기능 육성을 위해 오는 2015
년까지 공영개발방식을 통해 2.9㎢ 규모의 주거지역이 개발될 예정이다.
뿐만 아니라, 서안리 일원에는 첨단시설을 갖춘 노인복지 및 요양시설과
병원. 스포츠센터 등을 갖춘 실버타운 조성도 추진될 계획이다. '겹호재
가 있는 지역' 이라는 표현이 잘 어울리는 곳이 바로 통진읍인 것이다.

'BUY 김포시', 이것만은 기억하자

그동안 김포시는 수도권에서 소외받았던 곳 중 하나다. 그러나 최근 재
평가가 이루어지고 있어 과거에 비해 가격이 많이 오른 곳이 대부분이다.
'김포한강신도시', 구도심에 대한 뉴타운 사업 등이 추진되면서 부동산
시장이 뜨겁게 달아올랐던 데서 그 원인을 찾을 수 있다. 2020년 김포시
도시기본계획에 나타난 김포시의 미래가치는 현재에 비해 월등히 나아질
것으로 예상된다. 이는 곧 장기적 관점에서 접근하면 접근할수록 투자수
익의 규모가 커질 것이라는 의미이기도 하다.

다만 '2020년 김포시 도시기본계획' 에 반영되어 있는 계획 가운데 향
후 상황을 예의 주시해보아야 할 대목들이 몇 가지 있는 만큼 막무가내식
투자는 피해야 한다. 대표적인 것으로 남북관계에 크게 의존할 수밖에 없
는 '남북 물류거점산업 유통단지' 를 들 수 있다. 장기적 관점에서 투자하
되 향후 사회·경제적 투자환경의 변화와 함께 남북관계의 변화에도 신
경을 쓰면서 'BUY 김포시' 에 임해야 할 것이다.

09

남양주시, 떠오르는 **가치주**

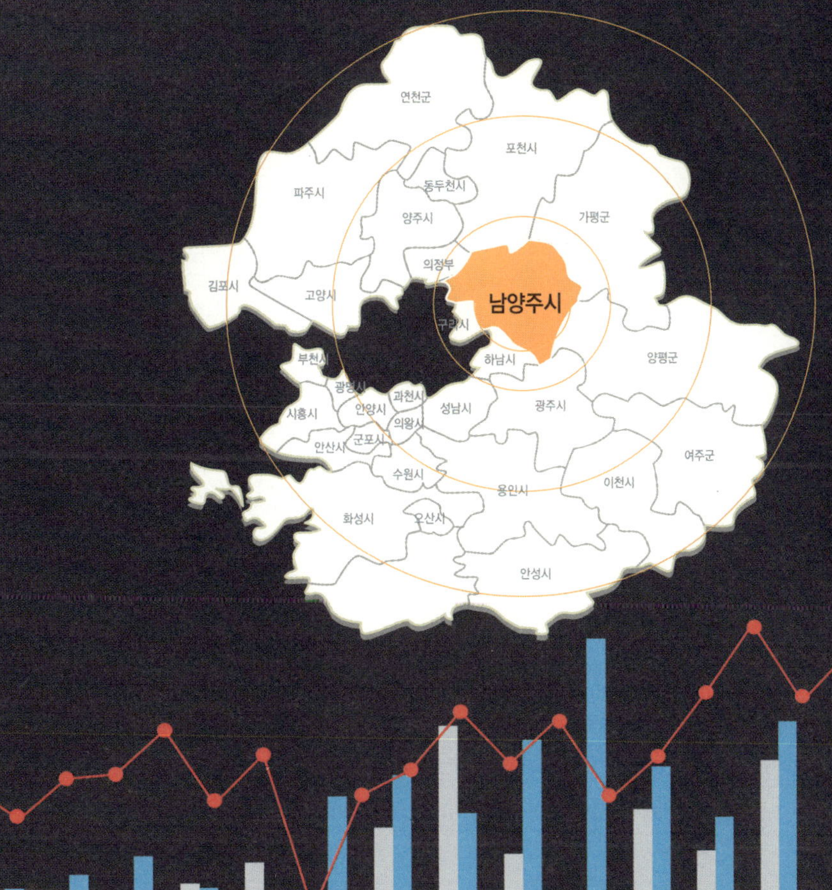

남양주시의 현황과 개발계획

남양주시! 이곳만큼 떠오르는 가치주라는 표현이 딱 들어맞는 곳도 드물 것이다. 이는 모든 요인들이 복합적으로 작용한 결과라고 할 수 있는 남양주시 인구 증가 추세를 통해서도 쉽게 확인할 수 있는데, 자족기능, 주거기능, 대중교통, 학군, 생활환경 등 여러 가지 요인들이 복합적으로 작용해야만, 즉 살만한 곳이어야지만 인구가 늘어나기 때문이다.

그렇다면 남양주시의 인구변화 추세는 어떨까? 2007년 12월 말 현재 남양주시 전체 인구는 49만 2,347명에 달하고 있다. 이는 10년 전인 1997년 인구 27만 9,681명에 비해 76% 증가한 수치다. 이러한 증가 추세는 이미 사업이 완료된 마석지구, 평내지구, 호평지구와 사업이 진행 중인 진접지구, 가운지구, 별내지구 등 대규모 택지개발지구 조성에 기인한 바크다. 그러나 대규모 택지개발지구 조성이 분명 남양주시 인구 증가를 견인하고 있음은 부인할 수 없는 사실이기는 하지만 그렇다고 해서 남양주시의 인구 증가를 견인하고 있는 요인들이 전적으로 대규모 택지개발지구 조성에 있다고 생각한다면 큰 오산이다. 이미 언급한 것처럼 인구 증가는 다양한 요인들이 복합적으로 작용한 결과로 나타나기 때문이다. 그럼 이제부터 남양주시가 도대체 어떤 특징을 갖고 있기에 꾸준한 인구 증가 추세가 나타나고 있는지를 살펴보도록 하자.

남양주시, 어떤 곳인가

남양주시가 갖고 있는 특징은 다음과 같이 크게 7가지로 나눌 수 있다.

첫째, 경기도 동북부에 자리 잡고 있으며, 행정구역을 기준으로 동쪽으로 양평군, 서쪽으로 서울시와 의정부시, 남쪽으로 하남시와 광주시, 북쪽으로 포천시와 접하고 있다는 점을 들 수 있다.

둘째, 수도권 동북부 관문지역에 위치하고 있어 경춘축, 포천축, 양평·가평을 연결하는 교통요충지라는 점을 들 수 있는데, 좀 더 구체적으로 살펴보면 서울·인천과 강원도를 연계하는 동서축 2개 노선(국도 6호선, 국도 46호선)과 서울·경기도 남부(안산, 광주)와 경기도 북부(의정부, 포천, 가평)를 연계하는 남북축의 3개 노선(국도 43호선, 국도 45호선, 국도 47호선) 등이 통과하고 있다. 또한 광역도로망인 서울외곽순환도로를 남양주 IC를 통해 접속할 수 있어 서울 남부 및 수도권 남부로 접근할 수 있다.

셋째, 지속적인 교통 환경 개선이 이루어질 것이라는 점을 들 수 있다. 2009년 말 개통 예정인 경춘선 망우~마석 구간, 이미 개통된 중앙선 복선전철 사업 중 덕소~팔당 구간이 2008년 말 양평 양수리까지 연장 개통이 예정됨에 따라 전철을 통한 남양주 접근성이 크게 개선될 것으로 예상된다.

뿐만 아니라, 2011년 개통 목표로 퇴계원~진접 간 국도 47호선 도로 개설, 평내동~도농삼거리를 잇는 국도 46호선 도로 확장 및 사능~진접,

진안~용정을 잇는 국지도 86호선, 내각~오남, 운수~대성을 잇는 지방
도 383호선 도로 공사 등이 진행 중에 있다. 이 사업들이 완료되면 도농~
와부~화동~수동~지둔~오남~장현~별내~퇴계원~도농을 연결하는
순환도로가 완성되게 되는데, 분할되어 있던 도시 기능을 하나로 연결하
는 사업이라는 점에서 매우 중요하다고 할 수 있다.

넷째, 수도권 광역도시계획상 가평, 남양주, 양평, 광주, 이천, 여주 등
과 함께 동부지역에 속해 있으면서 3차 거점도시로 중추적 역할이 부여되
어 있다는 점을 들 수 있다.

다섯째, 행정 및 상업중심 지역으로 개발되는 도농·지금지구, 대규모
택지개발 등이 진행되고 있는 와부읍, 화도읍, 별내면, 호평동·평내동
등 다양한 개발 호재가 풍부한 지역이다. 이는 부동산 시장에 상당히 긍
정적인 영향을 줄 수 있다는 점에서 관심을 갖고 주목할 필요가 있는 부
분이라고 할 수 있다.

여섯째, 와부읍 덕소리·도곡리 일원에 63만 5,000㎡ 규모로 추진되고
있는 뉴타운 사업과 더불어 지금지구 인근의 도농동·가운동 일원 49만㎡
규모의 가운지구와 지금동·도농동 일원 59만㎡ 규모의 지금·도농 뉴타
운도 예정되어 있어 뉴타운 신드롬이 일어나고 있다는 점을 들 수 있다.

일곱째, 오는 2020년 남양주시 계획인구는 63만 명에 이를 것으로 예상
돼 명실상부한 수도권의 중추 도시로 탈바꿈할 것으로 예상된다는 점 또
한 간과해서는 안 되는 특징적인 부분이라고 할 수 있다.

2020년 남양주시 도시기본계획 뜯어보기

다양한 개발 호재가 있음에도 불구하고 남양주시가 극복해야 할 과제
역시 결코 만만치 않은 것이 사실이다. 그렇다면 남양주시가 현재 당면하

<표 1-31> 남양주시 SWOT 분석 결과

자료 : 2020년 남양주시 도시기본계획

고 있는 과제는 무엇이고 이를 극복하기 위한 방안은 어떤 것이 있을까? 이러한 질문에 답이 될 수 있는 것이 바로 남양주시에 대한 SWOT분석이라고 할 수 있다.

SWOT 분석 결과를 보면 남양주시가 극복해야 할 과제는 다음과 같다.

첫째, 경기 북부의 낙후성으로 인한 개발 가능성 불투명

둘째, 서울 위싱도시로의 전락 가능성

셋째, 무분별한 개발로 인한 환경훼손 진행

넷째, 서울 · 구리로의 경제 · 문화적 의존

다섯째, 베드타운화될 경우 정체성 상실

여섯째, 환경 보존 등 관련 규제 강화 등을 들 수 있다.

반면 강점 및 기회요인으로는 다음과 같다.

첫째, 서울과 인접한 수도권에 입지하고 있어 개발압력이 높다는 점

둘째, 경기 남부의 개발여력 감소에 따라 상대적으로 동북부의 중요성이 대두되고 있다는 점

셋째, 교통여건의 개선으로 접근성이 제고되고 있다는 점

넷째, 풍부한 자연 및 역사·문화자원을 보유하고 있다는 점

다섯째, 개발제한구역 조정에 따른 개발가용지를 확보하고 있다는 점

이상과 같은 강점 및 기회요인과 약점 및 위협요인들을 고려해 강점과 기회요인들은 최대한 활용하면서 약점과 위협요인들은 최소화할 수 있는 방안이 제시될 필요가 있는데, '2020년 남양주시 도시기본계획'이 바로 그것이라고 할 수 있다. 그림 지금부터 '2020년 남양주시 도시기본계획'의 핵심인 도시공간구조 구상과 생활권 구상을 살펴보도록 하자.

남양주시의 현재 모습 이렇다

현재 남양주시는 수도권정비계획상 3개 권역이 지정되어 있어 같은 시임에도 불구하고 각 지역별로 개발행위 기준이 다르게 적용되고 있다. 또한 한강·북한강 등의 수질보전을 위해 상수원 보호구역, 수변구역, 팔당호 수질보전 특별대책지역이 동부권역에 지정되어 있으며 전체 면적의 42.7%가 개발제한구역으로 지정되어 있는 상태다.

한편 남양주시는 15개 읍·면·동으로 이루어져 있는데 주요 국도축을 중심으로 각각 시가지가 형성되어 있다. 국도 46호선이 서울과 강원권을 연결하는 주요 간선축으로 남양주를 동서로 관통하고 있으며, 구리와 연접하여 도농 시가지가 형성되어 있고, 도농·금곡·퇴계원·진건(별내)도시는 개발제한구역 내에 입지하고 있으며, 화도 시가지는 국도 46호선상

〈그림 1-62〉 남양주시 토지이용 규제현황

자료 : 2020년 남양주시 도시기본계획

이 마치터널로만 서부 지역과 연결되어 독립된 시가지를 형성하고 있다.

요약하면 남양주시의 경우 개발제한구역과 지형적 특성으로 국도변을 따라 시가지가 산발적으로 현성되어 있어 시가지 분산이라는 문제와 함께 도시 중심지의 부재라는 문제를 갖고 있는 상태다.

남양주시의 현재 모습을 논할 때 빼놓을 수 없는 부분이 교통시설 현황

〈표 1-32〉 주요 도로 시가지 형성 현황

주요 도로	주요 시가지	개발축
국도 46호선	도농, 금곡, 호평·평내, 화도	서울·구리 ↔ 가평
국도 47호선	퇴계원, 진접	서울 ↔ 포천
국도 6호선	와부	서울 ↔ 양평

자료 : 2020년 남양주시 도시기본계획

〈표 1-33〉 남양주시 도로시설 현황

(단위 : m)

도로 구분		노선명	구간		연장
			시점	종점	
계		28개 노선	–	–	277,693
국도	소계	5개 노선	–	–	85,773
	6호	인천–주문진	구리시계	진중	23,423
	43호	발안–고성	퇴계원	청학	9,850
	45호	해미–청평	진중	구암	16,700
	46호	인천–속초	도농삼거리	구암	19,720
	47호	반월–금화	퇴계원	팔야	16,080
지방도	소계	6개 노선	–	–	100,620
	86호	진접–화도	부평	금남	35,000
	98호	진접–대성	부평	운수	24,320
	362호	화도–적목	창현	내방	20,000
	363호	덕소–북면	도곡	진중	9,800
	390호	서울–금곡	퇴계원	금곡	7,000
	391호	지금–진건	도농삼거리	진관	4,500
고속국도	소계	1개 노선	–	–	1,700
	서울외곽순환도로	판교–구리	수석	도농	1,700
시도	소계	2개 노선	–	–	7,700
	017대1–3호	금곡—일패	금곡	일패	3,500
	강변북로 대3–10	삼패–수석	삼패	수석	4,200
시의 군도		14개 노선	–	–	81,900

자료 : 2020년 남양주시 도시기본계획

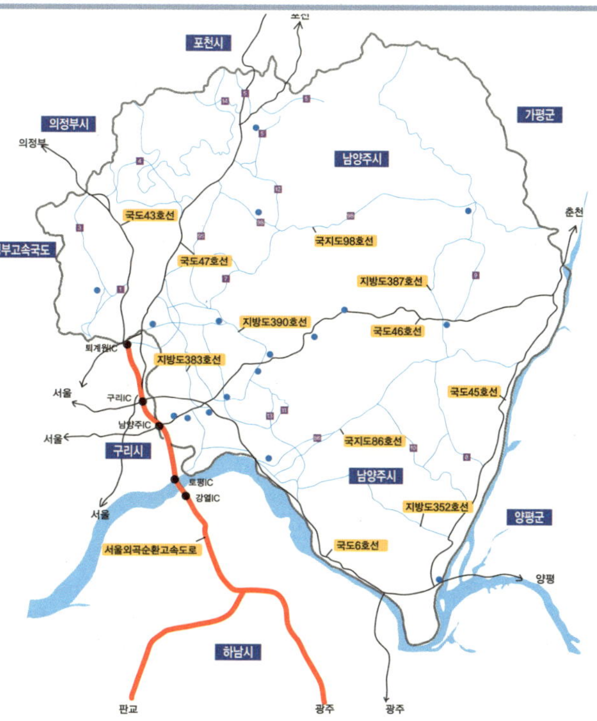

〈그림 1-63〉
남양주시 주요 도로망 현황
자료 : 2020년 남양주시 도시기본계획

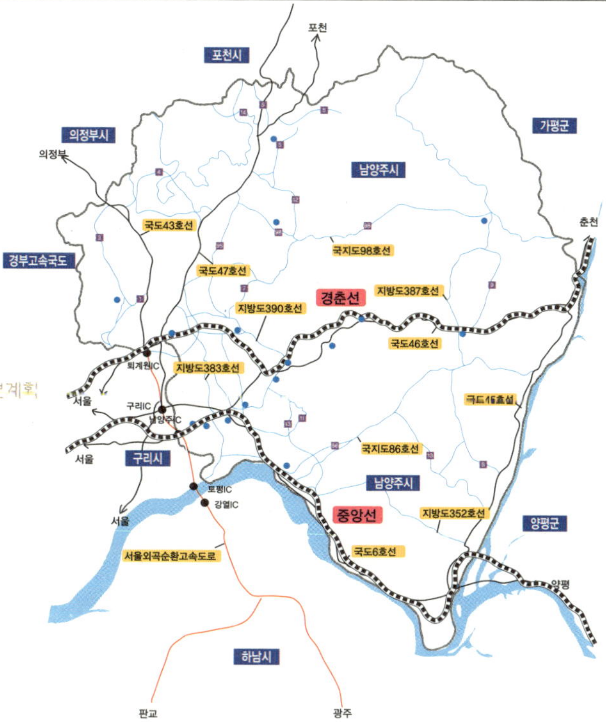

〈그림 1-64〉
남양주시 철도망 현황
자료 : 2020년 남양주시 도시기본계획

이다. 먼저 남양주시의 가로망 체계를 보면 서울·인천과 강원도를 연계하는 동서축의 2개 노선(국도 6호선, 국도 46호선)과 서울·경기도 남부(안산, 광주)와 경기도 북부(의정부, 포천, 가평)를 연계하는 남북축의 3개 노선(국도 43호선, 국도 45호선, 국도 47호선)으로 구성되어 있다. 또한 광역 도로망인 서울외곽순환고속도로가 완전 개통됨에 따라 남양주 IC를 통해 서울 남부 및 수도권 남부로 보다 편리하게 접근할 수 있는 상태다.

이 밖에도 서울~춘천을 잇는 고속도로, 서울~포천을 잇는 고속도로가 남양주시를 통과하게 돼 교통망이 대거 확충될 것으로 예상된다.

〈표 1-34〉 철도망 현황 (단위 : km)

구분	구간	연장	남양주 경유 역	비고
중앙선	청량리~경주	387.2	4개소 (도농역, 덕소역, 팔당역, 능내역)	단선
경춘선	성북~춘천	87.3	5개소 (퇴계원역, 사릉역, 금곡역, 평내역, 마석역)	단선

자료 : 2020년 남양주시 도시기본계획

〈표 1-35〉 복선 전철화 사업 현황 (단위 : km)

구분	구간	연장	개통 시기	비고
중앙선	청량리~덕소	18.0	2005	수도권 전철화 구간
	덕소~도곡~용문~원주	90.4	2008	용문까지 수도권 전철화 구간
경춘선	망우~마석~춘천	85.6	2009	갈매역 신설, 평내역 이설

자료 : 2020년 남양주시 도시기본계획

이어서 철도망 현황을 보자. 남양주시의 철도망은 현재 중앙선과 경춘선의 2개 노선이 운행 중인데, 향후 남양주 부동산 시장에 큰 영향을 주게 될 것으로 예상된다.

지난 해 12월 개통된 중앙선 덕소~팔당 구간과 올해 말 양평 양수리까지 전철이 개통될 예정이기 때문이다. 이와 함께 오는 2009년 말 경춘선 복선전철 사업 가운데 망우~마석 구간이 우선 개통될 예정이라는 점 또한 남양주를 주목하게 만드는 요인이라고 할 수 있다.

이것이 남양주시 도시공간구조의 핵심이다

'2020년 남양주시 도시기본계획'에 따르면 오는 2020년 남양주시는 수도권 동북부 지역중심도시, 관광·휴양도시, 역사·문화도시로 발돋움할 것으로 전망이다. 좀 더 구체적으로 살펴보면 수도권 동북부지역 중심도시로의 발전을 위해 다음과 같은 계획이 있다.

첫째, 상업·업무 중심지, 행정타운, 첨단산업(지식정보단지) 육성을 통한 중심지 육성

둘째, 남북 5개축~동서 5축~순환 3축 가로망 체계 확립과 4개 노선의 고속도로가 통과하는 이점의 활용

셋째, 물류·유통단지 조성

넷째, 북부권에 산·학·연·주 복합단지 조성

관광·휴양도시로의 발전을 위해서는 다음과 같은 계획이 있다.

첫째, 시가화예정용지 지정을 통한 비도시지역 취락정비

둘째, 관광·휴양공간 마련을 위한 제2종 지구단위계획 물량 확보

셋째, 북한강변 환경친화적 문화 공간 조성

넷째, 청정도로 조성

마지막으로 역사·문화도시로의 발전을 위해서는 다음과 같은 계획이 있다.

〈그림 1-65〉 남양주시 도시공간구조 구상도

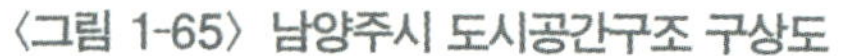

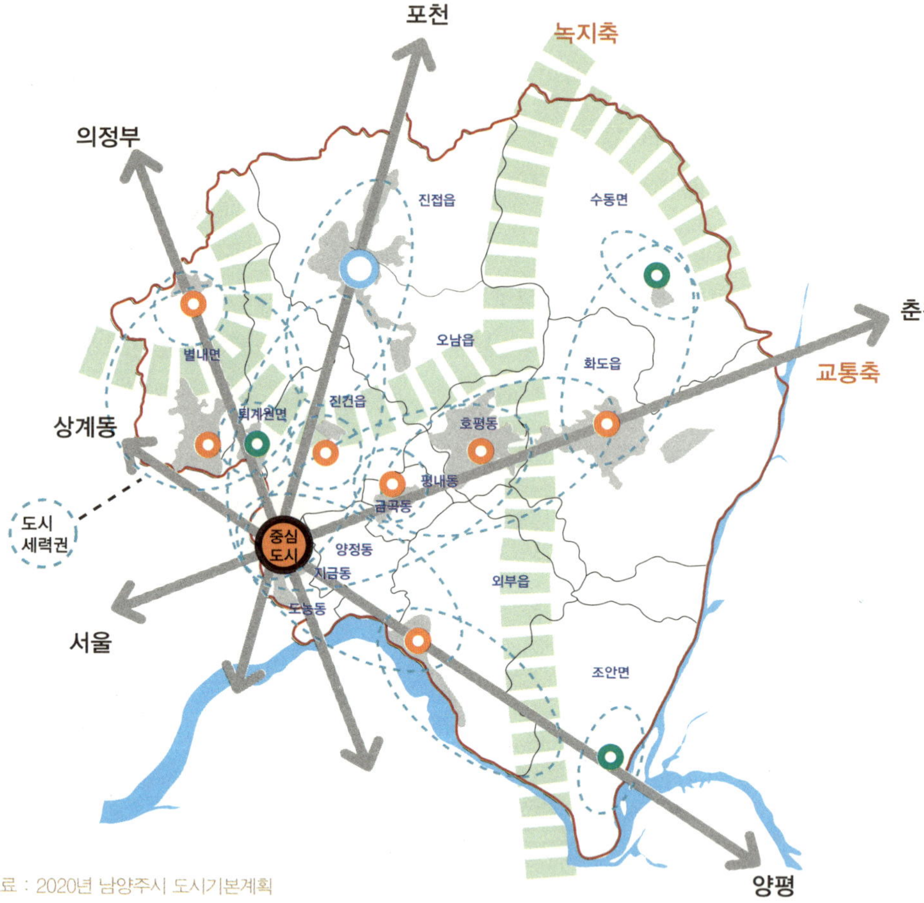

자료 : 2020년 남양주시 도시기본계획

첫째, 체계적인 역사 · 문화루트 개발

둘째, 문화재 주변 경관 개선

셋째, 북한강변 환경친화적 문화 공간 조성 등

위와 같은 계획을 고려해 '2020년 남양주시 도시기본계획' 은 남양주시 도시공간구조를 1중심(도농 · 지금), 1부심(진접 · 오남), 4지역중심(화도

지역중심, 호평·평내 지역중심, 별내 지역중심, 와부 지역중심), 6소(小)생활권 중심으로 구분, 각각의 특성에 맞게 개발해 나갈 계획이다.

이제 좀 더 구체적으로 도시공간구조를 살펴보자. 먼저 1중심(도농·지금)을 살펴보면 중심이라는 단어가 떠오르게 된다. 남양주시의 행정·상업의 중심지로 개발될 예정이기 때문이다. 딱히 도시의 중심지역이 없는 남양주의 약점을 극복하기 위해 구리와 인접한 도농·지금 도시를 중심도시로 설정하고, 가운 택지지구와 개발제한구역 조정가능지인 지금동 일대를 중심도시로 육성해야 한다. 지금동·도농동 일대에 조성되는 지금·도농 뉴타운도 예정되어 있어 1중심은 향후 남양주 최고의 핵심개발지역으로 주목받을 것으로 예상된다.

다음으로 1부심(진접·오남)을 살펴보면 산·학·연·주 복합단지를 조성할 계획이라는 점에 주목할 필요가 있다. 진접읍 장현리·연평리·금곡리와 오남읍 양지리 일원 206만㎡ 규모의 진접지구와 함께 연평, 용정, 팔야, 금곡 등 총 74만㎡ 규모의 산업단지, 영상 메카 조성 등이 1부심(진접·오남)에 예정되어 있어 향후 지속적인 부동산 가격상승이 예상된다.

마지막으로 4곳의 지역중심에는 다양한 주거단지를 조성할 계획이다. 2020년 남양주시 계획인구가 63만 명에 달한다는 점을 고려해 도심과 부도심에 과도한 인구집중을 막고 균형발전을 도모하기 위한 조치라고 할 수 있다. 이를 위해 '2020년 남양주시 도시기본계획'에는 917만㎡ 규모의 시가화예정용지가 반영되어 있으며, 와부읍 덕소리·도곡리 일원에는 64만㎡ 규모의 덕소 뉴타운, 별내면 덕송리·화정리·광전리와 퇴계원면 퇴계원리 일원 509만㎡에 조성되는 별내지구, 택지개발이 마무리 단계에 접어든 85만㎡ 규모의 평내지구 및 110만㎡ 규모의 호평지구 등이 반영되어 있다.

생활권 구상을 읽으면 투자처가 보인다

2020년 남양주시 도시기본계획은 남양주시 전체를 3개의 생활권(남부생활권, 북부생활권, 동부생활권)과 10개의 소(小)생활권으로 구분하고 있다.

남부생활권은 도농동, 지금동, 양정동, 금곡동, 호평동, 평내동, 와부읍을 포함하고 있는데, 향후 포천, 가평, 양평 등 수도권 동북부지역에 광역서비스를 제공하기 위한 광역중심 거점지역으로 성장·발전을 도모할 계획이다. 이를 위해 제시된 남부생활권의 발전 전략은 크게 4가지로 나누어 볼 수 있다.

첫째, 도농·지금 중심권 형성을 통한 동북부 지역 중심기능 수행을 들 수 있다. 도농 지구·가운지구·지금 조정가능지·지역현안사업 부지의 통합계획을 통한 동북부 지역중심기능 수행, 도농·지금~금곡~와부지역 공간활용 및 CI(City Identification) 확보를 위한 테마파크 조성 등이 추진된다.

둘째, 지금 조정가능지 개발 및 고차중심기능 수용을 들 수 있는데, 이는 중심 상업권 형성을 통해 남양주의 랜드마크가 될 수 있는 중심지를 육성하고자 하는 의지의 표현이라고 할 수 있다.

셋째, 행정타운 및 지식정보단지(지역현안사업)개발을 통한 자족시설의 확충을 들 수 있다. 상위계획인 수도권 광역도시계획에서 제시된 개발제한구역 조정부지를 지금 조정가능지와 일체적 개발을 유도함으로써 자족기능의 강화를 꾀하고 있는 것이다.

넷째, 지역연계를 통한 간선 교통체계 확충을 들 수 있다. 동서연결축 보완, 남북축 신설 및 도농·지금~사능~진접 간 경전철 구상, 대중교통 활성화를 위한 BRT 구상 등이 검토되고 있다. 이와 같은 계획이 반영되어 오는 2020년 남부생활권의 계획인구는 26만 명에 이를 것으로 예상된다.

<그림 1-66> 남양주시 토지이용 규제현황

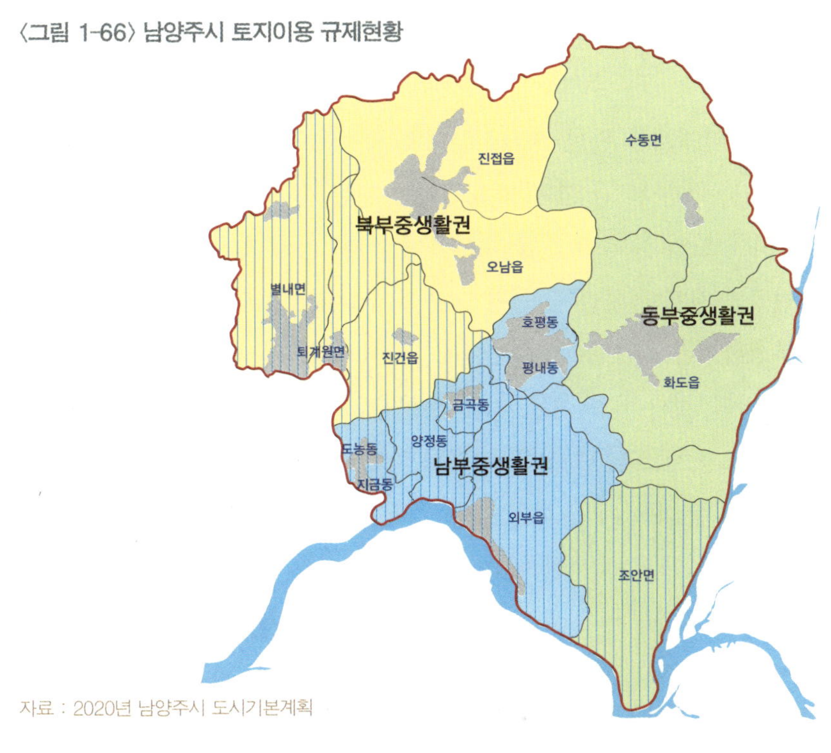

자료 : 2020년 남양주시 도시기본계획

북부생활권은 진건읍, 진접읍, 오남읍, 별내면, 퇴계원면이 포함되는데, 산업시설이 많이 분포하고 있고 개발가능지가 풍부한 지역으로 동부북 지역 자족산업 거점지역으로 육성될 예정이다. 이를 위해 제시된 북부생활권의 발전 전략은 크게 3가지로 나누어 볼 수 있다.

첫째, 진접·오남지역 중생활권 형성을 통한 포천, 가평 등을 배후로 하는 북부 거점기능 수행을 들 수 있다. 진접 주거단지 조성, 대학과 산업단지를 연계한 산·학·연·주 복합단지 조성, 진접·오남·퇴계원 등 기존 도심 정비를 통한 근린생활권 지원 등이 추진되고 있다.

둘째, 조정가능지에 대한 친환경 신개발지 조성으로 서울 배후기능 수행을 들 수 있는데, 별내 조정가능지에 조성되는 별내신도시가 여기에 해당된다.

셋째, 지역연계를 위한 간선교통체계 확충을 들 수 있다. 국도 47호선 확장, 서울~동두천 간 고속도로, 도농 · 지금~사능~진접 간 경전철 구상 및 BRT 도입 등이 추진될 계획이다. 이에 따라 2020년 북부생활권의 계획인구는 전체 생활권 중 가장 많은 26만 8,000명에 이를 전망이다 .

동부생활권은 화도읍, 수동면, 조안면이 포함되는데 관광 · 휴양 거점으로 개발될 계획이다. 이를 위해 북한강 수변공간 활용을 통한 친환경 문화공간조성, 국도 45호선을 청정도로로 조성하고 기존 관광단지를 새롭게 재정비할 계획이다. 이와 같은 계획을 반영해 2020년 동부생활권의 계획인구는 10만 2,000명에 이를 전망이다.

〈표 1-36〉 남양주시 권역별 발전전략

구 분	발 전 전 략	중 심 기 능
남부권 (지역중심)	• 서울 · 구리에 대응한 자족상권 형성을 통해 지역 중심기능 육성 • 지금 조정가능지의 전략적 개발	• 업무 · 상업 · 행정기능 → 지역중심기능 육성 • 수도권 동북부 광역거점
북부권 (산업거점)	• 산 · 학 · 연 · 주 복합단지 조성 • 별내 조정가능지의 계획적 개발을 통한 북부권 정비거점화 • 산재된 산업시설의 집적화를 통한 지역 자족기반 육성	• 산업 · 주거기능
동부권 (관광 · 휴양)	• 북한강변 한강 등 청정 수변공간의 활용 • 천마산공원, 수동국민관광지, 다산유적지 등 풍부한 문화 · 관광자원의 연계를 통한 관광상품화 추진	• 문화 · 관광, 전원주거기능

자료 : 2020년 남양주시 도시기본계획

도시기본계획에 나타난 토지이용계획의 핵심을 잡아라

'BUY 남양주'를 계획할 때 빼놓을 수 없는 고려 요인 가운데 하나가 바로 토지이용계획이라고 할 수 있다. 특히 주거용지나 상업용지의 경우는 각 생활권별로 얼마나 필요한지에 대한 파악이 매우 중요한데, 이는 각 생활권별로 필요로 하는 정도가 다르기 때문이다.

먼저, 각 생활권별로 필요한 주거용지를 살펴보면 남부생활권의 경우는 고밀개발이 계획되어 있다. 이는 개발제한구역이 많아 시가지 확장이 어려울 뿐만 아니라 시가지가 전체적으로 협소하기 때문이다. 북부생활권은 타생활권에 비해 개발가용지가 많아 중밀도의 개발이 이루어질 것으로 예상된다. 또한 동부생활권은 한강수계 및 수도권 녹지축을 보유함에 따라 전원주택단지 등 저밀도 위주의 개발이 이루어질 전망이다.

오는 2020년 남부생활권은 11.666㎢, 북부생활권은 19.809㎢, 동부생활권은 9.288㎢, 총 40.763㎢의 주거용지가 소요될 것으로 예상된다.

다음으로 각 생활권별로 필요로 하는 상업용지 수요를 살펴보자. 남부생활권은 도농·지금동을 중심도시로 육성하여 수도권 동북부의 지역중심도시 역할을 담당하고 고밀도의 상업용지로 개발할 것으로 예상된다.

〈표 1-37〉 남양주시 생활권별 단계별 주거용지 수요산정 (단위 : 명, ㎢)

구분	2020년 계획인구	2001년	2005년	2010년	2015년	2020년
계	630,000	24,865	28,952	37,297	39,304	40,763
남부생활권	260,000	6,463	8,749	10,993	11,532	11,666
북부생활권	268,000	11,813	13,009	18,109	18,848	19,809
동부생활권	102,000	6,584	7,194	8,195	8,924	9,288

자료 : 2020년 남양주시 도시기본계획

 한편 동부생활권은 지리적으로 타 생활권과 분리되어 독립적 생활권을 구성하고 있어서 이용 인구율은 북부생활권보다 높게 적용하되 평균 층수는 주변 자연환경을 고려해 낮게 적용할 것으로 예상된다.

결국 이라는 점을 알 수 있는데, 이는 이다.

오는 2020년까지 남부생활권 1.070㎢, 북부생활권 0.676㎢, 동부생활권 0.315㎢, 총 2.061㎢의 상업용지가 소요될 것으로 예상된다.

〈표 1-38〉 남양주시 생활권별 · 단계별 상업용지 수요산정 (단위 : 명, ㎢)

구분	2020년 계획인구	2001년	2005년	2010년	2015년	2020년
계	630,000	1.219	1.491	1.904	2.004	2.061
남부생활권	260,000	0.593	0.803	1.009	1.058	1.070
북부생활권	268,000	0.403	0.444	0.617	0.643	0.676
동부생활권	102,000	0.223	0.244	0.278	0.303	0.315

자료 : 2020년 남양주시 도시기본계획

2

남양주시를 공략하는
투자 포인트

투자 포인트 1 시가화예정용지를 주목하라

시가화예정용지는 도시 발전에 대비해 발전축과 개발가능지를 중심으로 시가화에 필요한 개발공간을 확보하기 위한 용지로 향후 계획적으로 정비 또는 개발할 수 있도록 계획된다. '2020년 남양주시 도시기본계획'은 수도권 광역도시계획에서 제시한 조정가능지(지금지구) 및 지역현안사업(행정업무타운, 지식정보단지)과 북부권 자족도시(산·학·연·주 복합단지) 형성을 위한 부지, 비도시지역 내 취락정비 및 도시관리 효율성 제고를 위한 목적으로 시가화예정용지를 계획하고 있는데, 전체 규모는 9.167㎢이다.

시가화예정용지를 보면 특히 주목할 부분이 보이는데, 자족기능 강화를 가능하게 해줄 진접읍 팔야리 일원 공업용지와 그 주변지역 및 지금동 일원 행정업무타운과 지식정보단지와 그 수혜지역이 그것이다. 이 밖에도 택지개발사업, 주거용도로의 개발이 예정되는 여타의 시가화예정용지 주변 역시 반드시 주목할 필요가 있는데, 이는 개발에 따라 상당한 부동산 가격상승을 기대할 수 있기 때문이다.

〈표 1-39〉 남양주시 시가화예정용지 증감 세부내역　　　　　　　　(단위 : ㎢)

위 치		변경내역			비 고
		기정	변경	증감	
계		4.625	9.167	증) 4.542	
34	진접읍 진벌·팔야리 일원	2.645 (시가화 예정)	4.635 (시가화 예정)	증) 1.990	• 주용도 : 주거(복합) • 개발시 고려사항 : 국도 47호선 주변의 임상이 양호한 지역은 보전
12	진접읍 금곡리	1.980 (시가화 예정)	(주거) (보전)	감) 1.980	택지개발사업 반영
36	지금동 일원	– (보전)	2.001 (시가화 예정)	증) 2.001	• 주용도 : 주거 • 지역현안사업(행정업무타운과 지식정보단지) 연계
37	화도읍 창현리 일원	– (보전)	0.280 (시가화 예정)	증) 0.280	• 주용도 : 주거 • 개발시 고려사항 : 향후 도시지역과 사이에 있는 농업진흥지역도 도시지역으로 포함하여 관리
38	오남읍 양지리 일원	– (보전)	0.358 (시가화 예정)	증) 0.358	• 주용도 : 주거 • 개발시 고려사항 : 임상이 양호한 지역은 보전하고, 향후 도시지역과 사이에 있는 농업진흥지역도 포함하여 관리
39	진건읍 송능리 일원	– (보전)	0.311 (시가화 예정)	증) 0.311	• 주용도 : 주거
40	화도읍 가곡리 일원	– (보전)	1.322 (시가화 예정)	증) 1.322	• 주용도 : 주거 • 개발시 고려사항 : 송라산과 천마 산간의 생태통로가 확보되도록 계획하고 내부의 임상이 양호한 지역은 보전할 것
41	진접읍 팔야리 일원	– (보전)	0.260 (시가화 예정)	증) 0.260	• 주용도 : 공업

자료 : 2020년 남양주시 도시기본계획

〈그림 1-67〉 남양주시 개발가능지 분석도

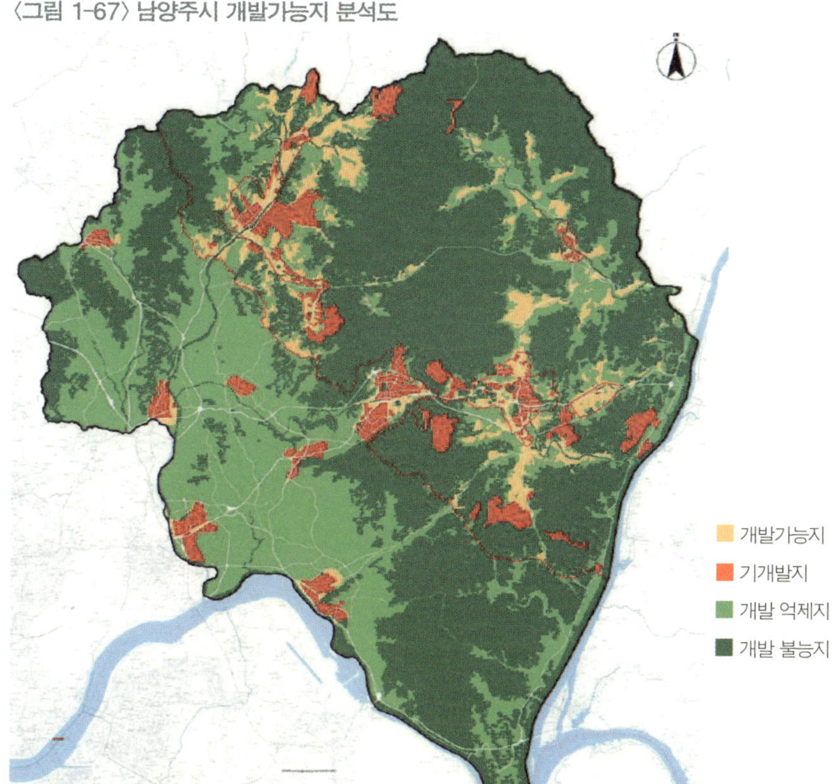

자료 : 2020년 남양주시 도시기본계획

투자 포인트 2 **개발가능지에 돈을 묻어라**

개발가능지 분석도를 통해 화인할 수 있는 특징은 남양주시 북쪽에 개발가능지가 많이 몰려 있다는 사실이다. 전체 남양주시 면적 가운데 개발불능지는 전체의 55%인 253,058㎢, 개발억제지는 34.7%인 159,655㎢, 기개발지는 5.1%인 23.665㎢이고, 'BUY 남양주'를 실행하는 데 있어 가장 관심을 기울여야 하는 개발가능지는 전체의 5.2%인 23.984㎢인 것

으로 분석되었다. 〈그림 1-67〉의 노란색 부분이 바로 개발가능지를 나타
내고 있는데, 장기적 관점에서 투자를 계획하고 있는 투자자라면 반드시
개발가능지에 대한 투자를 고려할 필요가 있다. 비록 '2020년 남양주시
도시기본계획'에서는 개발 계획이 수립된 지역이 아니라고 할지라도 향
후 개발 계획이 수립될 가능성이 매우 높기 때문이다. 개발가능지는 말
그대로 개발이 가능한 지역이라는 점을 결코 간과해서는 안 된다.

투자 포인트 3 단계별 개발계획을 주목하라

2020년 남양주시 도시기본계획은 각 단계별에 따른 개발계획이 수립되
어 있는데, 2단계(2006~2010년), 3단계(2011~2015년), 4단계(2016~2020년)
로 구분할 수 있다.

단계별 개발계획을 생활권에 따라 분석한 결과 모든 단계에 걸쳐 개발
계획이 가장 많은 생활권은 북부생활권으로 나타났는데, 2단계에서 16.71
㎢, 3단계에서 21.89㎢, 4단계에서 22.48㎢ 규모의 개발계획이 수립되어
있다.

남부생활권은 2단계 11.462㎢, 3단계 11.462㎢, 4단계 11.664㎢ 규모의
개발계획이 수립되어 있으며, 동부생활권은 2단계 7.272㎢, 3단계 9.618
㎢, 4단계 9.618㎢로 비교적 개발 규모가 다른 생활권에 비해 작은 것으
로 나타났다.

이를 종합하면 투자 매력도가 가장 높은 곳은 별내신도시, 진접·오남
지구 등 개발 호재가 가장 많은 북부생활권이라고 할 수 있다. 따라서 투
자자들은 북부생활권에 위치한 개발 호재 주변지역에 보다 집중할 필요
가 있다.

<표 1-40> 남양주시 단계별 개발계획

구 분	위 치	단계별 계획
2단계 (2006~ 2010년)	• 도농지역(1)	• 기정 주거용지 중 미개발지 개발
	• 퇴계원지역(4-1)	• 기정 주거용지 중 시가지 남측 미개발지 개발
	• 호평·평내지역(5)	• 기정 주거용지 중 미개발지 개발
	• 와부지역(6)	• 기정 주거용지 중 미개발지 개발
	• 진접지역(7-1)	• 기정 주거용지 중 미개발지 개발
	• 화도지역(10-1)	• 기정 주거용지 중 미개발지 개발
	• 진접택지개발사업(12,15,29)	• 택지개발사업 시행
	• 별내택지개발사업(13)	• 택지개발사업 시행
	• 가운택지개발사업(14)	• 택지개발사업 시행
	• 개발제한구역 우선해제취락(17)	• 개발제한구역 우선해제취락정비
	• 진접읍 진벌·팔야리(34-1)	• 시가화예정용지 중 공업용도의 개발
	• 지금동 일원(36)	• 시가화예정용지 개발
	• 화도읍 창현리(37)	• 시가화예정용지의 주거용도 개발
	• 오남읍 양지리(38)	• 시가화예정용지의 주거용도 개발
	• 화도읍 가곡리(40-1)	• 시가화예정용지 중 도시연계지역 개발
	• 진접읍 팔야리(41)	• 시가화예정용지의 공업용도(팔야산업단지)개발
	• 제2종지구단위계획	• 관광휴양형 물량(1.0㎢)의 개발
3단계 (2011~ 2015년)	• 퇴계원지역(4-2)	• 기정 주거용지 중 군부대 이전지 개발
	• 진접지역(7-2)	• 기정 주거용지 중 미개발지 개발
	• 수동지역(8)	• 기정 주거용지 중 미개발지 개발
	• 별내지역(9-1)	• 기정 주거용지 중 시가지 남측 미개발지 개발
	• 화도지역(10-2)	• 기정 주거용지 중 미개발지 개발
	• 도시내 상업용지(18-27)	• 상업용지의 활성화
	• 진접읍 진벌·팔야리(34-2)	• 시가화예정용지 개발
	• 화도읍 가곡리(40-2)	• 시가화예정용지 중 취락지역 개발
	• 제2종지구단위계획	• 관광휴양형 물량(2.0㎢)의 개발
4단계 (2016~ 2020년)	• 별내지역(9-2)	• 기정 주거용지 중 시가지 동측 미개발지 개발
	• 호평·평내지역(31)	• 기정 공업용지 개발
	• 진건읍 송능리(39)	• 시가화예정용지 개발
	• 제2종지구단위계획	• 관광휴양형 물량(0.9㎢)의 개발

자료 : 2020년 남양주시 도시기본계획

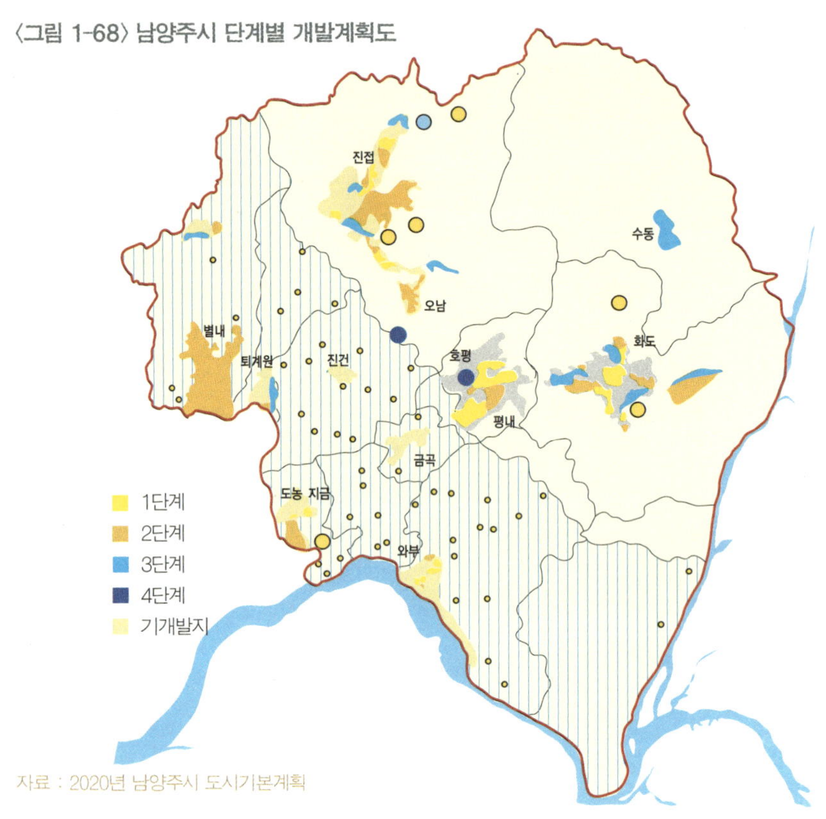

투자 포인트 4 도시 발전축을 주목하라

'2020년 남양주시 도시기본계획'에서 제시하고 있는 남양주시 도시발전축은 크게 4가지로 나눌 수 있는데, 동서발전축, 남북발전축, 전원주거축, 문화관광축이 그것이다.

좀 더 구체적으로 남양주 도시발전축을 살펴보자. 가장 먼저 동서발전축은 서울·구리와 가평·춘천을 잇는 국도 46호선을 따라 형성된 발전축으로 향후 남양주시의 주요 발전축으로 성장할 것으로 예상된다. (서울·구리)~도농·지금~금곡~호평·평내~화도~(춘천)을 따라 설정된

〈그림 1-69〉 남양주시 도시 발전축

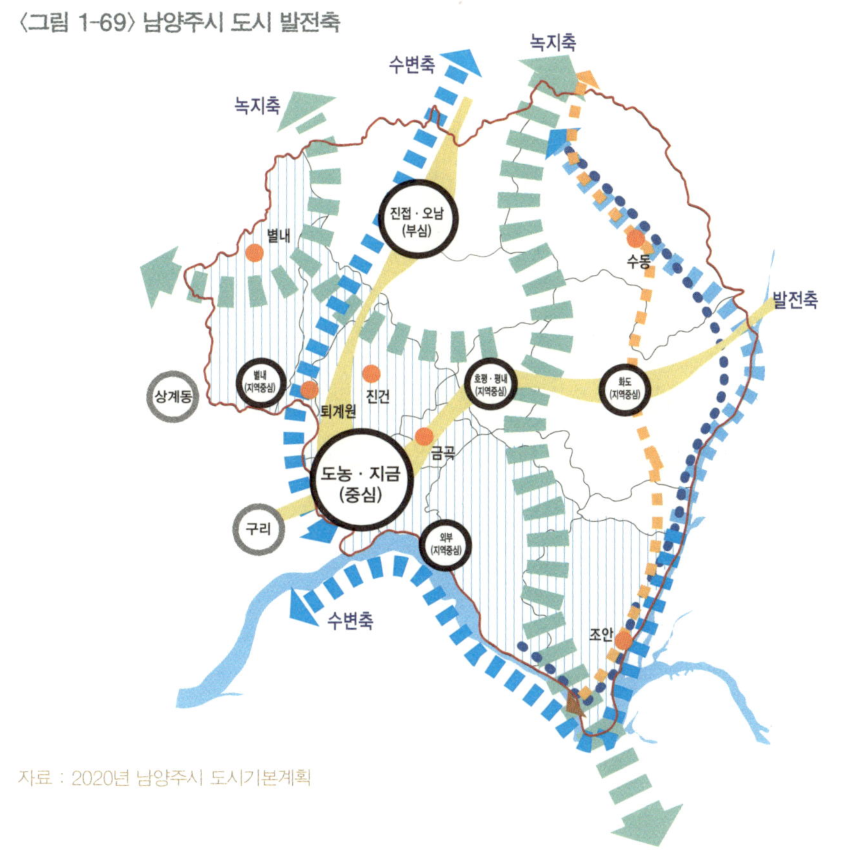

자료 : 2020년 남양주시 도시기본계획

동서발전축은 남양주시의 중심기능을 수행할 것으로 기대를 모으고 있는 발전축이라는 점에서 투자 1순위 지역이라고 할 수 있다.

다음으로 남북발전축은 서울 · 구리와 포천을 잇는 국도 47호선을 따라 형성된 발전축이다. (포천)~진접~별내 · 퇴계원~신건~도농 · 지금~와부~(하남)을 따라 설정된 남북발전축은 개발가용지가 상대적으로 많다는 장점이 돋보이는 개발축으로 주로 택지개발사업과 산업단지 조성 등 자족적 기능에 바탕을 둔 개발이 지속적으로 이루어질 계획이다. 그만큼 부동산 가격상승 또한 상당할 것으로 전망된다. 특히 도농 · 지금 지역은 동서발전축과 남북발전축의 중심지로 그 역할이 갈수록 커질 것으로 예상되는 만큼 관심을 기울일 필요가 있다.

전원주거축은 조안~화도~수동을 연결하는 개발축으로 자연경관이 우수한 동부산악권을 형성하고 있다는 특징을 활용해 전원주택, 여가기능을 중심으로 개발해 나갈 계획이다.

마지막으로 문화관광축은 남양주 동부지역으로 한강수계 및 자연경관을 자랑하고 있는 개발축이라고 할 수 있는 곳인데, 현재 국도 45호선을 따라 다양한 문화관광 요소가 분포되어 있는 상태이다. 따라서 이러한 문화관광자원을 연계함으로써 향후 남양주를 대표하는 문화관광지역으로 개발시켜 나갈 계획인 것이다.

종합적으로 볼 때 개발축에 따른 투자를 고려한다면 동서발전축과 남북발전축을 따라 투자하는 것이 수익성과 안정성 측면에서 가장 확실한 투자가 될 것으로 예상된다.

투자 포인트 5 도심 및 시가지 정비 방향을 읽어라

남양주시는 시가지가 분산되어 있어 지역을 대표할 만한 중심지가 없다는 약점 요인이 있다. 여기에 개발이 비교적 양호한 지역을 중심으로 고밀도 개발이 진행되어 온 결과 체계적인 시가지 개발을 어렵게 하는 요인이 되고 있다.

〈표 1-41〉의 남양주시 시가지별 현황은 'BUY 남양주'를 위한 필수 자료라고 할 수 있는데, 그 이유는 각 시가지의 현황과 문제점을 기초로 개발 방향이 결정되기 때문이다. '2020년 남양주시 도시기본계획'은 남양주 시가지별 현황에서 나타나고 있는 문제점들을 극복하기 위해 도시공간구조를 1중심 1부심 4지역중심으로 설정하고 1중심도시를 도농·지금

<표 1-41> 남양주시 시가지별 현황

시가지	현 황	문 제 점
도농·지금	• 중앙선(도농역)과 46호선을 중심으로 도시발달 • 가운택지개발지구가 진행 중 • 행정시설(시청, 제2청사, 경찰서, 교육청) 입지	• 현재 진행 중인 지구단위계획의 계획밀도가 높아 기존 시가화지의 기반시설 부담 가중 우려 • 연립주택과 신규 주택건설사업(아파트)으로 혼재된 양상을 보임
금곡	• 국도 46호선을 중심으로 도시발달 • 간선가로변에 상업용도가 입지 • 행정시설(시청, 시의회) 입지 • 문화재(홍유릉) 인접	• 문화재 보호구역의 지정으로 높이 규제 등 도시성장의 한계
호평·평내	• 택지개발사업진행으로 신규개발도시성격으로 전형 • 산악으로 둘러싸여 자연환경 양호	• 택지개발지구 인접지의 개발로 기반시설 부담 가중 • 일부 구시가지와 신시가지의 부조화
와부	• 대부분 시가화된 지역 • 강변아파트지역과 내부 연립주택지와의 분리	• 한강변 신규 개발지와 구 시가지 간의 부조화 • 내부 집분산도로의 정비 불량
진접·오남	• 국도47호선을 중심으로 선형의 시가지 발달 • 부분적인 고층고밀개발이 권역 전체에 걸쳐 산발적으로 일어남	• 자연녹지지역에서 주거지역으로 변경한 후 공동주택이 입지한 지역이 다수 분포하여, 기반시설의 용량부족이 우려
별내	• 택지개발사업으로 형성된 시가지이며, 남측 노후화된 주택 분포	• 개발제한구역으로 인한 도시 확장의 한계
퇴계원	• 대부분 고층·고밀 공동주택으로 개발 • 동측 완충녹지변 군부대 입지	• 인접한 구리시와 서울의 편익시설 등에 대한 의존 • 군부대가 도시발전 저해요인으로 작용
진건	• 대부분 시가화된 지역으로 중·저밀의 주택지와 중·고밀의 공동주택입지	• 개발제한구역으로 인한 도시 확장의 한계
화도	• 시가지 중심부는 마석택지개발지구와 창현택지개발지구로 형성 • 주간선도로변 상업시설의 정비 미흡	• 미개발지에 대한 산발적 아파트 건축행위로 경관 악화 및 기반시설 부족이 우려됨
수동	• 자연적인 취락이 형성되어 저밀주거지로 형성	• 노후화된 주택의 입지로 낙후된 양상을 보임

자료 : 2020년 남양주시 도시기본계획

동 일대에 조성하는 방안을 제시하고 있다. 특히 중심도시 역할을 담당할 도농·지금동 일대는 도농동 기성 시가지와 신규로 개발되는 택지개발사업지구의 용지별 기능을 배분하고 있는데 주거기능은 기존 도농시가지, 가운 임대주택단지, 지금지구 주택용지에서, 업무·상업기능은 노선변 상업지역(지금지구 업무·상업용지 0.1㎢)에서, 행정기능은 행정업무타운에서, 산업기능은 지식정보단지에서 각각 담당하도록 계획했다는 점을 'BUY 남양주' 시 반드시 기억해두어야 할 필요가 있다.

이와 함께 '2020년 남양주시 도시기본계획'에서 제시하고 있는 지역별 정비 방안 역시 'BUY 남양주'를 계획할 때 중요하게 고려해야 할 부분이라고 할 수 있다. 우선 누차 강조한 바와 같이 도농·지금동 일대는 중심 업무 시가지로 역할이 부여되어 있다는 점과 함께 중심지 내에 위치하고 있으면서 주거환경이 열악한 지역은 뉴타운으로 개발할 것이라는 점, 그리고 상업지역의 활성화를 위해 국도 46호선 주변을 지구단위계획을 통해 정비할 것이라는 점이 투자 포인트라고 할 수 있다.

두 번째로, 홍유릉이 입지한 금곡시가지는 역사 문화중심 시가지로 정비해 나갈 것이라는 점이 투자 포인트라고 할 수 있다. 세 번째로, 시가지 내 노후주택 밀집지의 주거환경 개선 및 기반시설 확충을 위해 뉴타운으로 개발할 것이라는 점 역시 투자 포인트라고 할 수 있다. '2020년 남양주시 도시기본계획'에서 뉴타운 대상지로 검토되었던 지역은 〈표 1-42〉와 같다.

현재 남양주시는 덕소에 이어 퇴계원, 지금·도농 지역을 뉴타운으로 개발할 계획이다. 경기도에서 의욕적으로 추진하고 있는 뉴타운이 일회성 사업이 아닌 이상 '2020년 남양주시 도시기본계획'에서 제시된 재정비 촉진지구 검토 대상지 중에서 추가적인 뉴타운 대상지가 나올 것으로 예상된다. 따라서 장기적인 관점에서 이들 지역에 대한 투자는 매우 효과적일 것이라 예상된다.

〈표 1-42〉 남양주시 재정비 촉진지구 검토 대상지

구분	대상 도시	지 정 방 향
구분개발제한구역으로 둘러싼 시가지	퇴계원, 도농, 진건, 금곡, 와부	• 개발제한구역으로 인하여 시가지가 협소하고 밀집함에 따라 지정조건 확보를 위하여 시가화 전체를 대상으로 지정
개발제한구역 외 시가지	진접, 오남, 호평, 평내, 화도, 수동	• 노후화된 주택 밀집지에 대하여 대상지로 선정

자료 : 2020년 남양주시 도시기본계획

투자 포인트 6 역세권 개발을 주목하라

'2020년 남양주시 도시기본계획'은 경춘선과 중앙선 복선화 사업의 효과를 최대화하기 위해 경춘선 및 중앙선 복선 역사 주변에 대한 개발을 계획하고 있다.

또한 도농~사능~오남~진접간 경전철과 경춘선이 복선 전철화 됨에 따라 대중교통수단 간 환승통행이 늘어날 것으로 전망되는 사능역 주변을 역세권으로 집중 개발할 계획이다.

따라서 경춘선, 중앙선 복선 전철화 구간은 장기적으로 매우 유망한 투자지역으로 거듭날 것으로 예상된다. 특히 상업기능의 활성화가 이루어질 것으로 보임에 따라 이들 역세권 주변의 신규 수익성 부동산 또는 수익성 부동산이 입지하기에 적합한 토지에 관심을 갖는 것이 좋을 것으로 분석된다. 물론 역세권 부근 아파트 역시 환금성이나 안정성 측면에서 훌륭한 투자처라는 점을 간과해서는 안 될 것이다.

<그림 1-70> 남양주시 역세권 개발 위치도

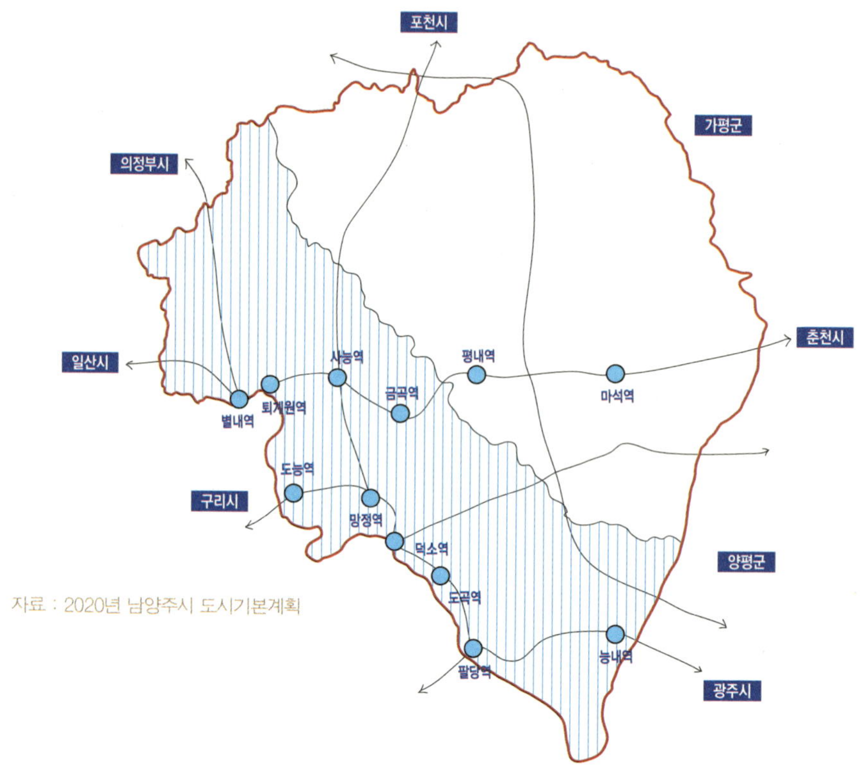

<표 1-43> 역세권 개발

역세권	노선명	개발방향
도농역	중앙선	남양주의 중심상권 형성지역으로 개발
덕소역	중앙선	주변상권의 정비
마석역	경춘선	택지개발사업지구와 연결한 상권형성
사능역	경춘선 경전철	환승역 계획에 따른 유동인구를 감안한 상권형성
별내역	경춘선	택지개발사업에 따른 대중교통수단 체계 확보 및 주변 상업서비스 흡입

자료 : 2020년 남양주시 도시기본계획

투자 포인트 7 **강화되는 자족기능을 주목하라**

자족기능이 부동산 가치와 밀접한 관계가 있다는 점은 현재 높은 시세를 형성하고 있는 주요 신도시들이 공통적으로 뛰어난 자족기능을 확보하고 있다는 사실을 통해서도 확인할 수 있다. 이런 사실에 기초할 때 남양주시의 미래가치 역시 어느 정도 수준의 자족기능을 확보할 수 있느냐에 달려 있다고 해도 과언이 아닐 것이다.

'2020년 남양주시 도시기본계획'에서 제시하고 있는 자족도시 형성을 위한 전략은 크게 5가지로 나뉜다.

첫째, 북부권의 산업경쟁력 확보를 들 수 있다. 이를 위해 비도시지역인 북부지역에 오는 2010년까지 팔야, 연평, 용정 지방산업단지를 조성하고, 진접읍 팔야리 또는 오남읍 팔현리 두 곳 중 한 곳에 영상특화단지를 조성한다. 또 산학협동체계 구축과 영상관련 산업 육성을 위해 진접읍 금곡리에 경복대 제2캠퍼스가 개교하였고, 진접읍 팔야리에는 중앙예술대학이 개교를 앞두고 있다. 따라서 팔야, 연평, 용정 지방산업단지 주변지역과 영상특화단지, 산학협동체계의 주요 축인 두 곳의 대학이 터 잡고 있는 진접읍 금곡리, 팔야리 일대의 부동산 가격은 향후 꾸준한 상승세를 보일 것으로 예상된다. 당연히 투자 포인트라고 할 수 있다.

둘째, 지식정보단지 조성을 들 수 있다. 지역현안사업으로 추진되고 있는 지식정보단지에는 남양주시의 입지 여건에 적합한 디지털 TV/방송, 디스플레이, 차세대 반도체, 차세대 이동통신, 지능형 홈 네트워크 및 디지털 콘텐츠/SW 솔루션 사업이 집중 유치될 계획이다. 이에 따라 남양주시는 자족기능이 보다 강화될 것으로 예상되는데, 자족기능이 부동산 가치에서 차지하는 비중이 갈수록 높아지는 추세를 감안할 때 'BUY 남양주'를 실천해야 할 확실한 이유라고 할 수 있다.

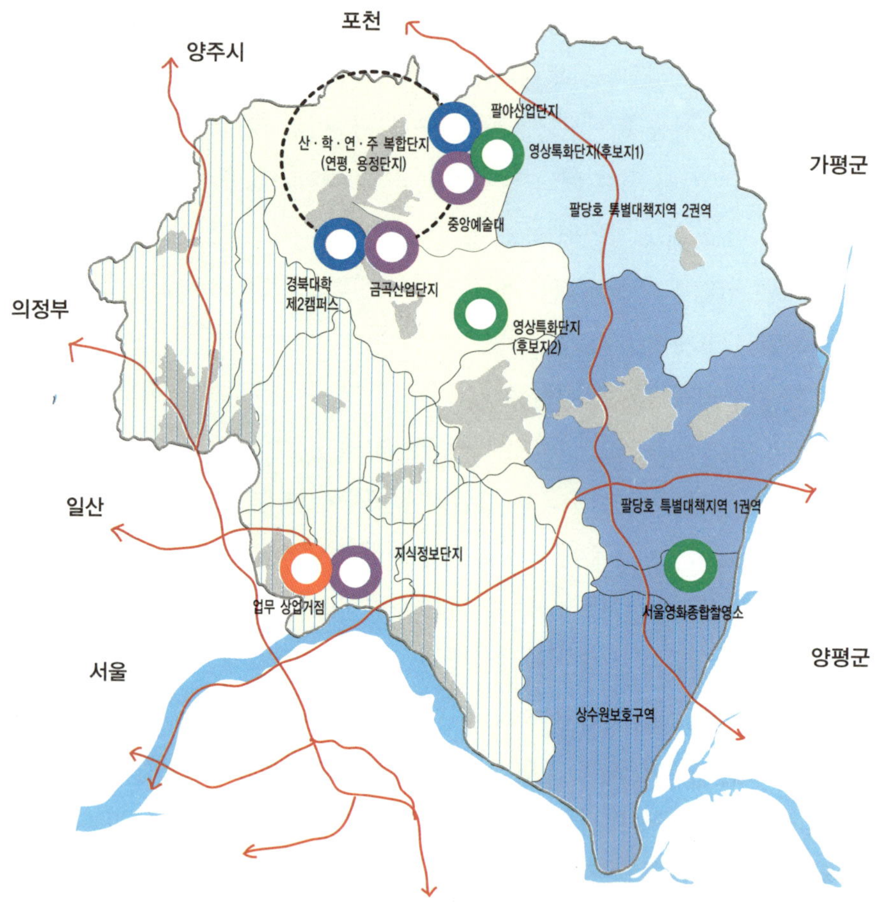

셋째, 지역중심도시 육성을 위한 업무·상업거점 마련을 들 수 있다.
이를 위해 지금동 개발제한구역 조정가능지를 지역중심도시로서의 서비
스 기능을 담당할 수 있는 중심상업지역으로 개발할 계획이다. 중·장기
적인 관점에서 접근한다면 적지 않은 투자수익을 기대할 수 있을 것으로

예상되는데, 특히 수익성 부동산과 수익성 부동산을 건축할 수 있는 토지에 관심을 가질 필요가 있다고 할 수 있다.

넷째, 농업생산 구조의 전환을 통한 소득증대를 들 수 있다. 이를 위해 조안면 일대에 북한강과 연계한 관광농촌마을(생태마을)을 조성하고, 지역별 특수작물 시범단지를 육성해 농업생산 구조의 전환을 적극 추진할 계획이다.

다섯째, 관광자원의 체계적 개발을 들 수 있다. 남양주시 전체에 분포하고 있는 관광자원을 체계적으로 연계해 관광을 루트화하겠다는 구상이다. 다산유적권, 북한강권, 천마산권역, 광릉권, 묘적사권, 축령산권, 수락산권, 미음나루권, 홍유릉권 등이 그것이다. 이를 토대로 문화관광도시로 발돋움할 계획인데, 이는 또 다른 자족기능의 창출이라는 점에서, 남양주시 전체 부동산 시장에 긍정적인 요인으로 작용할 가능성이 높다는 점에서 꼭 관심을 갖고 지켜볼 필요가 있는 부분이라고 할 수 있다.

'BUY 남양주', 이것만은 주의하라

남양주시는 수도권 정비계획법상 과밀억제권역, 성장관리권역, 자연보전권역으로 각각 구분 지정되어 있어 개발행위 기준이 달리 적용되고 있다. 따라서 자신의 구입 목적에 적합한 곳에 입지하고 있는 부동산인지를 사전에 철저하게 분석해야 할 필요가 있다. 이와 함께 남양주시 동부권역은 수도권 상수원인 한강·북한강의 수질보전을 위해 상수원 보호구역, 수변구역, 팔당호 수질보전 특별대책지역이 지정되어 있다는 점 역시 이들 지역에 투자를 계획하고 있는 투자자라면 반드시 기억해둘 필요가 있다. 각종 부동산 규제가 엄격하게 시행되고 있기 때문이다.

02

주목하면 할수록
돈 되는
도시 · 주거환경정비
기본계획

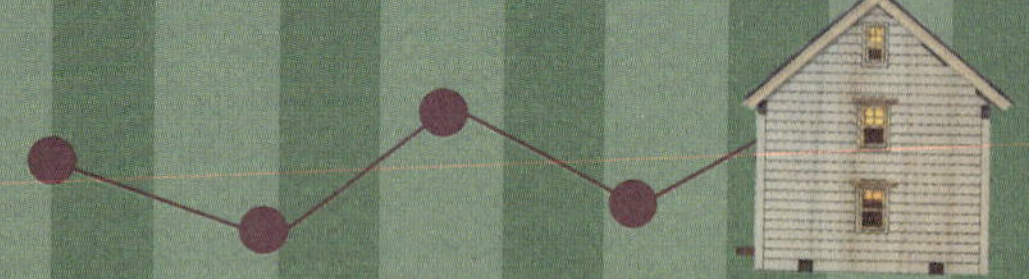

도시 및 주거환경정비법은 도시환경을 개선하고 주거생활의 질을 높이는 데 이바지함을 목적으로 제정된 법률이다. 이 도정법이 수립되면 시장 · 군수는 기본계획에 적합한 범위 내에서 노후 · 불량 건축물이 밀집하는 혹은 대통령령이 정하는 요건에 해당되는 구역에 정비계획을 수립하게 된다. 즉 본격적으로 돈 되는 단계로 진입한다. 그래서 흔히 사람들이 도정법을 가리켜 재개발 · 재건축을 위한 나침반이라고 부르는 이유가 여기에 있다.

주거생활의 질을 높이는 도시·주거환경정비 기본계획

1. 부천시의 새로운 도약!
   그 중심에는 도시·주거환경정비 기본계획이 있다

2. 성남시, 도시·주거환경정비 기본계획으로 비상을 꿈꾼다

3. 안양시, 가치투자, 그리고 도시·주거환경정비 기본계획

4. 의정부시 저평가 메리트? 도시·주거환경정비 기본계획에서 찾아라

5. 안산시의 대형 호재, 도시·주거환경정비 기본계획 속에 있다

6. 용인시에 날개를 달아줄 도시·주거환경정비 기본계획

7. 수원시, 광교신도시와 함께 날아오를 도시·주거환경정비 기본계획을
   잡아라

주거생활의 질을 높이는
도시·주거환경정비 기본계획

'도시 및 주거환경정비법'(이하 '도정법')은 도시기능의 회복이 필요하거나 주거환경이 불량한 지역을 계획적으로 정비하고 노후·불량 건축물을 효율적으로 개량하기 위하여 필요한 사항을 규정함으로써 도시환경을 개선하고 주거생활의 질을 높이는 데 이바지함을 목적으로 제정된 법률이다.

'도정법'은 다음과 같이 크게 4종류의 정비사업을 규정하고 있다.

첫째, 주거환경 개선사업 : 도시 저소득 주민이 집단으로 거주하는 지역으로서 정비 기반시설이 극히 열악하고 노후·불량 건축물이 과도하게 밀집한 지역에서 주거환경을 개선하기 위하여 시행하는 사업

둘째, 주택재개발사업 : 정비기반시설이 열악하고 노후·불량 건축물이 밀집한 지역에서 주거환경을 개선하기 위하여 시행하는 사업

셋째, 주택재건축사업 : 정비기반시설은 양호하나 노후·불량 건축물이 밀집한 지역에서 주거환경을 개선하기 위하여 시행하는 사업

넷째, 도시환경정비사업 : 상업지역·공업지역 등으로 토지의 효율적

이용과 도심 또는 부도심 등 도시기능의 회복이나 상권 활성화 등이 필요한 지역에서 도시환경을 개선하기 위하여 시행하는 사업

위와 같은 정비사업을 하기 위해서는 우선 도시 · 주거환경정비 기본계획을 수립해야 한다. 도시 · 주거환경정비 기본계획은 원칙적으로 인구 50만 명 이상인 특별시 · 광역시 · 시의 장이 10년 단위로 수립하는 계획으로 다음과 같은 내용이 포함된다.

도시 · 주거환경정비 기본계획에 포함되어야 할 사항

1. 정비사업의 기본 방향
2. 정비사업의 계획 기간
3. 인구 · 건축물 · 토지이용 · 정비기반시설 · 지형 및 환경 등의 현황
4. 주거지 관리계획
5. 토지이용계획 · 정비기반시설계획 · 공동이용시설 설치계획 및 교통계획
6. 녹지 · 조경 · 에너지공급 · 폐기물 처리 등에 관한 환경계획
7. 사회복지시설 및 주민문화시설 등의 설치계획
8. 제4조의 규정에 의하여 정비구역으로 지정할 예정인 구역의 개략적 범위
9. 단계별 정비사업 추진계획
10. 건폐율 · 용적률 등에 관한 건축물의 밀도계획
11. 세입자에 대한 주거안정대책
12. 그 밖에 주거환경 등을 개선하기 위하여 필요한 사항으로서 대통령령이 정하는 사항

도시 · 주거환경정비 기본계획이 수립되면 시장 · 군수는 기본계획에 적합한 범위 내에서 노후 · 불량 건축물이 밀집하는, 혹은 대통령령이 정하는 요건에 해당하는 구역에 정비계획을 수립하게 된다. 즉 본격적으로

돈 되는 단계로 진입하게 된다는 뜻이다.

그럼 이제 정비계획에는 어떤 내용이 포함되고, 또 정비계획 수립대상 구역에 포함되기 위해서는 어떤 요건을 충족해야 하는지 살펴보도록 하자. 먼저 정비계획에 포함되는 내용을 보면 다음과 같다.

정비계획에 포함되는 내용

1. 정비사업의 명칭
2. 정비구역 및 그 면적
3. 국토의 계획 및 이용에 관한 법률 제2조 제7호의 규정에 의한 도시계획시설(이하 "도시계획시설"이라 한다)의 설치에 관한 계획
4. 공동이용시설 설치계획
5. 건축물의 주용도 · 건폐율 · 용적률 · 높이 · 층수 및 연면적에 관한 계획
6. 도시경관과 환경보전 및 재난방지에 관한 계획
   6의2. 정비구역 주변의 교육환경 보호에 관한 계획
7. 정비사업시행 예정시기
   7의2. 제30조 제1항의 규정에 의한 재건축 임대주택의 규모 등 재건축 임대주택에 관한 사항(재건축 임대주택 공급의무지역에 한한다)
   7의3. 「국토의 계획 및 이용에 관한 법률」 제52조 제1항 각 호의 사항에 관한 계획(필요한 경우에 한한다)
8. 그 밖에 정비사업의 시행을 위하여 필요한 사항으로서 대통령령이 정하는 사항

다음으로 정비계획 수립대상 구역이 되기 위한 요건에는 어떤 것들이 있는지 살펴보자. '도정법' 은 정비계획 수립대상 구역의 요건을 주거환경

개선사업, 주택재개발사업, 주택재건축사업, 도시환경 정비사업으로 나누어 규정하고 있는데 그 내용은 다음과 같다.

1. 주거환경 개선사업을 위한 정비계획은 다음 각목의 어느 하나에 해당하는 지역에 수립한다.

가. 1985년 6월 30일 이전에 건축된 법률 제3719호 「특정건축물정리에 관한 특별조치법」 제2조의 규정에 의한 무허가 건축물 또는 위법 시공 건축물로서 노후·불량 건축물에 해당되는 건축물의 수가 당해 대상 구역 안의 건축물수의 50퍼센트 이상인 지역

나. 「개발제한구역의 지정 및 관리에 관한 특별조치법」에 의한 개발제한구역으로서 그 구역지정 이전에 건축된 노후·불량 건축물의 수가 당해 정비구역 안의 건축물수의 50퍼센트 이상인 지역

다. 주택재개발사업을 위한 정비구역 안의 토지 면적의 50퍼센트 이상의 소유자와 토지 또는 건축물을 소유하고 있는 자의 50퍼센트 이상이 각각 주택재개발사업의 시행을 원하지 아니하는 지역

라. 철거민이 50세대 이상 규모로 정착한 지역이거나 인구가 과도하게 밀집되어 있고 기반시설의 정비가 불량하여 주거환경이 열악하고 그 개선이 시급한 지역

마. 정비기반시설이 현저히 부족하여 재해 발생시 피난 및 구조 활동이 곤란한 지역

바. 노후·불량 건축물이 밀집되어 있어 주거지로서의 기능을 다하지 못하거나 도시미관을 현저히 훼손하고 있는 지역

2. 주택재개발사업을 위한 정비계획은 다음 각목의 1에 해당하는 지역에 대하여 수립한다. 이 경우 법 제35조 제2항의 규정에 의한 순환용 주택을 건설하기 위하여 필요한 지역을 포함할 수 있다.

가. 정비기반시설의 정비에 따라 토지가 대지로서의 효용을 다할 수 없게 되거나 과소토지로 되어 도시의 환경이 현저히 불량하게 될 우려가 있는 지역

나. 건축물이 노후·불량하여 그 기능을 다할 수 없거나 건축물이 과도하게 밀집되어 있어 그 구역 안의 토지의 합리적인 이용과 가치의 증진을 도모하기 곤란한 지역

다. 철거민이 50세대 이상 규모로 정착한 지역이거나 인구가 과도하게 밀집되어 있고 기반시설의 정비가 불량하여 주거환경이 열악하고 그 개선이 시급한 지역 또는 정비기반시설이 현저히 부족하여 재해 발생시 피난 및 구조 활동이 곤란한 지역

3. 주택재건축사업을 위한 정비계획은 제1호·제2호 및 제4호에 해당하지 아니하는 지역으로서 다음 각목의 어느 하나에 해당하는 지역에 대하여 수립한다.

가. 기존의 공동주택을 재건축하고자 하는 경우에는 다음의 1에 해당하는 지역

(1) 건축물의 일부가 멸실되어 붕괴 그 밖의 안전사고의 우려가 있는 지역

(2) 재해 등이 발생할 경우 위해의 우려가 있어 신속히 정비사업을 추진할 필요가 있는 지역

(3) 노후·불량 건축물로서 기존 세대수 또는 재건축사업 후의 예정 세대수가 300세대 이상이거나 그 부지면적이 1만 제곱미터 이상인 지역

(4) 3 이상의 공동주택단지가 밀집되어 있는 지역으로서 제20조의 규정에 의한 안전진단 실시결과 3분의 2 이상의 주택 및 주택단지가 재건축 판정을 받은 지역

나. 기존의 단독주택(나대지 및 단독주택이 아닌 건축물을 일부 포함할 수 있다)을 재건축하고자 하는 경우에는 단독주택 200호 이상 또는 그 부

지면적이 1만 제곱미터 이상인 지역으로서 다음에 해당하는 지역. 다만, 당해 지역 안의 건축물의 상당수가 붕괴 그 밖의 안전사고의 우려가 있거나 재해 등으로 신속히 정비사업을 추진할 필요가 있는 지역은 다음에 해당하지 아니하더라도 정비계획을 수립할 수 있다.

(1) 당해 지역의 주변에 도로 등 정비기반시설이 충분히 갖추어져 있어 당해 지역을 개발하더라도 인근 지역에 정비기반시설을 추가로 설치할 필요가 없을 것. 다만, 추가로 설치할 필요가 있는 정비기반시설을 정비사업 시행자가 부담하여 설치하는 경우에는 그러하지 아니하다.

(2) 노후·불량 건축물이 당해 지역 안에 있는 건축물 수의 3분의 2 이상이거나, 노후·불량 건축물이 당해 지역 안에 있는 건축물의 2분의 1 이상으로서 준공 후 15년 이상이 경과한 다세대 주택 및 다가구 주택이 당해 지역 안에 있는 건축물 수의 10분의 3 이상일 것

4. 도시환경 정비사업을 위한 정비계획은 다음 각목의 1에 해당하는 지역에 대하여 수립한다.

가. 제2호 가목 또는 나목에 해당하는 지역

나. 인구·산업 등이 과도하게 집중되어 있어 도시기능의 회복을 위하여 토지의 합리적인 이용이 요청되는 지역

다. 당해 지역안의 최저 고도지구의 토지(정비기반시설 용지를 제외한다)면적이 전체 토지 면적의 50퍼센트를 초과하고, 그 최저 고도에 미달하는 건축물이 당해 지역 안의 건축물의 바닥 면적 합계의 3분의 2 이상인 지역

라. 공장의 매연·소음 등으로 인접지역에 보건위생상 위해를 초래할 우려가 있는 공업지역 또는 「산업집적 활성화 및 공장설립에 관한 법률」에 의한 도시형 업종이나 공해 발생 정도가 낮은 업종으로 전환하고자 하는 공업지역

경기도 도시 및 주거환경정비 조례

1. 주거환경 개선구역의 경우에 다음 각목의 1에 해당하는 지역을 말한다.

   가. 노후·불량 건축물에 해당되는 건축물수가 대상구역 안의 건축물 총수의 50퍼센트 이상인 지역

   나. 무허가 건축물 수가 대상구역 안의 건축물 총수의 20퍼센트 이상인 지역

   다. 호수 밀도가 헥타르당 80호 이상인 지역

   라. 주택 접도율이 20퍼센트 이하인 지역

   마. 건축법 제49조의 규정에 의한 분할제한면적 이하인 과소필지, 부정형 또는 세장형(대지폭 3미터 미만을 말한다. 이하 같다)의 필지수가 50퍼센트 이상인 지역

2. 주택재개발구역은 면적이 10,000제곱미터 이상으로 다음 각목의 1에 해당하는 요건을 말한다.

   가. 노후·불량 건축물에 해당하는 건축물의 수가 대상구역 안의 건축물 총수의 50퍼센트 이상인 지역

   나. 호수밀도가 헥타르당 70호 이상인 지역

   다. 주택 접도율이 30퍼센트 이하인 지역

   라. 건축법 제49조의 규정에 의한 분할제한면적 이하인 과소필지, 부정형 또는 세장형(대지폭 3미터 미만을 말한다. 이하 같다)의 필지수가 40퍼센트 이상인 지역

또한 반드시 알아야 할 노후·불량 건축물의 기준 역시 제시하고 있는데 그 내용은 다음과 같다.

경기도 도시 및 주거환경 정비조례

제3조(노후 불량 건축물) ① 영제2조 제2항 제1호의 규정에 의한 시·도 조례가 정하는 연수는 준공일을 기준으로 다음 각 호의 1에 해당하는 기간을 경과한 건축물을 말한다. 다만, 건축물의 급격한 노후화로 인한 훼손 및 구조적 결함으로 철거가 시급한 건축물은 그러하지 아니하다

1. 철근콘크리트 공동주택의 경우에는 다음 각목의 1에 해당하는 건축물 〈개정 2007.4.9〉

    가. 1983년 이전 준공된 건축물은 20년 〈개정 2007.4.9〉

    나. 1984년부터 1992년까지 준공된 5층 이상의 건축물은 20+[(준공년도-1983년)×2], 4층 이하의 건축물 20+(준공년도- 1983년) 〈개정 2007.4.9〉

    다. 1993년 이후 준공된 5층 이상 건축물은 40년, 4층 이하 건축물은 30년 〈개정 2007.4.9〉

2. 제1호 이외의 건축물의 경우에는 다음 각 목의 1에 해당하는 건축물 〈개정 2007.4.9〉

    가. 철근·철골콘크리트 또는 강구조 건축물은 40년 〈개정 2007.4.9〉

    나. 4층 이하 철근콘크리트 구조의 건축물은 30년 〈개정 2007.4.9〉

    다. 단독주택 및 "가"·"나" 목 이외의 건축물은 20년 〈개정 2007.4.9〉

3. 〈삭제 2007.4.9〉

② 영제2조 제2항 제3호의 규정에 해당하는 노후·불량 건축물은 다음 각 호와 같다.

1. 기존 무허가 건축물

정비계획은 노후·불량 건축물, 무허가 건축물 등 주거환경의 개선이 시급한 곳, 정비기반시설의 확보가 필요한 곳, 도심 또는 부도심 등 도시 기능의 회복이나 상권 활성화 등을 위한 도시환경 개선을 위해 수립되는 계획이라고 할 수 있는데, 이때 정비계획은 도시·주거환경정비 기본계획에 부합되어야 한다. 따라서 도시·주거환경정비 기본계획을 잘 분석한다면 정비계획을 미리 읽을 수 있게 되는 것이다. 흔히 사람들이 도시 주거환경정비 기본계획을 가리켜 재개발·재건축 투자를 위한 나침반이라고 부르는 이유가 바로 여기에 있다.

이명박 정부는 참여정부와 같은 수요억제를 기반으로 하는 부동산 정책이 아닌 적재적소에 필요한 물량을 공급함으로써 가격 안정을 꾀하는 시장 친화적 부동산 정책이 예상된다. 또한 신도시 조성에 전적으로 의지하다시피 했던 주택공급 방식에서 벗어나 도심에 대한 뉴타운, 재개발·재건축 역시 공급확대를 위한 중요한 역할을 담당할 것으로 예상된다, 이런 점에서 볼 때 향후 도시·주거환경정비 기본계획의 중요성은 갈수록 커질 전망이다. 여기에 지난 2월 28일 국회를 통과한 '도시 및 주거환경정비법' 개정안이 부천, 수원 등과 같은 인구 50만 명 이상 기초 지방자치단체의 재개발·재건축에 대형 호재로 작용할 것으로 예상된다는 점을 고려할 때 도시·주거환경정비 기본계획이야말로 성공을 보장하는 확실한 투자 가이드가 되어줄 것임에 틀림없다.

01

부천시의 새로운 도약!
그 중심에는 도시 · 주거환경정비 기본계획이 있다

지난 2월 28일 부천을 비롯한 성남, 수원 등 인구 50만 명 이상의 기초지방자치단체의 재개발 · 재건축 사업에 날개를 달아주는 법안이 국회 본회의를 통과하였다. 핵심은 소위 메머드급 기초 자치단체라고 할 수 있는 인구 50만 명 이상 기초 자치단체의 경우, 광역단체장의 승인 없이 독자적으로 정비구역을 지정할 수 있도록 '도시 및 주거환경정비법'이 개정되었다는 데 있다. 법 개정에 따라 통상 짧게는 6개월에서 길게는 2년 정도 소요되던 광역자치단체의 행정절차를 기초자치단체의 도시계획위원회에서 결정할 수 있게 됨으로써 각종 행정절차에 소요되던 시간과 비용이 크게 줄어들 것으로 분석된다. 뿐만 아니라, 지역 특성에 적합한 도시관리계획 역시 가능할 것으로 예상된다.

1960년대 말부터 1980년대 중반까지 진행된 토지구획정리사업과 함께 조성된 구(舊)시가지 일원의 주택지 및 1980년대부터 현재까지 대규모 개발사업을 통해 조성된 상동, 중동과 같은 신(新)시가지 내 아파트 단지 등으로 크게 구분되는 도시 특성상 정비예정구역이 많은 부천시로서는 대형 호재가 아닐 수 없다. 부천시는 이번에 국회를 통과한 '도시 및 주거환경정비법'의 주요 개정사항을 '부천시도시 · 주거환경정비 기본계획'에 적극 반영할 것으로 예상된다.

부천시 정비구역에 대한 투자를 계획하고 있는 실수요자 또는 장기적 관점에서 접근하는 투자자라면 향후 부천시의 '도시 · 주거환경정비 기본계획'이 어떻게 변경되는지 꼼꼼히 챙기는 부지런함이 필요하다고 할 수 있다. 이명박 정부에서는 재개발·재건축이 중요한 역할을 담당할 것으로 예상되기 때문이다.

이 외에도 부천시 도시·주거환경정비 기본계획을 주목해야 하는 이유가 몇 가지 더 있다. 첫째, 서울과 인천의 도시 연담화 현상에 따른 개발 압력이 높다는 점, 둘째, 3곳의 뉴타운사업이 추진되고 있다는 점, 셋째, 서울 지하철 연장(2010년까지 서울 7호선~인천 1호선 간 연장)사업 등이 완료될 경우 교통 환경이 크게 개선된다는 점 등이다. 그만큼 개발 호재가 많은 곳이 바로 부천시인 것이다. 향후 부천시는 많은 인구가 유입될 것으로 예상된다. 늘어나는 인구는 곧 새로운 부동산 수요의 창출로 연결될 것이다. 이는 곧 '부천시 도시·주거환경정비사업'을 주목해야 하는 가장 근본적인 이유라고 할 수 있다.

우선 이미 수립된 '2010년 부천시 도시·주거환경정비 기본계획'을 잘 분석해둘 필요가 있다. 오는 2009년 개정된 '도시 및 주거환경정비법'이 반영된 새로운 도시주거환경정비 기본계획이 수립된다고 할지라도 큰 틀은 바뀌지 않을 것으로 예상되기 때문이다.

'2010년 부천시 도시·주거환경정비 기본계획'에 나타난 정비예정구역은 총 55곳에 이르는데, 이 중 7곳이 2003년 주택재개발 기본계획상의 정비예정구역을 이미 반영한 것이라는 점을 고려하면 실제로는 48곳의 정비예정구역이 새로 지정된 셈이다.

정비예정구역 현황을 지역별로는 소사구가 22곳으로 가장 많고, 이어서 원미구가 22곳, 오정구가 7곳이다. 정비사업 종류별로 살펴보면 주택재개발사업이 38곳으로 가장 많고, 이어서 도시환경정비사업이 9곳, 주택재건축사업이 7곳, 주거환경개선사업이 1곳이다. 부천시 정비예정구역

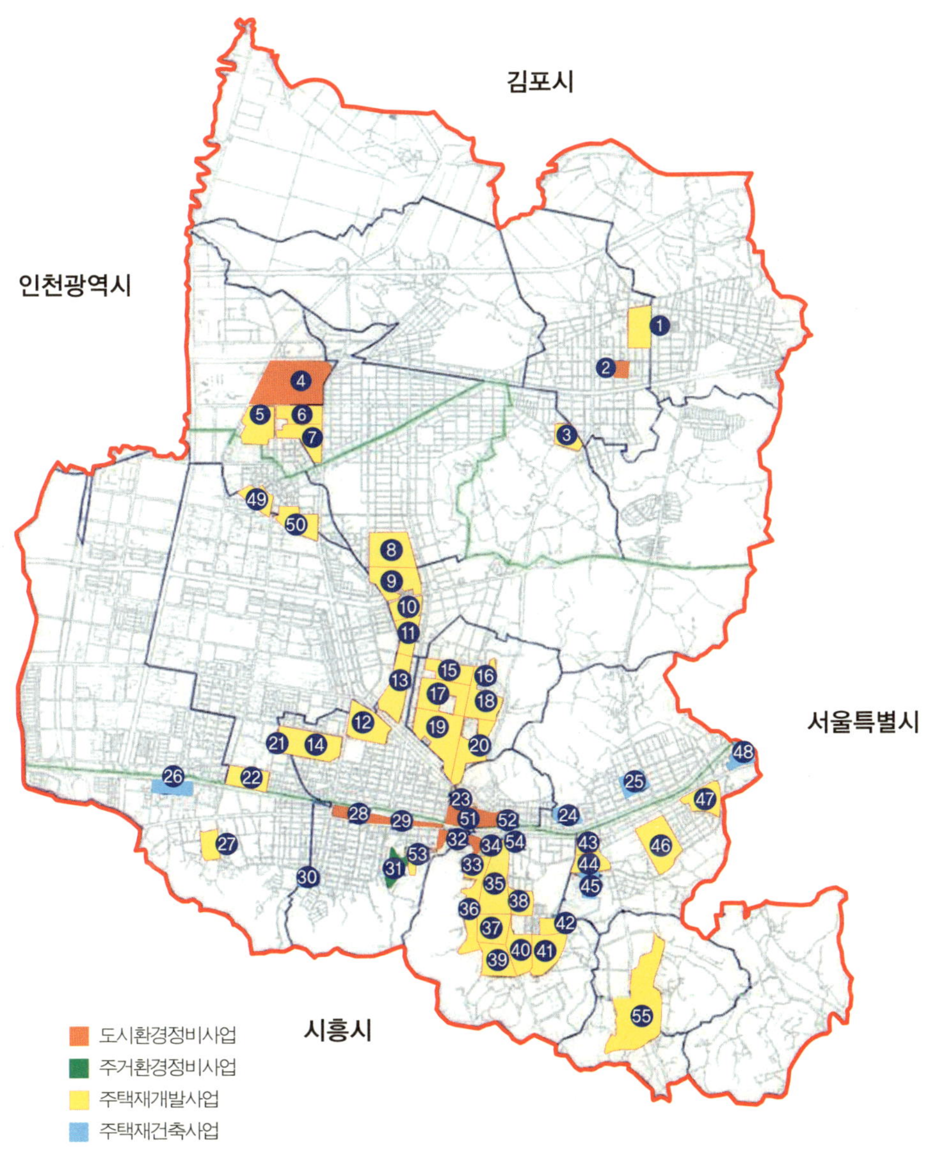

〈그림 2-1〉 부천시 정비예정구역도
김포시
인천광역시
서울특별시
시흥시
도시환경정비사업
주거환경정비사업
주택재개발사업
주택재건축사업
자료 : 2010년 부천시 도시·주거환경정비 기본계획

중 '도시재정비촉진을 위한 특별법'에 의한 재정비 촉진지구 내 정비예정
구역은 수립된 촉진계획에 따라서 개발되게 된다. 소사지구, 원미지구의
경우 상당수가 뉴타운에 포함되어 현재 개발이 진행 중이다. 좀 더 자세
하게 어떤 곳들이 부천시 도시주거환경정비 예정구역으로 계획이 수립되
어 있는지를 살펴보자.

〈표 2-1〉 부천시 도시주거환경정비 예정구역

구분	주거환경 개선사업	주택재개발 사업	주택재건축 사업	도시환경 정비사업	계
원미구	–	18	2	2	22
소사구	1	15	5	5	26
오정구	–	5	–	2	7
계	1	38	7	9	55

자료 : '2010년 부천시 도시·주거환경정비 기본계획'

　현재 부천시 정비예정구역들의 2008년 3월 현재 3.3㎡당 시세를 살펴
보면 다음과 같다.

　비교적 가격이 강세를 보이고 있는 지역인 괴안1-4구역의 경우, 33㎡
이하는 1,300만~2,500만 원, 33㎡ 초과~66㎡ 이하는 1,300만~1,900만
원, 66㎡ 초과~99㎡ 이하는 900만~1,300만 원, 99㎡ 초과는 700만
~1,300만 원의 시세를 형성하고 있다.

　아직은 비교적 저렴한 곳에 속하는 원종1-2구역의 경우, 33㎡ 이하는
550만~600만 원, 33㎡ 초과~66㎡ 이하는 550만~600만 원, 66㎡ 초과
~99㎡ 이하는 500만~600만 원, 99㎡ 초과는 480만~500만 원의 시세를
형성하고 있다.

〈표 2-2〉 부천시 도시주거환경정비 예정구역 현황

구분	구역명	위치	면적(m²)	사업유형
1	원종1-1구역	오정구 원종동 296-5번지 일원	76,300	주택재개발
2	원종1-2구역	오정구 원종동 323번지 일원	17,300	도시환경정비
3	여월1-1구역	오정구 여월동 10-11번지 일원	45,200	주택재개발
4	삼정1-1구역	오정구 삼정동 223번지 일원	250,500	도시환경정비
5	상정1-2구역	오정구 삼정동 284번지 일원	98,900	주택재개발
6	내동1-1구역	오정구 내동 19-3번지 일원	68,100	주택재개발
7	내동1-2구역	오정구 내동 36번지 일원	68,700	주택재개발
8	도당1-1구역	원미구 도당동 266-4번지 일원	135,800	주택재개발
9	춘의1-1구역	원미구 춘의동 127번지 일원	107,100	주택재개발
10	춘의1-2구역	원미구 춘의동 169-1번지 일원	37,400	주택재개발
11	춘의1-3구역	원미구 춘의동 217-26번지 일원	60,000	주택재개발
12	심곡1-1구역	원미구 심곡동 437-3번지 일원	106,400	주택재개발
13	심곡1-2구역	원미구 심곡동 95-1번지 일원	104,700	주택재개발
14	심곡1-3구역	원미구 심곡동 325-32번지 일원	131,000	주택재개발
15	원미1-1구역	원미구 원미동 57번지 일원	74,300	주택재개발
16	원미1-2구역	원미구 원미동 51-6번지 일원	30,700	주택재개발
17	원미1-3구역	원미구 원미동 81-1번지 일원	112,500	주택재개발
18	원미1-4구역	원미구 원미동 167-1번지 일원	73,400	주택재개발
19	원미1-5구역	원미구 원미동 146-4번지 일원	179,400	주택재개발
20	원미1-6구역	원미구 원미동 204-5번지 일원	96,100	주택재개발
21	중동1-1구역	원미구 중동 980번지 일원	16,400	주택재개발
22	중동1-2구역	원미구 중동 824번지 일원	69,400	주택재개발
23	소사1-1구역	원미구 소사동 483-6번지 일원	26,600	주택재개발

구분	구역명	위치	면적(m²)	사업유형
24	역곡1-1구역	원미구 역곡동 21번지 일원	25,600	주택재개발
25	역곡1-2구역	원미구 역곡동 75-3번지 일원	42,200	주택재개발
26	송내1-1구역	소사구 송내동 339번지 일원	42,500	주택재개발
27	송내1-2구역	소사구 송내동 427-32번지 일원	40,400	주택재개발
28	부천역1-1구역	소사구 심곡본동 91-69번지 일원	43,300	도시환경정비
29	부천역1-2구역	소사구 심곡본동 556번지 일원	21,000	도시환경정비
30	심곡본1-1구역	소사구 심곡본동 801번지 일원	15,300	주택재건축
31	심곡본1-2구역	소사구 심곡본동 562-201번지 일원	36,200	주거환경개선
32	소사본1-1구역	소사구 소사본동 88-39번지 일원	41,000	도시환경정비
33	소사본1-2구역	소사구 소사본동 118-4번지 일원	56,500	주택재개발
34	소사본1-3구역	소사구 소사본동 68-14번지 일원	10,400	도시환경정비
35	소사본1-4구역	소사구 소사본동 78-73번지 일원	135,400	주택재개발
36	소사본1-5구역	소사구 소사본동 172-21번지 일원	74,500	주택재개발
37	소사본1-6구역	소사구 소사본동 179번지 일원	80,100	주택재개발
38	소사본1-7구역	소사구 소사본동 159-6번지 일원	50,400	주택재개발
39	소사본1-8구역	소사구 소사본동 232-31번지 일원	73,000	주택재개발
40	소사본1-9구역	소사구 소사본동 229-12번지 일원	84,800	주택재개발
41	소사본1-10구역	소사구 소사본동 284번지 일원	96,400	주택재개발
42	소사본1-11구역	소사구 소사본동 277-12번지 일원	39,200	주택재건축
43	괴안1-1구역	소사구 괴안동 6-6번지 일원	23,800	주택재개발
44	괴안1-2구역	소사구 괴안동 36-4번지 일원	51,900	주택재개발
45	괴안1-3구역	소사구 괴안동 33-1번지 일원	33,600	주택재건축
46	괴안1-4구역	소사구 괴안동 103번지 일원	128,500	주택재개발
47	괴안1-5구역	소사구 괴안동 175-2번지 일원	72,000	주택재개발

구분	구역명	위치	면적(m²)	사업유형
48	괴안1-6구역	소사구 괴안동 203-2번지 일원	47,000	주택재건축
49	약대동1구역	원미구 약대동 144번지 일원	41,435.2	주택재개발
50	약대동2구역	원미구 약대동 154번지 일원	70,943	주택재개발
51	소사상세계획3구역	원미구 소사동 48-21번지	80,950.0	도시환경정비
52	소사상세계획1구역	원미구 소사동 42번지 일원	15,724.4	도시환경정비
53	심곡본동구역	소사구 심곡본동 530번지 일원	35,292.5	주택재개발
55	소사상세계획2구역	소사구 소사본2동 66번지 일원	7,203.3	도시환경정비
56	계수범박동구역	소사구 계수범박동 일원	304,312.0	주택재개발

주 : 49~55번 구역은 2003년 주택재개발 기본계획상의 정비예정구역을 이미 반영한 것임

자료 : 2010년 부천시 도시·주거환경정비 기본계획

이 외의 구역들은 대체로 괴안1-4구역과 비슷한 시세를 형성하고 있는 지역과 원종1-2구역과 비슷한 시세를 형성하고 있는 지역들로 크게 구분할 수 있는데, 이는 부천시 도시·주거환경정비 예정구역의 경우 구역에 따라 상당한 시세 차이를 보이고 있음을 나타내는 것이라는 점에서 주목할 필요가 있는 대목이다.

누차 강조한 바와 같이 부천시는 호재가 풍부한 지역이라는 특징이 있다. 그만큼 부동산 가격은 강세를 보일 수밖에 없는 지역이라고 할 수 있다. 따라서 각 구역에 따른 장단점이나 비교 우위를 감안하더라도 장기적인 관점에서 접근한다면 상당한 시세차익을 기대할 수 있을 것으로 예상되는 곳들이 아직 많은 상황이다. 즉 실수요자나 장기적 관점에서 투자를 계획하고 있는 투자자라면 부천시 정비예정구역은 여전히 매력적인 투자처라고 할 수 있는 것이다.

성남시,
도시·주거환경정비 기본계획으로 비상을 꿈꾼다

도시 및 주거환경정비법의 개정으로 큰 혜택을 보게 될 것으로 예상되는 대표적인 기초지방자치단체 중의 한 곳이 바로 성남시다. 재개발·재건축 대상에 포함되는 노후·불량 건축물들이 구도심에 많이 분포하고 있고, 지난 2월 28일 도시 및 주거환경정비법 개정안이 국회 본회의를 통과함으로써 구도심에 대한 도심재생사업이 보다 활기를 띨 것으로 예상되기 때문이다. 2006년 11월 30일 고시된 '2010년 성남시 도시·주거환경정비 기본계획'에 따르면 성남시에는 총 26곳의 정비예정구역이 있다. 수정구(14개소)와 중원구(12개소)에 정비예정구역이 집중되어 있는데, 그 원인은 이들 지역이 그동안 개발에서 소외되어 왔던 성남시의 구도심이라는 특성에 기인한다. 현재 1단계 사업인 은행2구역, 중동3구역, 단대구역은 각각 관리처분계획인가와 사업시행인가를 받는 등 순조롭게 사업이 진행되고 있어 2010년이면 입주가 가능할 것으로 예상된다.

한편 2단계 정비예정구역(태평2구역, 태평4구역, 신흥2구역, 수진2구역, 중1구역, 금광1구역, 상대원3구역, 도환중1구역, 건우·신흥주공·한보미도) 역시 사업이 본격적으로 개시되었다. 지난 1월 21일 '2단계 주택재개발사업 정비계획 수립 및 정비구역 지정'에 대한 주민공람 공고가 있었는데, 핵심이 신흥2구역(신흥2 주택재개발 정비사업구역), 수진2구역(수진2 주택재개발 정비사업구역), 중1구역(중1 주택재개발 정비사업구역), 금광1구역(금광1 주택재개발 정비사업구역)에 대한 정비계획 수립 및 정비구역 지정이었기 때문이다.

<표 2-3> 성남시 단계별·지역별 정비예정구역 현황

구분		계	1단계 (2006~2007년)	2단계 (2008~2009년)	3단계 (2010년)
계		26	3	11	12
수정구 (14개)	주거환경개선	3	–	태평2구역 태평4구역	태평1구역
	주택재개발	8	단대구역	신흥2구역 수진2구역	신흥1구역 신흥3구역 태평3구역 수진1구역 산성구역
	주택재건축	3	–	건우, 신흥주공 한보미도	–
중원구 (12개)	주거환경개선	3	은행2구역	–	중2구역 은행1구역
	주택재개발	7	중3구역	중1구역 금광1구역 상대원3구역 (별도추진)	중4구역 금광2구역 상대원2구역
	도시환경정비	2	–	도환중1구역	도환중2구역

* 중2구역, 은행1구역은 현지개량방식에 의함

자료 : 2010년 성남시 도시주거환경정비 기본계획

　3단계 정비예정구역(태평1, 신흥1구역, 신흥3구역, 태평3구역, 수진1구역, 산성구역, 중2구역, 은행1구역, 중4구역, 금광2구역, 상대원2구역, 도환중2구역) 역시 오는 2010년이면 사업이 개시돼 2018년이면 마무리될 수 있을 것으로 예상된다. 당분간 성남시 구도심은 재개발·재건축 열풍으로 인해 투자자들의 이목이 집중될 전망이다.

　그렇다면 왜 성남시 구도심인가? 성남 구도심을 주목해야 하는 이유를 찾는다면 답은 입지적 우수성에서 찾을 수 있다. 남쪽으로 판교신도시와

〈표 2-4〉 성남시 정비예정구역 위치·사업유형·사업단계

구분	구역명	사업종류	위 치	면적(㎡)	단계
1	신흥1	주택재개발	수정구 신흥1동 4900번 일원	193,902	3단계
2	신흥2	주택재개발	수정구 신흥2동 1125번지 일원	196,892	2단계
3	신흥3	주택재개발	수정구 신흥3동 2876번지 일원	166,299	3단계
4	태평1	주거환경개선	수정구 태평1동 5828번지 일원	112,821	3단계
5	태평2	주거환경개선	수정구 태평2동 1115번지 일원	154,612	2단계
6	태평3	주택재개발	수정구 태평3동 4678번지 일원	120,862	3단계
7	태평4	주거환경개선	수정구 태평4동 1672번지 일원	125,455	2단계
8	수진1	주택재개발	수정구 수진1동 922번지 일원	241,909	3단계
9	수진2	주택재개발	수정구 수진2동 3660번지 일원	102,515	2단계
10	단 대	주택재개발	수정구 단대동 108-6번지 일원	77,231	1단계
11	산 성	주택재개발	수정구 산성동 1301번지 일원	158,150	3단계
12	건 우	주택재건축	수정구 태평2동 50-1번지 일원	16,036	2단계
13	신흥주공	주택재건축	수정구 신흥2동 10번지 일원	174,657	2단계
14	미 도	주택재건축	수정구 단대동 182번지 일원	10,898	2단계
15	중1	주택재개발	중원구 중동 3229-1번지 일원	103,266	2단계
16	중2	주거환경개선	중원구 중동 1866번지 일원	37,041	3단계
17	중3	주택재개발	중원구 중동 1438번지 일원	39,470	1단계
18	중4	주택재개발	중원구 중동 2241번지 일원	35,964	3단계
19	금광1	주택재개발	중원구 금광1동 1203번지 일원	202,890	2단계
20	금광2	주택재개발	중원구 금광2동 4070번지 일원	29,626	3단계
21	은행1	주거환경개선	중원구 은행1동 2192번지 일원	62,196	3단계
22	은행2	주거환경개선	중원구 은행2동 1341번지 일원	169,964	1단계
23	상대원2	주택재개발	중원구 상대원2동 3824번지 일원	235,562	3단계
24	상대원3	주택재개발	중원구상대원3동 2661번지 일원	163,378	2단계
25	도환중1	도시환경정비	중원구 중동 912번지 일원	68,090	2단계
26	도환중2	도시환경정비	중원구 중동 196번지 일원	39,324	3단계

자료 : 2010년 성남시 도시·주거환경정비 기본계획

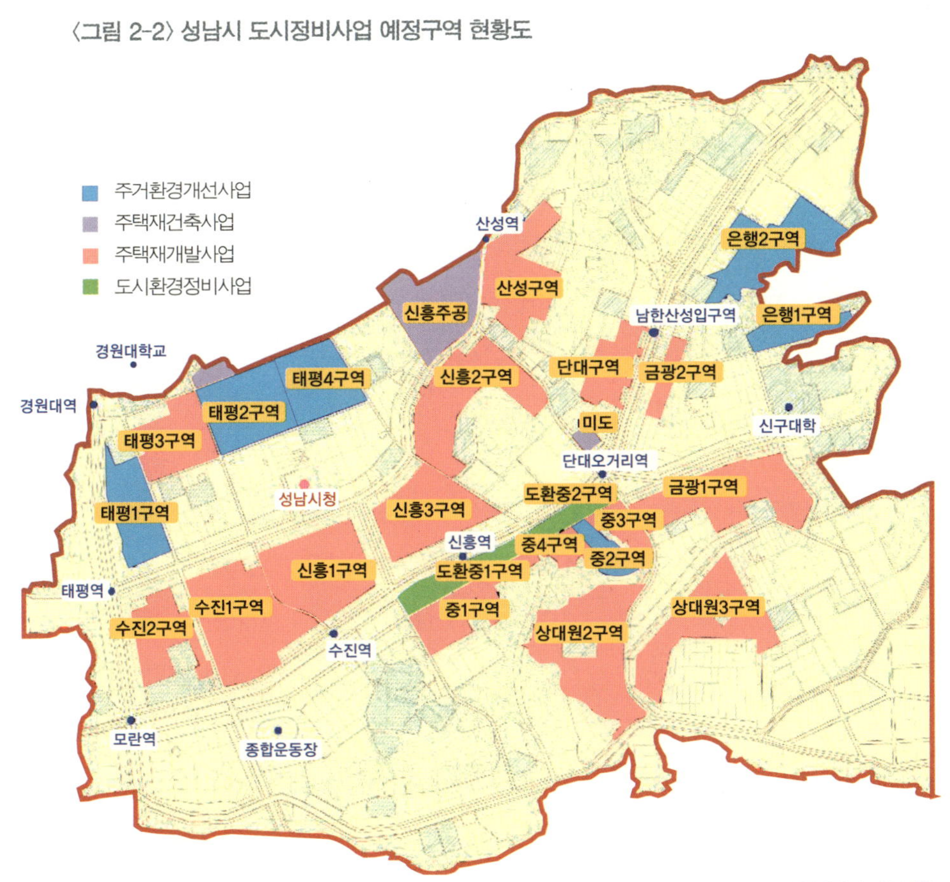

도촌지구, 북쪽으로 장지지구, 송파신도시와 인접하고 있으며, 분당선, 지하철 8호선, 경부고속도로, 영동고속도로, 외곽순환도로 등 편리한 교통 환경이 돋보이는 곳이 바로 성남시 구도심이기 때문이다. 또한 지하철 역을 따라 재개발 · 재건축 등 정비예정구역이 수립되어 있다는 점 역시 '2010년 성남시 도시 · 주거환경정비 기본계획'을 주목해야 하는 이유라고 할 수 있다.

현재 재개발 지역의 3.3㎡당 시세를 보면 1단계 사업지역인 단대구역의 경우, 33㎡ 이하는 2,500만~2,800만 원, 33㎡ 초과~66㎡ 이하는 1,900만~2,000만 원, 66㎡ 초과~99㎡ 이하는 1,700만~1,850만 원, 99㎡ 초과는 1,650만~1,800만 원 수준이다.

한편 2단계 사업지역 가운데 한 곳인 신흥2구역의 경우, 3.3㎡당 1,450만~1,550만 원 수준을 보이고 있다. 이에 비해 수진2구역은 3.3㎡당 33㎡ 이하는 1,800만~2,450만 원, 33㎡ 초과~99㎡ 이하는 1,650만~2,000만 원, 99㎡ 초과는 1,550만~1,850만 원 수준의 시세를 보이고 있다.

이외의 지역들 역시 면적과 지역에 따라 차이가 있기는 하지만, 평균적으로 3.3㎡당 1,300만~2,100만 원 수준의 시세를 형성하고 있다.

3단계 사업지역의 3.3㎡당 시세를 보면, 태평1구역은 1,000만~1,550만 원, 신흥1구역은 1,300만~2,100만 원, 신흥3구역은 1,400만~1,450만 원, 수진1구역은 1,500만~1,800만 원, 산성구역은 1,550만~1,950만 원, 중2구역은 900만~1,700만 원, 금광2구역은 1,400만~1,900만 원, 도환중2구역은 1,800만~3,300만 원 수준의 시세를 형성하고 있다.

위에서 나타난 시세흐름을 통해 알 수 있는 사실은 단기적인 목적에서 투자를 계획하고 있다면 큰 이익을 기대할 수 없다는 점이다. 즉 투기적 목적이라면 결코 매력적인 투자처가 될 수 없다는 말이다. 그러나 실수요 목적인 경우라면 사정이 달라진다. 장기적으로 위 사업지역에 대한 개발이 완료된 시점에서의 가치는 분당이 부럽지 않을 정도로 상승할 가능성이 있기 때문이다. 그런 점에서 볼 때 현재 지난 2월 건축허가제한이 시작된 수진1구역, 신흥1구역, 신흥3구역 등 소액투자가 가능한 매물이 있는 지역과, 세대수가 적다는 약점에도 불구하고 가격 메리트가 있는 중3구역 등은 유망 투자처라고 할 수 있다.

안양시, 가치투자,
그리고 도시 · 주거환경정비 기본계획

안양시는 뛰어난 입지 여건을 자랑하는 곳이다. 이는 수도권 제1기 신도시인 평촌신도시가 자리 잡고 있다는 점을 통해서도 확인할 수 있는 부분이다. 그런데 최근 들어 실수요자들의 뜨거운 관심이 대상으로 떠오르고 있다. 바로 구도심에 대한 재개발 · 재건축에 대한 기대감 때문이다. 지난 2006년 8월 고시된 '2010년 안양시 도시 · 주거환경정비 기본계획'의 핵심은 총 33곳에 대한 도시 · 주거환경정비 기본계획 수립이다. 즉 안양시는 총 33곳의 재개발 · 재건축 · 주거환경개선 · 도시환경정비사업 등이 단계별(1단계, 2단계)로 나누어 추진된다는 내용이다. 서울과 접해 있고 교통, 교육, 문화, 생활편의시설 등 각종 기반시설이 잘 갖춰져 있는 곳이 바로 안양시라는 점을 감안할 때 그동안 신도심인 평촌신도시와 비교했을 때 낙후된 구도심이라는 이미지로 인해 상대적으로 열세를 면치 못하던 안양시 구도심 일대의 부동산 가격이 큰 폭으로 상승할 것으로 예상된다.

안양시 전체 재개발 대상지역 가운데 무려 21곳이 만안구에 집중되어 있는데, 그만큼 만안구가 노후화된 구도심이라는 방증이기도 하다. 만안구에 비해 상대적으로 낙후도가 덜한 지역이라고 할 수 있는 동안구에는 만안구의 절반 수준인 12곳의 정비예정구역이 지정되어 있다. '2010년 안양시 도시 · 주거환경정비 기본계획' 역시 1단계, 2단계로 나누어 정비사업이 진행되고 있는데, 이 중 1단계 사업구역(2006~2008년)이 23곳이고, 2단계 사업구역이 10곳이다. 현재 사업이 진행되고 있는 1단계 사업구역

〈그림 2-3〉 2010년 안양시 도시 주거환경정비 기본계획

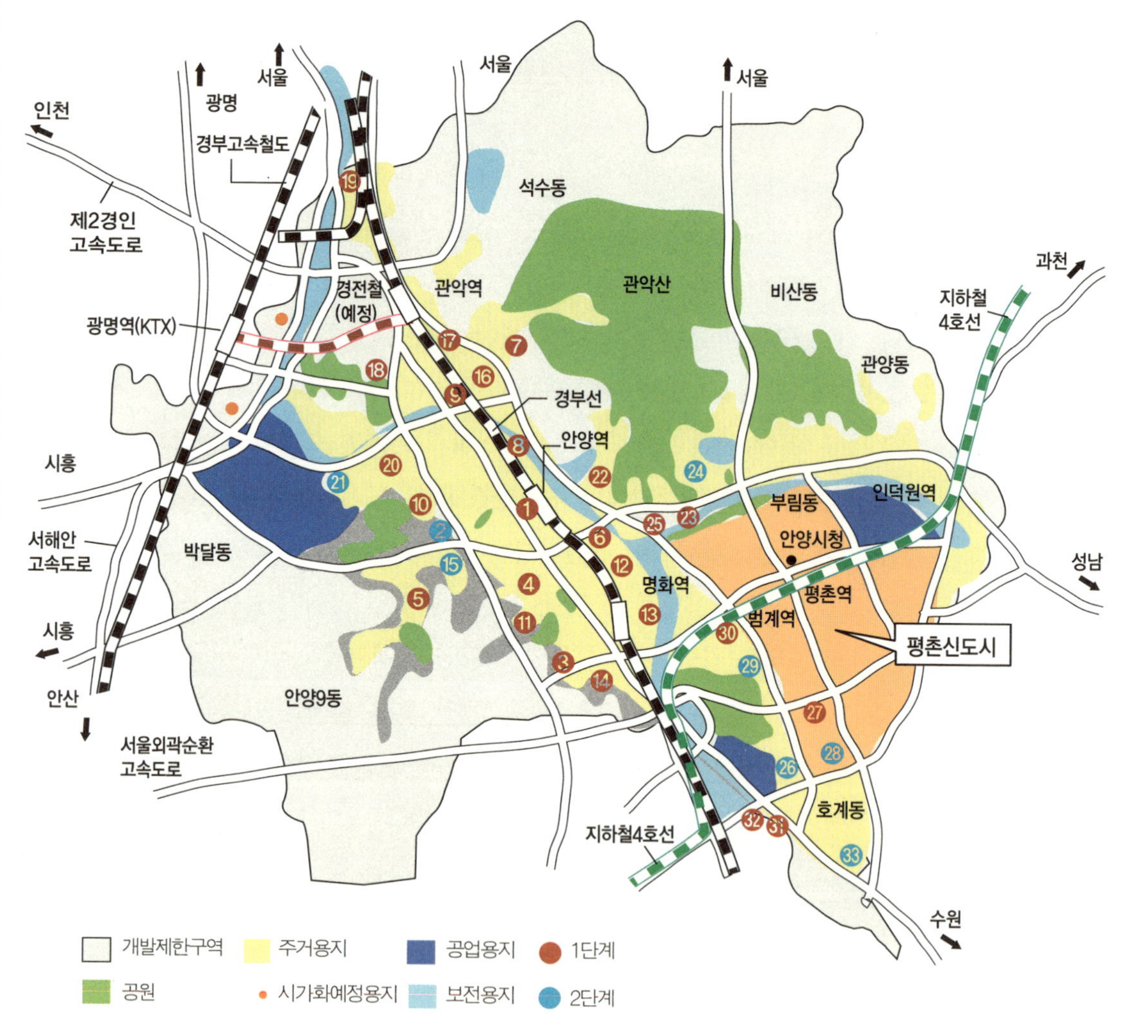

인천
서울
광명
서울
서울
경부고속철도
제2경인
고속도로
석수동
관악산
비산동
과천
경전철
(예정)
관악역
지하철
4호선
광명역(KTX)
관양동
18
17
16
7
시흥
9
경부선
20
안양역
8
서해안
고속도로
21
22
24
부림동
인덕원역
박달동
10
1
25
23
안양시청
성남
2
6
15
12
명화역
평촌역
4
13
평촌신도시
5
범계역
30
11
29
안양9동
3
14
27
서울외곽순환
고속도로
28
26
안산
호계동
지하철4호선
32
31
33
수원
개발제한구역
주거용지
공업용지
1단계
공원
시가화예정용지
보전용지
2단계

은 만안구 16곳, 동안구 7곳이다. 한편 2단계 사업구역(2009~2010년)은 만안구와 동안구가 각 5곳씩 예정되어 있다.

1단계 정비예정구역 중 가장 돋보이는 곳은 단연 덕천지구이다. 25만 7,400㎡의 부지 위에 총 4,276세대의 아파트가 공급되는 덕천지구는 '2010년 안양시 도시 · 주거환경정비 기본계획' 에 나타난 33개 정비대상구역 중 최대 규모를 자랑하는 곳이면서 입지적인 측면에서도 안양시 중심부에 자리 잡고 있다는 장점이 돋보이는 곳이다. 안양시청, 만안구청 등이 인접해 있을 뿐만 아니라 이마트, 롯데백화점, 홈에버, 한림대 성심병원, 메트로병원, 안양병원 등 각종 생활편의시설을 이용하기 편리한 관계로 투자자들의 관심이 높을 수밖에 없는 곳이다.

〈표 2-5〉 안양시 정비예정구역 단계별 현황

구분	연도	사 업 유 형	계	면적(㎡)	만안구	동안구
계			33	2,220,000	21	12
1단계	2006 ~ 2008	소 계	23	1,493,400	16	7
		주거환경개선사업	3	342,400	3	–
		주택재개발사업	12	776,500	9	3
		주택재건축사업	7	345,900	3	4
		도시환경정비사업	1	28,600	1	–
2단계	2009 ~ 2010	소 계	10	706,600	5	5
		주거환경개선사업	1	84,900	1	–
		주택재개발사업	5	453,800	2	3
		주택재건축사업	4	167,900	2	2
		도시환경정비사업	–	–	–	–

자료 : 2010년 안양시 도시 · 주거환경정비 기본계획

되는데, 올 10월 사업인가 및 철거, 2009년 4월경 분양관리 처분, 12월 착공 및 2012년 12월경 입주가 이루어질 수 있을 것으로 예상된다.

현재 3.3㎡당 시세는 다세대 주택의 경우 33㎡ 이하는 1,800만 원, 33㎡~66㎡은 1,700만~1,800만 원 정도 수준이고, 단독주택의 경우는 66~99㎡는 1,100만~1,200만 원, 99㎡ 이상 역시 1,100만~1,200만 원 수준의 시세가 형성되어 있다. 현재 '2010년 안양시 도시·주거환경정비 기본계획'에 의한 제1단계 정비예정구역 중 주요 지역의 사업진행 상황을 보면 구사거리지구, 구철도부지지구, 박달1동사무소 주변지구, 유원지 입구 주변지구, 화창지구는 추진위 단계이고, 임곡3지구는 추진위 승인을 받은 단계이며, 구석수1동사무소 주변지구, 소곡지구, 상록지구, 삼영아파트 주변지구, 안양온천 주변지구는 정비구역 지정 신청 단계이고, 새마을지구는 구역지정 단계, 냉천지구는 사업시행인가를 받은 상태이다.

1단계 정비예정구역들의 3.3㎡당 시세를 보면, 박달 1동 사무소지구는 33㎡ 미만은 1,600만~1,700만 원, 33㎡~66㎡는 1,500만~1,700만 원, 66~99㎡는 1,400만~1,500만 원, 99㎡ 이상은 1,300만 원 수준이다.

유원지입구주변지구는 33㎡ 미만은 1,800만 원, 33~66㎡는 1,800만 원, 66~99㎡는 1,300만 원, 99㎡ 이상은 1,200만 원 수준이다.

안양온천주변지구는 33㎡ 미만은 2,300만~2,500만 원, 33~66㎡는 2,200만~2,500만 원, 66~99㎡는 2,200만~2450만 원, 99㎡ 이상은 1,500만~1,600만 원 수준이다.

구사거리지구는 33㎡ 미만은 1,880만 원, 33~66㎡는 1,700만~1,800만 원, 66~99㎡는 800만 원, 99㎡ 이상은 700만~800만 원 수준이다.

<표 2-6> 안양시 도시주거환경정비 예정구역

구분	정비예정구역 명칭	위 치	면적(㎡)	사 업 방 식	단계
1	양지지구	안양3동 948번지일원	84,900	주거환경개선사업	2
2	냉천지구	안양5동 618번지일원	128,900	주거환경개선사업	1
3	삼아연립주변지구	안양8동 461번지일원	22,800	주거환경개선사업	1
4	새마을지구	안양9동 995번지일원	190,700	주거환경개선사업	1
5	유원지입구주변지구	안양2동 18-1번지일원	44,100	주택재개발사업	1
6	삼영아파트주변지구	안양2동 34-1번지일원	25,700	주택재개발사업	1
7	양지효창길주변지구	안양3동 908번지일원	17,200	주택재개발사업	1
8	소곡지구	안양6동 592번지일원	56,000	주택재개발사업	1
9	덕천지구	안양7동 150번지일원	257,400	주택재개발사업	1
10	상록지구	안양8동 398-32번지일원	69,100	주택재개발사업	1
11	능곡지구	안양9동 737번지일원	28,700	주택재개발사업	2
12	구석수1동사무소주변지구	석수1동 179번지일원	23,200	주택재개발사업	1
13	화창지구	석수2동 348번지일원	23,200	주택재개발사업	1
14	박달1동사무소주변지구	박달1동 50-2번지일원	47,300	주택재개발사업	1
15	삼봉지구	박달2동 603번지일원	12,800	주택재개발사업	2
16	임곡3지구	비산1동 9번지일원	124,300	주택재개발사업	1
17	덕현지구	호계1동 992번지일원	120,500	주택재개발사업	2
18	호원초등학교주변지구	호계1동 956번지일원	188,200	주택재개발사업	2
19	융창아파트주변지구	호계2동 929번지일원	103,600	주택재개발사업	2
20	안양온천주변지구	호계2동 915번지일원	45,300	주택재개발사업	1
21	구사거리지구	호계3동 661번지일원	43,700	주택재개발사업	1
22	진흥아파트지구	안양1동 166번지일원	110,300	주택재건축사업	1
23	청원아파트주변지구	안양2동 80-4번지일원	12,000	주택재건축사업	1
24	대림아파트주변지구	안양2동 817-25번지일원	12,700	주택재건축사업	2
25	동성2차, 동아아파트지구	안양7동 190번지일원	14,100	주택재건축사업	2
26	석수한신아파트주변지구	석수2동 424-4번지일원	55,100	주택재건축사업	1
27	비산2동사무소주변지구	비산2동 419-30번지일원	59,200	주택재건축사업	1

구분	정비예정구역 명칭	위 치	면적(㎡)	사 업 방 식	단계
28	미륭아파트지구	비산2동 406번지일원	28,400	주택재건축사업	1
29	뉴타운맨션삼호아파트지구	비산3동 354번지일원	116,900	주택재건축사업	2
30	호계주공아파투주변지구	호계1동 977번지일원	66,000	주택재건축사업	1
31	포도원지구	호계3동 843번지일원	24,200	주택재건축사업	2
32	삼신6차아파트	호계3동 651번지일원	14,900	주택재건축사업	1
33	구철도부지지구	안양1동 1195번지일원	28,600	도시환경정비사업	1

자료 : 2010년 안양시 도시·주거환경정비 기본계획

2단계 정비예정구역 중 능곡지구, 삼봉지구, 융창아파트주변지구, 호원 초등학교주변지구는 모두 사업단계가 추진위 단계이다. 그러나 현재 시세는 결코 만만치 않다. 2008년 3월 기준 현재 3.3㎡당 시세는 융창아파트주변지구는 33㎡ 미만은 2,000만 원, 33~66㎡는 1,900만~2,000만 원, 66~99㎡는 1,800만~2,000만 원, 99㎡ 이상은 800만~900만 원 수준이고, 호원초등학교주변지구는 33㎡ 미만 1,700만~2,000만 원, 33~66㎡는 1,600만~2,000만 원, 66~99㎡는 700만~750만 원, 99㎡ 이상은 700만 원 수준이다.

한편 1단계 정비예정구역 중 양지효창주변길지구와 2단계 정비예정구역 중 양지지구는 뉴타운 사업이 진행되고 있다.

안양시 재개발지역에 대한 투자를 고려할 때 과거 시세와 현재 시세를 비교하는 것은 큰 의미가 없을 것으로 예상된다. 재개발 이후 새로운 도심으로 탈바꿈하게 될 것으로 예상됨에 따라 일정 수준 이상의 가격상승이 동반될 것으로 예상되기 때문이다. 입지적 측면에서 우수한 안양시 정비예정구역들은 도심권에 주택공급을 확대하겠다는 의지를 확실하게 보이고 있는 새 정부 부동산 정책의 최대 수혜지역 가운데 하나가 될 것으

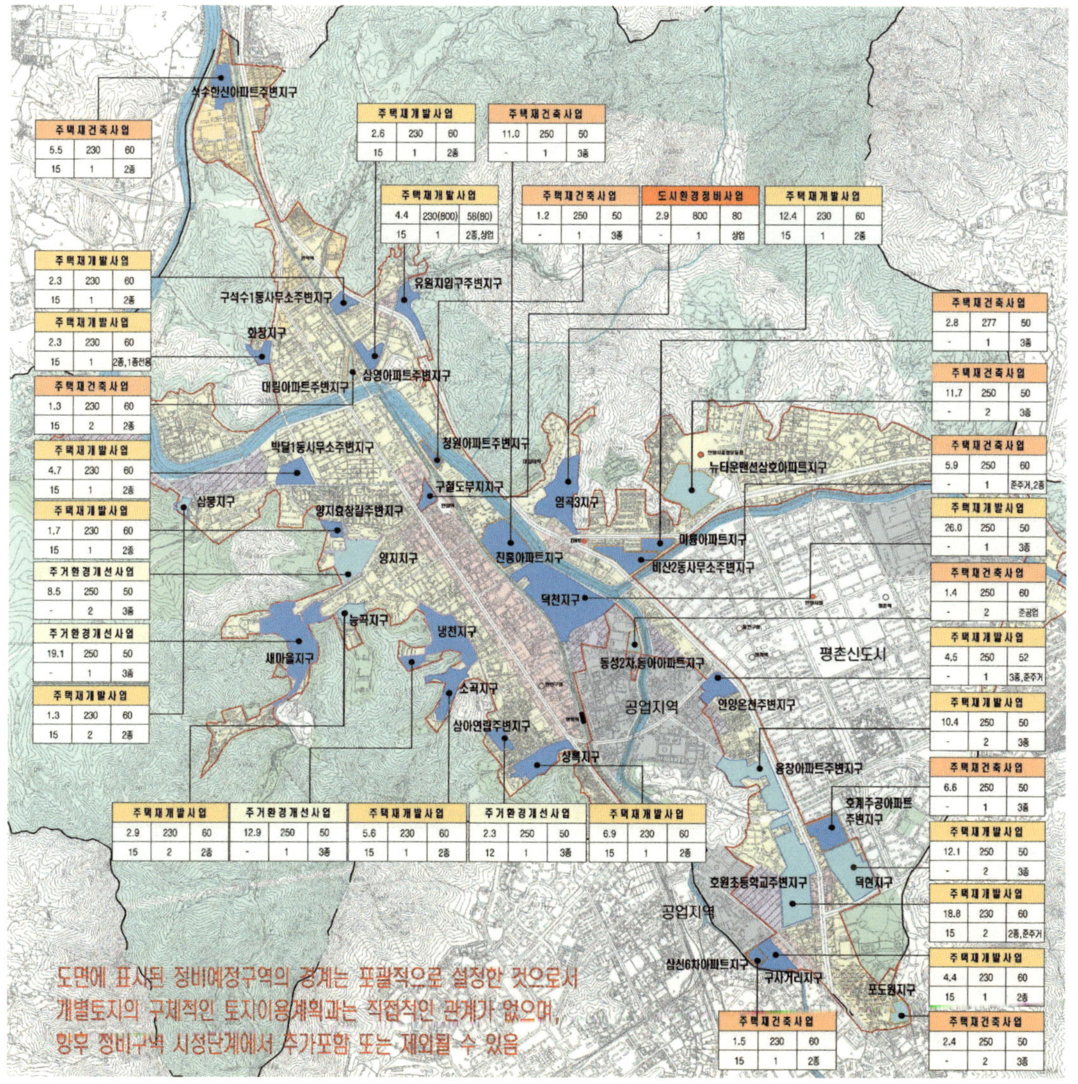

도면에 표시된 정비예정구역의 경계는 포괄적으로 설정한 것으로서 개별토지의 구체적인 토지이용계획과는 직접적인 관계가 없으며, 향후 정비구역 지정단계에서 추가포함 또는 제외될 수 있음

자료 : 2010년 안양시 도시 · 주거환경정비 기본계획

로 전망된다.

04

의정부시 저평가 메리트?
도시·주거환경정비 기본계획에서 찾아라

의정부시는 서울에서 북쪽으로 34㎞ 정도 떨어져 있으면서 동쪽으로 포천군, 북·서·남쪽으로는 양주군, 남동쪽으로 서울시 및 남양주시와 접하고 있으며, 남북을 잇는 경원선 및 경원 국도와 교외선 및 포천 방면 국도가 통과하는 수도권 북부의 교통 요충지라는 특징이 있는 곳이다. 이와 같은 장점에도 불구하고 그동안 의정부시 부동산 시장은 깊은 겨울잠에 빠져 있었다. 수도권이라 불리기 민망할 정도로 기반시설이 턱없이 부족했기 때문이다. 그 중에서도 교통 여건은 의정부시 부동산 시장을 짓누르는 가장 큰 악재 요인으로 작용해왔던 것이 사실이다. 그런데 최근 들어 의정부시 부동산 시장을 짓누르던 교통 여건이 크게 개선되면서 의정부 부동산 시장에도 뜨거운 상승 바람이 불기 시작했다.

이미 그 효과를 톡톡히 보고 있는 수도권 외곽순환도로의 완전 개통, 경원선 복선 전철 개통에 의정부 자금 IC~양주 고읍 IC 구간 고속도로, 2010년 완공 예정인 의정부 용현 IC~자금 IC 구간 고속도로가 의정부시의 교통 편의성을 더욱 개선시켜줄 것으로 예상되기 때문이다. 이 밖에도 의정부시는 경전철 건설, 미군 공여지 개발, 뉴타운 사업 등 대형호재 요인이 많은 까닭에 향후 지속적인 부동산 가격상승이 예상되는 매력적인 투자처라고 할 수 있다.

여기에 지난 3월 3일 또 한 가지의 호재 요인이 발표되었다. 의정부시가 '2010년 의정부시 도시·주거환경정비 기본계획'을 수립, 고시한 것이다. '2010년 의정부시 도시·주거환경정비 기본계획'에 나타는 의정부시의 정비예정구역은 총 15곳으로 1단계 정비예정구역(2008년)이 8곳이고, 2단계 정비예정구역(2009년 이후)이 7곳이다. 한편 사업 유형별로 살펴보면 주택재개발사업이 12곳으로 가장 많고, 그다음으로 주거환경 개선사업이 2곳이고, 주택재건축사업은 1곳으로 가장 적다.

현재 1단계 정비예정구역들은 사업추진을 준비 중이다. 의정부시 정비예정구역의 특징은 지하철역을 이용하기 쉽고 대규모 주거단지와 인접해 있다는 점을 들 수 있다. 1단계 정비예정구역 중 시청 및 가능 뉴타운과 인접해 있는 가능1구역, 회룡역 및 의정부역과 6~7분 거리인 중앙3구역, 의정부역 6분 거리인 중앙1구역, 중앙2구역, 회룡역과 가까운 호원1구역, 장암지구와 접해 있는 장암2구역, 장암3구역 등이 바로 그렇다.

2단계 정비예정구역 역시 지하철역을 이용하기 쉽다는 장점과 대규모 주거단지와 접해 있다는 특징을 보이고 있다. 가능 뉴타운과 인접해 있는 가능2구역, 신곡지구와 접해 있는 장암1구역, 장암지구와 접해 있는 장암4구역, 의정부역과 인접해 있는 중앙4구역, 망월사역과 가까운 호원3구역, 월사역에 인접한 호원2구역 등이 또한 그러하다.

의정부시 정비예정구역들은 향후 큰 폭의 가격상승이 있을 것으로 예상된다. 그중에서도 뉴타운과 인접한 가능1·2구역을 좀 더 주목해볼 필요가 있다. 최근 지속적으로 나타나고 있는 의정부시 부동산 가격상승을 결코 가볍게 봐서는 안 된다. 최근의 가격상승은 개별적 호재 요인에 따라 종종 나타나는 일시적 가격상승 현상이 아닌 본격적인 저평가 해소 과정으로 보아야 하기 때문이다. 이런 점에서 앞으로도 의정부시 부동산 가격은 꾸준히 상승할 것으로 예상된다. 적어도 10년 정도는 수도권 내에서 가장 높은 투자수익률을 기록할 수 있는 지역이 바로 의정부시라고 할 수 있다.

〈그림 2-5〉 의정부시 정비예정구역 총괄도

자료 : 2010년 의정부시 도시 · 주거환경정비 기본계획

<표 2-7> 의정부시 정비예정구역 총괄표

구분	구역명	사업유형	위 치	면적(㎡)	건폐율(%)	용적률(%)	층수	단계
1	가능1구역	주택재개발사업	가능동 581-1번지 일원	24,779	30 이하	200 이하 (상한 230)	평균층수 15층 이하	1
2	가능2구역	주택재개발사업	가능동 224-24번지 일원	22,221	30 이하	200 이하 (상한 230)	평균층수 15층 이하	2
3	중앙1구역	주택재개발사업	의정부동 359번지 일원	83,209	30 이하	220 이하 (상한 250)	-	1
4	중앙2구역	주택재개발사업	의정부동 380번지 일원	129,414	30 이하	220 이하 (상한 250)	-	1
5	중앙3구역	주택재개발사업	의정부동 394-11번지 일원	36,786	30 이하	220 이하 (상한 250)	-	1
6	중앙4구역	주택재개발사업	호원동 353-24번지 일원	17,709	30 이하	220 이하 (상한 250)	-	2
7	호원1구역	주택재개발사업	호원동 316-120번지 일원	20,348	30 이하	200 이하 (상한 230)	평균층수 15층 이하	1
8	호원2구역	주거환경개선사업 (현지개량)	호원동 119-91번지 일원	28,987	40 이하	200 이하 (상한 230)	6층 이하	2
9	호원3구역	주거환경개선사업 (현지개량)	호원동 249-11번지 일원	35,555	40 이하	200 이하 (상한 230)	6층 이하	2
10	금오1구역	주택재개발사업	금오동 65-3번지 일원	31,606	30 이하	220 이하 (상한 250)	-	2
11	장암1구역	주택재개발사업	신곡동 571-1번지 일원	36,908	30 이하	200 이하 (상한 230)	평균층수 15층 이하	2
12	장암2구역	주택재개발사업	신곡동 599-2번지 일원	124,705	30 이하	200 이하 (상한 230)	평균층수 15층 이하	1
13	장암3구역	주택재개발사업	신곡동 435-3번지 일원	34,182	30 이하	220 이하 (상한 250)	-	1
14	장암4구역	주택재개발사업	장암동 34-1번지 일원	47,644	30 이하	200 이하 (상한 230)	평균층수 15층 이하	2
15	송산1구역	주택재건축사업	용현동 241번지 일원	99,330	30 이하	220 이하 (상한 250)	-	1

자료 : 2010년 의정부시 도시 · 주거환경정비 기본계획

05

안산시의 대형 호재,
도시 · 주거환경정비 기본계획 속에 있다

안산시는 서울에서 남서쪽으로 불과 30㎞ 정도밖에 떨어져 있지 않은 곳에 자리 잡고 있다. 또한 동쪽으로 군포시, 서쪽으로 서해, 남쪽으로 화성시와 의왕시, 북쪽으로 시흥시에 접해 있다는 점에서 볼 수 있듯이 서울과 매우 가까운 서울의 위성도시이면서도 서해안과 접해 있는 장점이 돋보이는 도시라고 할 수 있다.

그러나 몇 년 전까지만 해도 안산시는 투자자들이 열렬히 선호하는 곳이 아니었다. 일정 수준 이상의 가격상승을 기대하기에는 2% 부족한 면이 없지 않았기 때문이다. 그런 안산시 부동산 시장이 뜨겁게 달아오르고 있다. 대형 개발 호재들이 줄일 잇고 있기 때문이다. 그렇다면 안산시 부동산 시장을 뜨겁게 달구고 있는 대형 개발 호재 요인들은 대체 어떤 것들이 있을까?

가장 먼저 시화MTV사업을 들 수 있다. 안산시 신길동과 시흥시 정왕동 일원 10.47㎢의 규모에 조성되는 시화MTV에는 지식기반산업을 중심으로 연구개발, 유통 등의 지원기능과 관광 · 휴양기능이 종합적으로 들어서게 됨에 따라 미래지향적 첨단복합산업단지로 개발될 것으로 기대를 모으고 있다. 그동안 굴뚝산업 이미지가 강했던 안산시 이미지를 크게 바꿔줄 수 있는 개발 호재인 것이다.

다음으로 2021년을 목표로 추진 중인 대부동 종합발전계획 역시 빼놓을 수 없는 개발 호재 요인이라고 할 수 있다. 대부동 종합발전계획에 따라 대부동 일대는 장차 수도권 최대 규모의 관광·휴양단지로 탈바꿈하게 될 것으로 예상되기 때문이다.

마지막으로 안산을 중심으로 하는 지하철 사업이 추진 중에 있어 장차 대중교통의 편리성이 크게 개선될 것이라는 점 역시 안산시 부동산 시장을 들썩이게 하는 주요 요인 가운데 하나라고 할 수 있다. 신안산선, 소사~원시선, 수인선 등이 바로 그것이다. 여의도~광명~안산을 연결하는 26.6㎞의 1단계 구간과 여의도~서울역~청량리를 연결하는 14.2㎞의 2단계구간으로 나뉘는 신안산선은 수도권 서남부 지역에서 서울 도심으로의 접근성을 크게 개선시켜줄 것으로 기대를 모으고 있는데, 2010년 착공해 2015년 개통 예정이다.

부천시 소사에서 안산시 원시동의 총 23.1㎞를 연결하는 소사~원시선은 부천시 소사역~복사역~시흥시 대야역~신천역~신현역~시흥시청역~연성역~안산 석수골역~선부역~화랑역~원곡역~원시역 등 총 12개의 역사가 들어서게 되는데, 2014년 완공을 목표로 사업을 추진 중이다. 소사~원시선은 수도권 서남부권에서 진행되고 있는 대규모 개발사업에 따라 늘어나게 될 교통수요에 대응한다는 점에서 중요한 의미를 갖는 전철 노선이라고 할 수 있다. 뿐만 아니라, 향후 대곡~소사선 및 원시~충남 화양의 서해선을 남북으로 연결하는 역할을 담당하게 될 예정이라는 점에서도 소사~원시선은 매우 중요한 전철 노선이라고 할 수 있다.

수인선은 인천 송도~연수~승기~남동~논현~논현택지~소래~월곶~달월~오이도를 연결하는 1단계 구간, 송도~용현~남부~국제여객터미널~인천~동인천을 연결하는 2단계 구간, 한대앞~사리~야목~어천~봉담~고색~수원을 연결하는 3단계 구간으로 나뉘는데, 각각 2001년 이후, 2013년 이후, 2015년 이후 연결 개통될 예정이다. 수인선은 화물

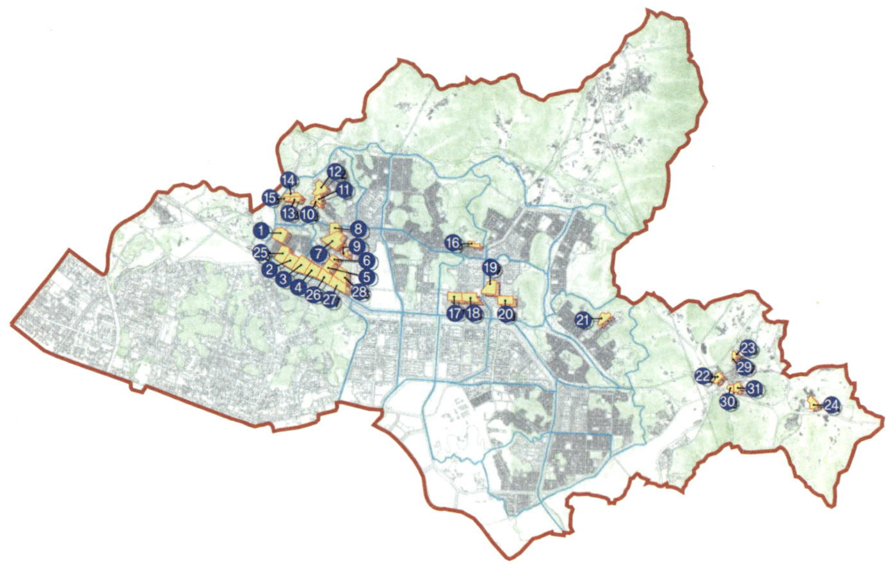

〈표 2-8〉 안산시 정비예정구역 단계별 현황

구분	연 도	구역수	면적(㎡)	정비사업 유형
합 계		31	1,243,800	
1단계	2006 ~ 2007	17	788,900	주택재건축
2단계	2008 ~ 2010	14	454,900	주택재건축

자료 : 2010년 안산시 도시 · 주거환경정비 기본계획

수송 역할 때문에 국가물류체계 개선대책에도 포함되었다. 그만큼 수인
선의 화물기능이 중요하다는 뜻이다. 또한 장차 경부선과도 직접 연결될
예정이어서 그 중요성은 매우 크다고 할 수 있다.

　이상과 같은 개발 호재 요인들은 '2010년 안산시 도시·주거환경정비 기본계획'을 주목해야 하는 충분한 이유가 되고도 남는다고 하겠다. 개발이 진행됨에 따라 신규 개발지뿐만 아니라 재개발, 재건축에 따라 새롭게 변모하는 구도심 역시 집중조명을 받을 수밖에 없기 때문이다. 그럼 이제부터 '2010년 안산시 도시·주거환경정비 기본계획'을 좀 더 자세히 살펴보고 어떤 곳에 투자해야 할지에 대해 살펴보도록 하자.

　안산시 정비예정구역은 총 31곳으로 제1단계 구역(2006~2007년)이 17곳(원곡연립1·2단지, 군자주공 4~8단지, 중앙주공 1·2단지, 성포주공 3단지, 원곡동4, 원곡연립 3단지, 초지연립 1단지, 초지연립상단지, 양지연립, 산호연립, 인정프린스)이고, 제2단계 사업구역(2008~2010년)이 14곳(원곡동1·2, 선부동1~6, 고잔동1, 성포예술인, 일동 1, 팔곡1동 1, 건건동 1, 사사동 1)인데, 한 가지 특징적인 면은 정비사업의 유형이 모두 주택재건축이라는 점을 들 수 있다.

　현재 용적률 제한과 임대주택 의무 건립, 층고 제한, 중소형 의무 비율, 재건축 초과이익 환수, 조합원 지위 양도 금지, 안전진단 강화, 재건축 허용연한 강화, 후분양제 적용, 입주권에 대한 양도세 부과 등 재건축을 짓누르고 있는 각종 규제로 인해 수도권 재건축 시장이 침체되어 있다. 그럼에도 전체 정비예정구역이 재건축으로 구성되어 있는 안산시를 주목해야 하는 이유는 바로 안산시의 잠재력과 함께 수도권 정비계획상 성장관리권역에 해당돼 임대주택 의무 공급에서 자유롭기 때문이다.

　현재 중앙주공1·2단지 등 대부분의 1단계 구역들은 정밀안전진단 단계에 있다. 아직은 사업 초기단계라고 볼 수 있는데, 1단계 정비구역 중 눈여겨보아야 할 곳은 대지 지분이 넓고 지하철 4호선 중앙역 역세권인 중앙주공1·2단지와, 역시 넓은 대지 지분에 소사~원시선 개통에 따라 역세권으로 탈바꿈하게 될 초지동 군자주공4~5단지, 선부동 군자주공

〈표 2-9〉 안산시 정비예정구역별 현황

구분	정비예정구역명	사업방식	위 치	면적(㎡)	건폐율	상한용적률	층수	단계	비고
1	원곡동1	주택재건축	원곡동 750번지 일원	71,000	60%이하	230%이하	최고15층이하	2단계	
2	원곡동2	주택재건축	원곡동 815번지 일원	72,200	60%이하	230%이하	평균15층이하	2단계	
3	원곡연립1단지	주택재건축	원곡동 830번지 일원	79,900	60%이하	230%이하	평균15층이하	1단계	
4	원곡연립2단지	주택재건축	원곡동 838번지 일원	64,800	60%이하	230%이하	평균15층이하	1단계	
5	군자주공4단지	주택재건축	초지동 군자주공4단지	34,400	50%이하	250%이하	제한 無	1단계	
6	군자주공5단지	주택재건축	초지동 군자주공5단지	22,900	50%이하	250%이하	제한 無	1단계	
7	군자주공6단지	주택재건축	선부동 군자주공6단지	92,300	50%이하	250%이하	제한 無	1단계	
8	군자주공7단지	주택재건축	선부동 군자주공7단지	29,600	50%이하	250%이하	제한 無	1단계	
9	군자주공8단지	주택재건축	선부동 군자주공8단지	17,900	50%이하	250%이하	제한 無	1단계	
10	선부동1	주택재건축	선부동 975번지 일원	12,100	60%이하	230%이하	최고15층이하	2단계	
11	선부동2	주택재건축	선부동 998번지 일원	16,100	60%이하	220%이하	최고12층이하	2단계	
12	선부동3	주택재건축	선부동 1007번지 일원	48,000	60%이하	220%이하	최고12층이하	2단계	
13	선부동4	주택재건축	선부동 982번지 일원	15,800	60%이하	220%이하	최고12층이하	2단계	
14	선부동5	주택재건축	선부동 986번지 일원	23,600	60%이하	220%이하	최고12층이하	2단계	
15	선부동6	주택재건축	선부동 984번지 일원	11,500	60%이하	220%이하	최고12층이하	2단계	
16	고잔동1	주택재건축	고잔동 642번지 일원	15,100	60%이하	230%이하	최고15층이하	2단계	
17	중앙주공1단지	주택재건축	고잔동 중앙주공1단지	50,300	50%이하	250%이하	제한 無	1단계	
18	중앙주공2단지	주택재건축	고잔동 중앙주공2단지	56,700	50%이하	250%이하	제한 無	1단계	
19	성포예술인	주택재건축	성포동 예술인아파트	71,800	50%이하	250%이하	제한 無	2단계	
20	성포주공3단지	주택재건축	성포동 성포주공3단지	56,500	50%이하	250%이하	제한 無	1단계	
21	일동1	주택재건축	일동 103번지 일원	32,600	60%이하	230%이하	최고15층이하	2단계	
22	팔곡일동1	주택재건축	팔곡일동 264-5번지 일원	20,900	60%이하	230%이하	최고15층이하	2단계	
23	건건동1	주택재건축	건건동 606번지 일원	13,900	60%이하	230%이하	최고15층이하	2단계	
24	사사동1	주택재건축	사사동 378번지 일원	30,300	60%이하	220%이하	최고7층이하	2단계	
25	원곡동4	주택재건축	원곡동 805번지 일원	66,100	70%이하	지구단위계획	제한 無	1단계	지구단위계획필요
26	원곡연립3단지	주택재건축	원곡동 851번지 일원	57,600	60%이하	230%이하	평균 15층이하	1단계	재건축추진중
27	초지연립1단지	주택재건축	초지동 592번지 일원	68,900	60%이하	230%이하	평균 15층이하	1단계	재건축추진중
28	초지연립상단지	주택재건축	초지동 608번지 일원	57,800	60%이하	230%이하	평균 15층이하	1단계	재건축추진중
29	양지연립	주택재건축	건건동 양지연립	1,300	60%이하	230%이하	평균 15층이하	1단계	재건축추진중
30	산호연립	주택재건축	건건동 산호연립	6,500	60%이하	230%이하	평균 15층이하	1단계	재건축추진중
31	인정프린스	주택재건축	건건동 인정프린스아파트	25,400	50%이하	250%이하	제한 無	1단계	재건축추진중

자료 : 2010년 안산시 도시·주거환경정비 기본계획

6~8단지를 들 수 있다.

2단계 정비예정구역은 단독주택 단지 재건축이 주를 이루고 있는데, 올해부터 본격적으로 추진위원회 구성 등 재건축 절차에 들어갈 것으로 예상된다. 관심을 갖고 지켜볼 만한 곳은 원곡동1·2구역과 선부동1~6지역이다.

원곡동1·2구역은 직선거리로 800m 이내에 안산 푸르지오 8차, 경남 아너스빌, 벽산 블루밍 등 높은 시세를 형성하고 있는 대단지 아파트가 있고, 안산역 역세권이면서 관산공원이라는 웰빙주거 여건과 함께 원곡초교, 관산중, 원곡고교가 있어 교육 여건도 잘 갖춰진 곳이다.

선부동1~6지역은 1단계 정비구역으로 재건축이 진행 중인 군자주공 6·7·8단지와 도보 10분 거리이고, 서안산IC와 안산역에서 각각 1㎞, 2㎞ 정도밖에 떨어져 있지 않아 교통 여건도 좋다. 또한 주변에 원곡초교, 안산서초교, 선일초교, 관산중, 선일중, 원곡고교 등 교육 환경도 잘 갖춰져 있어 안산소사~원시선 개발 호재에 따른 수혜까지 예상된다.

 실제로 1차 정비예정구역들의 2008년 4월 현재 시세를 살펴보면 중앙주공 1단지는 72㎡ 3억 3,500만~3억 4,500만 원, 82㎡ 3억 7,500만~3억 8,500만 원 수준이고, 중앙주공 2단지는 1단지보다 더 높게 시세가 형성되어 있어 72㎡ 4억 1,000만~4억 2,000만 원, 82㎡ 4억 6,000만~4억 7,000만 원 수준이다.

이다. 4단지의 경우 42㎡ 1억 4,000만~1억 5,000만 원, 49㎡ 1억 6,000만~1억 7,000만 원, 56㎡ 1억 9,000만~2억 원 수준이고, 5단지는 42㎡ 1억 4,000만~1억 5,000만 원, 52㎡ 1억 6,000만~1억 7,000만 원, 62㎡ 1억 9,000만~2억 원 수

준이며, 6단지는 42㎡ 2억~2억 1,000만 원, 46㎡ 2억~2억 3,000만 원, 49㎡ 2억 2,000만~2억 3,000만 원, 52㎡ 2억 3,000만~2억 4,000만 원, 66㎡ 2억 9,000만~3억 원 수준이다. 7단지는 42㎡ 1억 7,000만~1억 8,500만 원, 49㎡ 1억 8,500만~1억 9,600만 원 수준이고, 8단지는 49㎡ 1억 8,500만~1억 9,000만 원 수준의 시세가 형성되어 있다.

안산시 재건축 아파트의 바로미터라고 할 수 있는 고잔신도시의 아파트 시세가 105~112㎡ 면적을 기준으로 3억 1,000만~3억 9,000만 원 수준이라는 점을 감안할 때, 비슷한 면적의 아파트를 배정받을 수 있을 것으로 예상되는 군자주공 5단지 52㎡의 시세인 1억 6,000만~1억 7,000만 원에 조합원 추가 분담금(대략 6,000만 원~1억 원)을 납부한다면 조합원 지위 전매금지가 있는 상황에서 당장 큰 이익을 기대하기에는 무리가 있다. 그러나 장기적으로 안산시에 호재가 많다는 점을 고려한다면 실수요자 또는 장기적 관점에서 가치투자를 고려하고 있는 투자자에게는 적극 권할 만한 투자 유망지역이라고 할 수 있다.

06

용인시에 날개를 달아줄
도시 · 주거환경정비 기본계획

부동산 재테크에 관심이 없는 사람이라고 할지라도 용인시에 개발 호재가 많다는 사실을 모르는 사람은 거의 없을 것이다. 그만큼 각종 언론 매체에서 용인시 부동산 시장을 집중 조명해왔기 때문이다. 또한 보도된 내용들의 대부분은 신규 택지개발지구에 관한 것들로 채워졌던 것이 사실

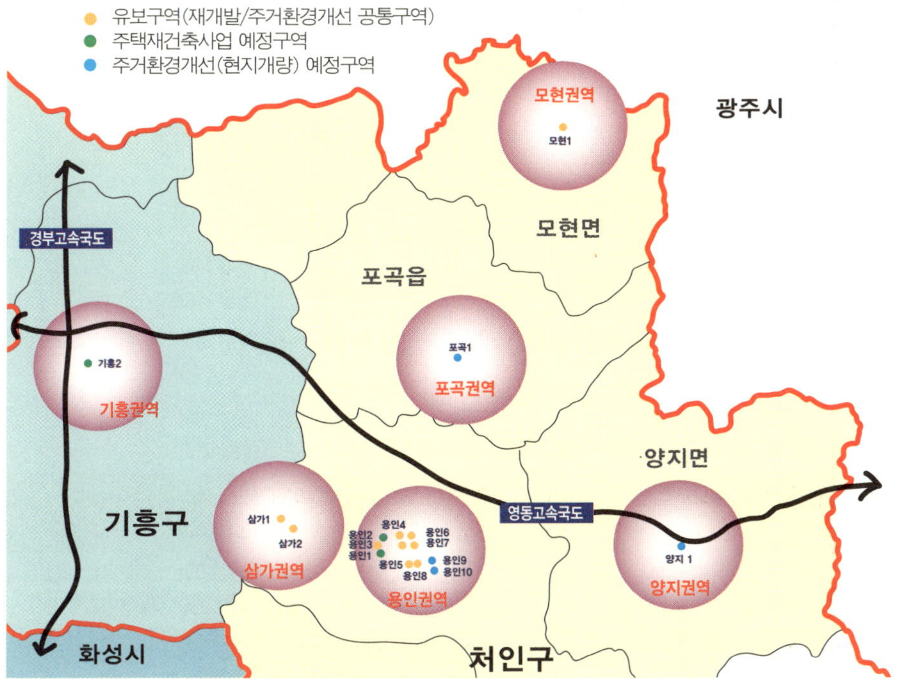

이다. 그래서 '용인시 투자＝신규 택지개발지구'라는 공식 아닌 공식까지 생겨났는지도 모른다.

그러나 적어도 2008년 이후부터는 용인시의 투자 대상을 더 이상 신규 택지개발지구로 한정해서는 곤란할 것으로 예상된다. 그 이유는 지난 2007년 1월 23일 용인시 구도심에 대한 정비계획을 담은 '2010년 용인시 도시·주거환경정비 기본계획'이 고시되었기 때문이다. 이에 따라 용인시는 그동안 문제점으로 지적받아왔던 구도심에 대한 체계적 정비에 박차를 가할 수 있게 되었다. 이는 정비예정구역의 대부분이 용인 기성 시

〈표 2-10〉 용인시 정비예정구역 현황

구역명	사업종류	위 치	면 적(㎡)	건폐율(%)	용적률(%)	층수	단계	수정내용
기흥2구역	주택재건축사업	신갈주공아파트	31,600	50 이하	220 이하 (상한 250)	-	1	없음
삼가1구역	유보구역	삼가동 110 일원	16,000	60 이하	200 이하 (상한 230)	-	2	없음
삼가2구역	유보구역	삼가동 216 일원	16,000	60 이하	200 이하 (상한 230)	-	1	없음
용인1구역	주택재건축사업	김량장주공아파트	22,500	60 이하	200 이하 (상한 230)	-	1	없음
용인2구역	주택재건축사업	역북주공아파트	19,400	60 이하	200 이하 (상한 230)	-	1	없음
용인3구역	유보구역	역북동 454 일원	19,300	60 이하	200 이하 (상한 230)	-	2	없음
용인4구역	유보구역	김량장동 199 일원	37,100	60 이하	150 이하 (상한 200)	-	1	정비예정구역 에서 제외
용인5구역	유보구역	김량장동 235 일원	34,300	60 이하	200 이하 (상한 230)	평균15층 이하 (일부10층 이하)	1	없음
용인6구역	유보구역	김량장동 186 일원	44,590	60 이하	150 이하 (상한 200)	-	1	정비예정구역 에서 제외
용인7구역	유보구역	김량장동 159 일원	22,400	60 이하	200 이하 (상한 230)	평균15층 이하 (일부10층 이하)	1	없음
용인8구역	유보구역	김량장동 309 일원	51,400	60 이하	300 이하	-	1	없음
용인9구역	주거환경개선사업 (현지개량)	마평동 740 일원	29,900	60 이하	200 이하 (상한 230)	6층 이하	1	없음
용인10구역	주거환경개선사업 (현지개량)	마평동 601 일원	24,200	60 이하	200 이하 (상한 230)	6층 이하	1	없음
양지1구역	주거환경개선사업 (현지개량)	양지리 383 일원	24,300	60 이하	150 이하 (상한 200)	3층 이하	1	없음
포곡1구역	주거환경개선사업 (현지개량)	전대리 150 일원	11,100	60 이하	200 이하 (상한 230)	-	1	없음
모현1구역	유보구역	왕산리 789 일원	22,800	60 이하	300 이하	일부6층 이하	1	없음

자료 : 2010년 용인시 도시 · 주거환경정비 기본계획

가지에 집중되어 있다는 사실을 통해서도 확인할 수 있다. 따라서 용인시는 향후 신도심과 구도심이라는 좌우의 날개를 통해 더욱 가치투자가 유망한 지역으로 발돋움할 수 있을 것으로 예상된다.

'2010년 용인시 도시·주거환경정비 기본계획'에 의한 용인시 전체 정비예정구역은 모두 14곳인데, 기흥권역, 삼가권역, 용인권역, 양지권역, 포곡권역, 모현권역으로 나눌 수 있고, 사업추진 단계별로는 1단계(2006~2008년)가 12곳이고, 2단계(2009~2010년)가 2곳이다.

기흥권역은 대한민국 투자 1번축인 경부축과 인접한 지역으로 북쪽으로 이미 사업이 완료된 구갈 택지지구와 신갈 택지지구가 자리 잡고 있으며, 남쪽의 기존 상업지역 주변으로 기존 시가지가 형성되어 있어 양호한 입지를 자랑하고 있는 정비권역이라고 할 수 있다. 다음으로 삼가권역은 국도 42번 주변에 자리 잡고 있으면서 용인시 행정타운과 인접하고 있는 권역으로 최근 대단지 아파트들이 많이 들어선 정비권역이다. 삼가권역은 용인 경전철 삼가역, 시청역이 예정되어 있는 권역으로 행정타운과 함께 시너지 효과를 기대할 수 있는 정비권역이라고 할 수 있다.

용인권역은 용인시 구도심 지역으로 기존 시청부지에 처인구청이 입지하고 있으며, 국도 42호선과 45호선이 교차하고 용인 경전철 3개 역이 예정되어 있으며, 모두 8개의 정비예정구역이 지정되어 있어 가장 큰 개발 잠재력이 있는 정비권역이라고 할 수 있다.

양지권역은 국도 42호선상의 축에 위치하고 있으며, 영동고속국도 양지 IC와 인접하고 있는 정비권역이고. 포곡권역은 국도 45호선, 영동고속국도와 인접하고 있으며, 에버랜드의 배후단지로 용인 경전철 전대역이 있어 향후 꾸준한 부동산 가격상승이 예상되는 정비권역이다. 마지막으로 모현권역은 국도 45호선 주변에 위치하고 있으며, 위치상으로는 용인

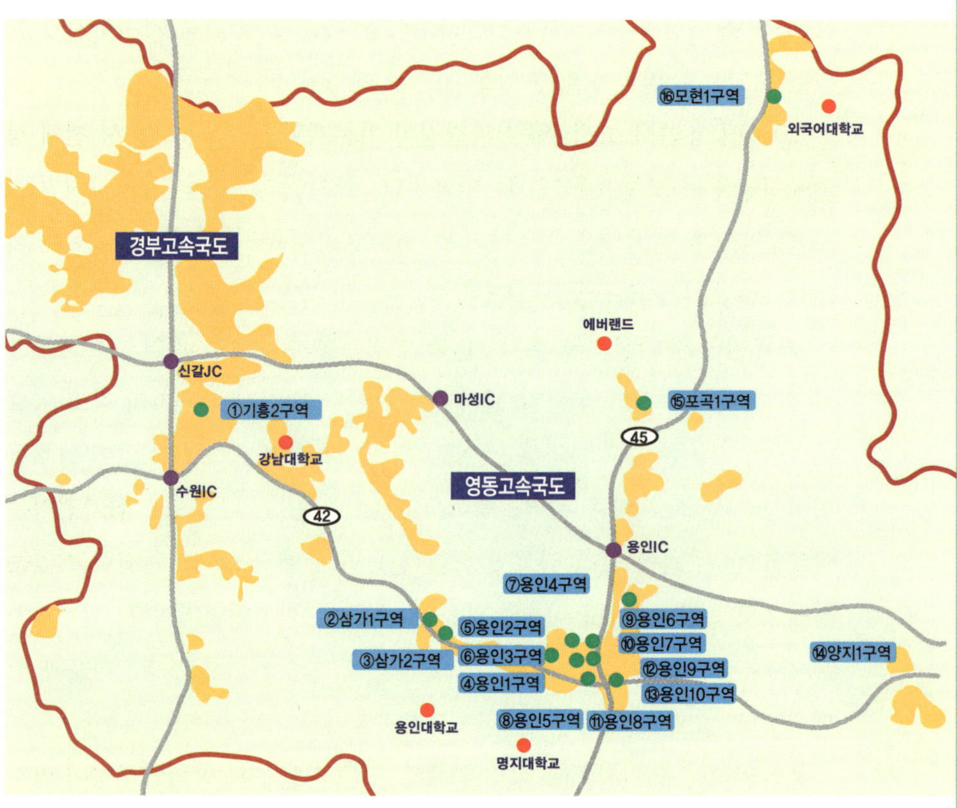

자료 : 2010년 용인시 도시 · 주거환경정비 기본계획

시 외곽에 자리 잡고 있어 광주시와 인접하고 있다는 특징을 보이는 정비권역으로 한국외대가 구역 내에 위치하고 있어 원룸 및 상가시설이 분포하고 있는 정비권역이다.

현재 14개 정비예정구역 가운데 모현1구역(왕산리 789번지 일원)과 용인 5 · 7 · 8구역(주택 재개발사업), 김량 · 신갈 주공아파트 지구(재건축사업) 등 6개 구역에 대한 정비사업에 이미 착수한 상태이고, 용인9구역(마평동 740

일원), 용인10구역(마평동 601 일원), 포곡1구역(포곡읍 전대리 150 일원), 양지1구역(양지면 양지리 383 일원) 등 4개 지역은 현지개량 방식의 주거환경개선사업이 본격 추진되고 있는 상태다.

'2010년 용인시 도시·주거환경정비 기본계획'에서 가장 주목해야 할 부분은 역시 투자 유망지역이라고 할 수 있는데, 용인시 행정타운, 용인 경전철, 정비예정구역 집중 분포라는 트리플 호재가 있는 용인권역, 경전철 개통과 에버랜드 배후 주거지역이라는 겹호재가 빛나는 포곡권역, 경전철 개통에 따라 역세권 개발이라는 호재가 돋보이는 삼가권역이 이에 해당된다고 할 수 있다. 2008년 4월 현재 용인시 정비예정구역의 시세를 보면 용인권역인 용인5구역은 투자에 따른 부담이 비교적 적은 다세대주택 대지지분을 기준으로 3.3㎡당 1,100만~1,550만 원 수준이고, 같은 용인권역인 용인8구역 역시 비슷한 수준의 시세가 형성되어 있는 상태이다. 아직은 사업초기 단계이고 용인지역 아파트 가격이 전체적으로 약세를 보이고 있는 상황이어서 저점매수를 활용한 투자수익 확보가 가능할 것으로 예상된다.

더욱이 일반 경기 활성화 차원에서 부동산 시장의 침체를 계속해서 지켜보기 어려운 상황에 직면하고 있다는 점에서 볼 때 재개발, 재건축에 대한 규제 완화, 양도소득세, 종합부동산세 등 세부담 경감 대책의 시행은 필연적 선택이 될 것으로 예상된다. 따라서 현 시점은 부동산 시장 활성화 방안의 최대 수혜지역이 될 용인시 정비예정구역을 주목해야 하는 최적의 시점이라고 할 수 있다.

수원시, 광교신도시와 함께 날아오를

도시 · 주거환경정비 기본계획을 잡아라

수원시의 기존 시가지 대부분은 토지구획정리사업 등을 통하여 정비된 시가지로서 기반시설은 대체적으로 양호하다는 특징이 있다. 요즘 수원시 부동산 시장은 호재 만발이다. 영통신도시 인근에 조성되고 있는 흥덕지구 개발에 따른 수혜는 시작에 불과하다. 행정 · 업무 · 첨단산업이 조화를 이루게 될 광교신도시 개발은 수원시를 한 단계 업그레이드시켜줄 수 있는 대형 호재 요인이라고 할 수 있기 때문이다. 여기에 분당선 연장, 신분당선 연장, 수인선 연결 등 교통환경 개선 역시 큰 폭으로 이루어질 것으로 예상된다는 점은 수원시를 주목해야 하는 이유가 되고도 남음이 있다 하겠다.

이런 상황에서 수원시가 더 높은 도약을 위해 꺼내든 회심의 카드가 바로 '2010년 수원시 도시 · 주거환경정비 기본계획'이라고 할 수 있다. '2010년 수원시 도시 · 주거환경정비 기본계획'에 따르면 수원시에는 총 29곳의 정비예정구역이 계획되어 있다. 이를 사업유형별로 살펴보면 재건축 2곳, 재개발 21곳, 주거환경개선사업 3곳, 사업유형 유보 3곳이고, 지역별로 살펴보면 장안구 5곳, 권선구 12곳, 팔달구 12곳이다.

그동안 수원시의 과제로 남아 있던 신 · 구도심 간 주거격차 문제는 기존 도심에 대한 정비를 통해 확실히 해결될 수 있을 전망이다. 따라서 수원시는 미래가치가 단연 돋보이는 지역으로 향후 수도권을 대표하는 핵심 도시로 자리 잡을 가능성이 매우 높다고 할 수 있는 만큼 수원시 정비

〈그림 2-9〉 수원시 도시 지형도

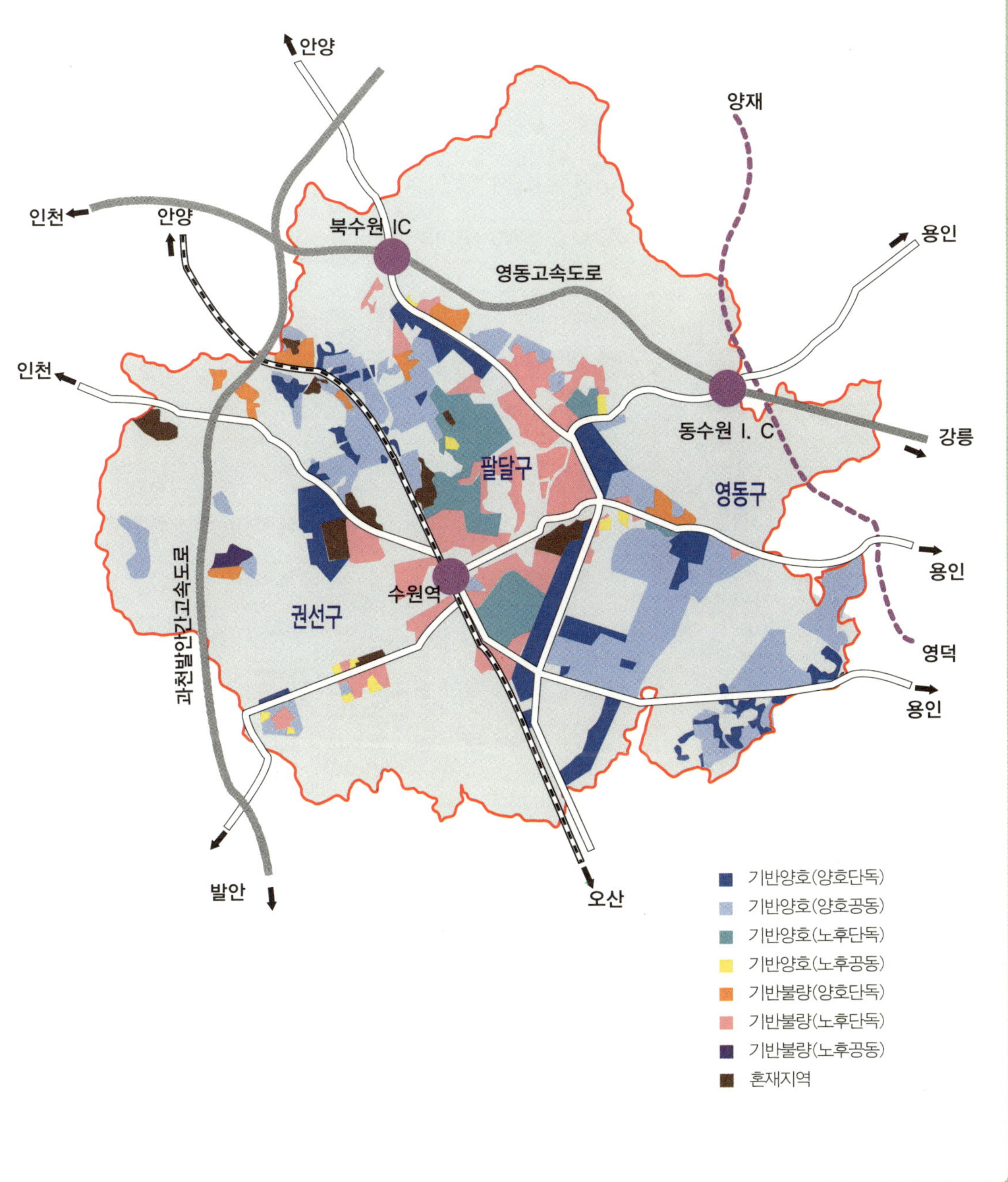
안양
양재
인천
안양
북수원 IC
영동고속도로
용인
인천
동수원 I. C
강릉
팔달구
영동구
과천발안간고속도로
수원역
권선구
용인
영덕
용인
발안
오산
기반양호(양호단독)
기반양호(양호공동)
기반양호(노후단독)
기반양호(노후공동)
기반불량(양호단독)
기반불량(노후단독)
기반불량(노후공동)
혼재지역

<표 2-11> 수원시 정비예정구역

구역		위 치	면적		건폐율 (%)	용적률 (%)	사업유형	비고
			m²	평				
합 계		–	2,593,238	784,452	–	–	–	
장안구	소 계	–	290,366	87,835	–	–	–	
	111-1구역	정자동 530-6 일원	139,026	42,055	50 이하	230 이하 (기준200)	주택재개발사업	장안1구역
	111-2구역	조원동 566-2 일원	37,304	11,284	50 이하	230 이하 (기준200)	주택재개발사업	장안2구역
	111-3구역	영화동 93-6 일원	28,992	8,770	60 이하	200 이하 (기준180)	사업유형유보구역 (주택재개발사업 또는 주거환경개선사업)	장안3구역
	111-4구역	조원동 431-2 일원	34,836	10,538	50 이하	230 이하 (기준200)	주택재개발사업	장안4구역
	111-5구역	연무동 224 일원	50,208	15,188	50 이하	250 이하 (기준220)	주택재건축사업	장안5구역
권선구	소 계	–	1,010,157	305,571	–	–	–	
	113-1구역	서둔동 188-2 일원	46,095	13,943	50 이하	230 이하 (기준200)	주택재개발사업	(제척지 제외 면적임)
	113-2구역	서둔동 182-1 일원	86,002	26,015	50 이하	230 이하 (기준200)	주택재개발사업	권선1구역
	113-3구역	서둔동 148-1 일원	74,143	22,428	50 이하	230 이하 (기준200)	주택재개발사업	
	113-4구역	세류동 334-88 일원	229,840	69,526	50 이하	250 이하 (기준220)	주거환경개선사업	권선8구역
	113-5구역	세류동 125-3 일원	42,321	12,802	50 이하	230 이하 (기준200)	주택재개발사업	권선2구역
	113-6구역	세류동 817-72 일원	126,614	38,301	50 이하	230 이하 (기준200)	주택재개발사업	권선3구역 (제척지 제외 면적임)
	113-7구역	평동 35-6 일원	152,940	46,264	60 이하	250 이하	주거환경개선사업	권선9구역
	113-8구역	고색동 88-1 일원	48,072	14,542	50 이하	230 이하 (기준200)	주택재개발사업	
	113-9구역	고색동 285-9 일원	42,468	12,847	50 이하	230 이하 (기준200)	주택재개발사업	권선4구역
	113-10구역	고색동 74-1 일원	29,262	8,852	50 이하	230 이하 (기준200)	주택재개발사업	권선5구역
	113-11구역	고색동 374-5 일원	82,598	24,986	50 이하	230 이하 (기준200)	주택재개발사업	권선6구역
	113-12구역	오목천동 482-2 일원	49,802	15,065	50 이하	230 이하 (기준200)	주택재개발사업	권선7구역

구역	위 치	면적		건폐율 (%)	용적률 (%)	사업유형	비고
		m²	평				
소 계	–	1,292,715	391,046	–	–	–	
115-1구역	화서동 4-26 일원	11,635	3,519	50 이하	230 이하 (기준200)	주택재개발사업	팔달1구역
115-2구역	고등동 207-7 일원	361,540	109,366	50 이하	250 이하 (기준220)	주거환경개선사업	팔달12구역
115-3구역	고등동 94-1 일원	63,708	19,272	50이하	230 이하 (기준200)	주택재개발사업	팔달2구역
115-4구역	매산로3가 109-2 일원	32,870	9,943	50 이하	230 이하 (기준200)	주택재개발사업	팔달11구역
115-5구역	매산로3가 72-28 일원	59,247	17,922	50 이하	230 이하 (기준200)	주택재개발사업	팔달3구역
115-6구역	교동 155-41 일원	106,286	32,152	50 이하	230 이하 (기준200)	주택재개발사업	팔달4구역
115-7구역	매교동 113-17 일원	30,916	9,352	50 이하	230 이하 (기준200)	주택재개발사업	팔달5구역
115-8구역	매교동 209-14 일원	222,807	67,399	50 이하	230 이하 (기준200)	주택재개발사업	팔달6구역 (제척지 제외 면적임)
115-9구역	인계동 847-3 일원	172,575	52,204	50 이하	230 이하 (기준200)	주택재개발사업	팔달10구역 (제척지 제외 면적임)
115-10구역	지동 349-1 일원	89,142	26,965	60 이하	200 이하 (기준180)	사업유형유보구역 (주택재개발사업 또는 주거환경개선사업)	팔달7구역
115-11구역	지동 110-15 일원	97,324	29,441	60 이하	200 이하 (기준180)	사업유형유보구역 (주택재개발사업 또는 주거환경개선사업)	팔달8구역 (제척지 제외 면적임)
115-12구역	인계동 319-6 일원	44,665	13,511	50 이하	250 이하 (기준220)	주택재건축사업	팔달9구역

자료 : 2010년 수원시 도시 · 주거환경정비 기본계획

예정구역을 점검하고 투자 유망지역을 분석하는 절차가 반드시 필요하다고 하겠다. 수원시 정비예정구역은 역세권(매교역)을 중심으로 하는 미니 택지개발지구 규모라고 할 수 있는 수준이다.

<그림 2-10> 수원시 정비예정구역별 사업유형도

그럼 이제부터 각 지역별 투자 유망지역을 찾아보도록 하자. 주목해보아야 할 곳으로는 팔달구의 팔달3~6구역, 10~11구역 그리고 권선구의 권선2~3구역, 8구역을 들 수 있다. 이들 지역은 지리적으로 수원시 신·구시가지의 접경지역에 몰려 있다는 특징이 있어 향후 신시가지 발전에 따른 긍정적 영향은 물론 구시가지 정비에 따른 가치상승까지 동시에 기대할 수 있기 때문이다. 이들 지역은 분당선 연장사업에 따라 향후 역세권으로 탈바꿈하게 될 것으로 예상되는 지역들로, 특히 팔달6·10구역과 권선2·3구역은 분당선 매교역과 가까워 직접적인 수혜가 예상되는 곳이라고 할 수 있다.

여기에 주변의 아파트 시세가 강세를 보이고 있다는 점 또한 장점이라고 할 수 있다. 실제로 인근 지역인 매탄동 두산 위브하늘채 109㎡의 분양권 시세는 4억 5,000만~5억 원 수준을 형성하고 있고, 우만동 월드메르디앙 112㎡는 5억~5억 3,000만 원 수준의 시세가 형성되어 있는 상태다. 현재 정비대상구역의 시세는 지역에 따라 그리고 면적에 따라 다소 편차가 크게 나타나고 있지만, 보통 33㎡ 미만은 3.3㎡당 1,700만~3,100만 원, 33~66㎡는 3.3㎡당 1,050만~1,750만 원 수준의 시세를 형성하고 있다. 주변지역 아파트의 시세를 고려할 때 저렴한 매물을 중심으로 매수에 나선다면 실수요뿐만 아니라 재테크 관점에서도 매력적인 투자처가 될 수 있음을 보여주고 있는 것이다.

03 경기도 뉴타운이 비상한다

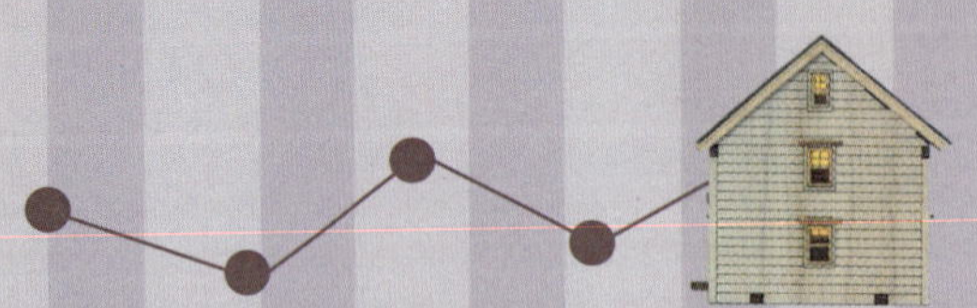

뉴타운 사업이 진행되고 있는 지역들은 하나같이 공통적인 특징이 있다. 바로 낙후된 구도심이라는 점이다. 산업화의 진행에 따라 늘어나는 주택수요에 대응하기 위한 방편으로 신도시를 조성해나가는 과정이 바로 뉴타운 사업이다. 2008년 7월부터 경기도에 분격적인 뉴타운 사업이 진행될 예정이다. 돈 되는 유망지역이 바로 뉴타운 지역이다.

엄청난 파급 효과를 불러올 뉴타운 사업

1. 고양시, 이제는 명품 뉴타운이다

   원당 뉴타운 | 능곡 뉴타운 | 일산 뉴타운

2. 부천시, 환골탈태의 핵심 뉴타운

   소사 뉴타운 | 원미 뉴타운 | 고강 뉴타운

3. 돋보이는 구리시, 돋보이는 인창·수택지구 뉴타운

4. 광명시 투자 포인트, 광명 뉴타운에 물어라

5. 뉴타운, 군포시를 춤추게 하다

   금정역세권 뉴타운 | 군포역세권 뉴타운

엄청난 파급효과를 불러올
뉴타운 사업

경기도에서 추진하고 있는 뉴타운은 현재 12개 시 21개 지구다. 고양(원당, 능곡, 일산), 부천(소사, 원미, 고강), 남양주(덕소), 광명(광명), 군포(금정), 구리(인창·수택), 안양(안양), 의정부(금의, 가능), 남양주(지금·도농, 퇴계원), 시흥(은행), 군포(군포), 평택(신장, 안정), 오산(오산), 김포(북변·감정·사우) 등으로 이 중 고양(3곳), 부천(3곳), 남양주(1곳), 광명(1곳), 군포(1곳), 구리(1곳), 평택(2곳), 시흥(1곳), 의정부(2곳), 안양(1곳) 등 10개 시 16개 지구는 촉진지구 지정이 완료된 상태이고, 나머지 5개 지구는 촉진지구 지정을 위한 용역이 진행 중에 있다.

현재 뉴타운 사업이 진행되고 있는 지역들은 하나같이 공통적인 특징이 있다. 바로 낙후된 구도심이라는 점이다. 산업화의 진행에 따라 늘어나는 주택 수요에 대응하기 위한 방편으로 신도시를 조성해 나가는 과정에서 나타나기 시작한 구도심 문제는 사실 심각한 수준이었다. 이런 문제를 해결하기 위해 꺼내 든 카드가 바로 뉴타운 사업인 것이다. 서울시 뉴

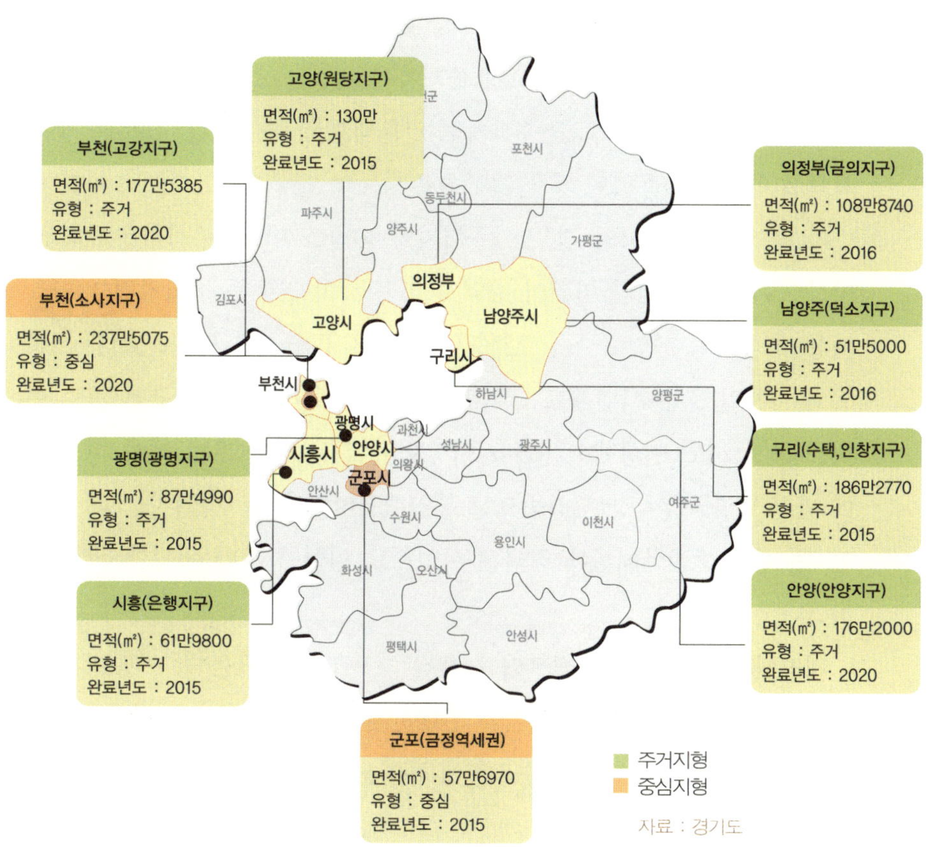

타운 사업에서 나타나듯 기존 구도심에 대한 광역적 재개발은 그 파급 효과가 엄청나다. 강남아파트 가격이 떨어지는 상황에서도 뉴타운 사업이 진행 중인 강북 일대는 꾸준히 가격이 상승하고 있다는 점이 이를 뒷받침해주고 있다.

참여정부 시절 제정된 도촉법(도시재정비 촉진을 위한 특별법)을 바탕으로 추진되기 시작한 뉴타운 사업이 새 정부에서는 보다 활기차게 추진될 전망이다. 새 정부 부동산 정책의 핵심 가운데 하나가 기존 도심에 주택 공급을 늘려 주택 수요에 대응해 나가겠다는 것이기 때문이다.

여기에 국토해양부가 경기도가 줄기차게 개정을 요구해온 내용을 반영해 재정비촉진지구 규모를 종전에는 일률적으로 주거지형 50만㎡, 중심지형 20만㎡로 적용하던 것을 인구수로 나누어 인구 100만 이상 150만 미만의 광역시 또는 시의 경우는 주거지형 40만㎡ 이상, 중심지형 20만㎡ 이상으로, 인구 100만 미만의 광역시 또는 시의 경우는 주거지형 30만㎡ 이상, 중심지형 15만㎡ 이상으로 각각 촉진지구 규모를 완화하였다. 그리고 존치지역 또는 사업완료 구역인 경우에는 토지거래허가구역 기준 면적을 종전 20㎡ 이상에서 185㎡ 이상으로 조정해 '국토의 계획 및 이용에 관한 법률'에서 정한 기준으로 통일했으며, 뉴타운 사업지구 내 국민임대주택 우선공급대상에 뉴타운 사업으로 인한 철거민을 포함시키도록 하였다.

개정된 도촉법은 올 7월부터 시행될 것으로 예상되는데, 이렇게 되면 면적 규모에 걸려 뉴타운 사업을 진행하지 못했던 지역들이 본격적으로 사업에 나설 것으로 예상돼 수도권에 뉴타운 바람이 불게 될 전망된다.

01

고양시, 이제는 명품 뉴타운이다

고양시에는 원당, 능곡, 일산 등 총 3곳의 뉴타운 사업지구가 있다. 이 3곳의 뉴타운 사업지구는 경기도 명품 뉴타운이라는 이름에 적합한 뉴타운 사업지구라는 점에서 주목해볼 필요가 있는 곳들이다.

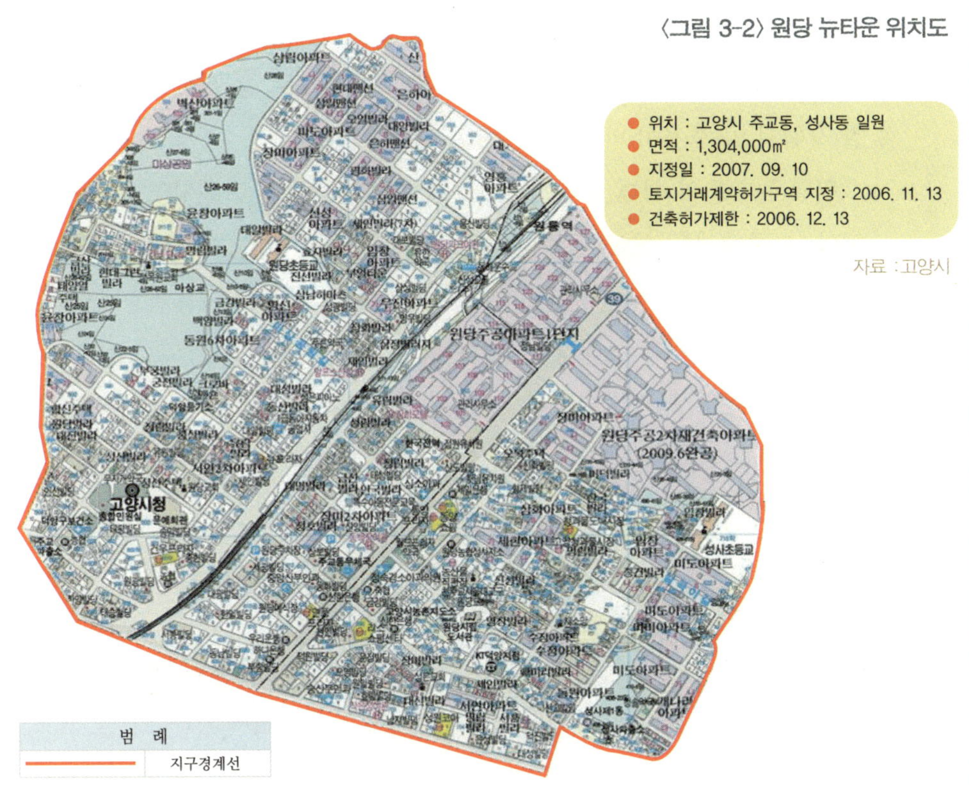

원당 뉴타운

원당 뉴타운은 고양시 덕양구 주교동, 성사동 일원 130만 4,000㎡ 면적에 주거지형으로 조성되는데, 오는 2015년 사업완료를 목표로 사업이 진행 중에 있다. 원당 뉴다운은 뛰어난 입지를 자랑하는 뉴타운이라는 점에서 실수요자뿐만 아니라 투자자들까지 높은 관심을 보이고 있는 대표적인 곳 중 하나이다.

서울 중심으로부터 불과 20㎞ 정도 거리에 위치하고 있고, 지구 내 고양시청이 입지하고 있어 장차 행정 등 복합기능을 수행할 수 있을 것으로 예상되며, 외곽순환고속도로, 고양 원당 IC, 자유로, 지하철 3호선 원당역과 2009년 개통 예정인 문산~상암 간 고속화도로 등 광역교통 체계가 잘 갖춰져 있는 곳이 바로 원당 뉴타운이다.

원당 뉴타운의 최대 수혜지역이라고 할 수 있는 곳은 원당역 주변지역이다. 그중에서도 성사지구가 단연 눈에 띄는데, 원당 뉴타운과 직접 접해 있기 때문이다. 따라서 여러 가지 사정으로 원당 뉴타운에 진입하기 어려운 경우라면 그 수혜지역인 성사지구 내 아파트 단지에 관심을 가져볼 필요가 있는데, 신원당 태영, 동신, 삼보, 동문, 대명, 시영2차 등이 여기에 속한다. 현재 성사지구 아파트 단지들의 3.3㎡당 시세가 삼보아파트 1,008만 원, 대명아파트 805만 원, 동신아파트 972만 원, 동문아파트 823만 원, 장미아파트 797만 원, 태영아파트 882만 원 수준으로 형성되어 있어 향후 상승 여력이 충분하다고 할 수 있다.

이 밖에 원당 뉴타운과 이웃하고 있는 화정지구 역시 주목해야 하는데, 화정지구 내 달빛마을과 은빛마을 중 상대적으로 달빛마을이 더 큰 수혜가 예상됨에 따라 달빛마을 동부, 극동, 부영, 경남, 진덕, 라이프, 신안, 현대, 신성미소지움, 미도파, LG, 삼성, 삼익아파트에 주목할 것을 권하고 싶다. 달빛마을의 3.3㎡당 현재 시세는 경남아파트 1,014만 원, 극동아파트 979만 원, 동부아파트 979만 원, 라이프아파트 661만 원, 부영아파트 648만 원, 신안아파트 939만 원, 진덕아파트 979만 원, 현대아파트 1,154만 원 수준을 형성하고 있어 역시 추가적인 가격상승 여력이 있다고 할 수 있다. 따라서 투자에 따른 초과 수익을 기대할 수 있다.

한편 원당지구 내 3.3㎡당 현재 시세를 보면 33㎡ 미만은 1,200만~1,950만 원 수준이고 33㎡~66㎡는 1,100만~1,300만 원 수준의 시세가 형성되어 있는 상태다. 경기도 내 뉴타운 지역들과 비교해보았을 때 뛰어난 입지 여건을 갖추고 있음에도 불구하고 상대적으로 저평가되고 있음을 확인할 수 있다. 따라서 원당 뉴타운은 매력적인 투자지역으로 손색이 없는 곳이라고 할 수 있다.

능곡 뉴타운

덕양구에 입지하고 있는 또 하나의 뉴타운이 바로 능곡 뉴타운이다. 능곡 뉴타운은 고양시 덕양구 토당동, 행신동 일원 80만 5,789㎡의 면적에 오는 2020년 사업 완료를 목표로 주거지형으로 조성되는 뉴타운이다. 능곡 뉴타운 역시 지리적 입지 측면에서 볼 때 둘째가라면 서러워할 정도로 뛰어난 입지 조건을 자랑하고 있는 곳이라고 할 수 있다. 자유로, 개통 예정인 제2자유로와 경의선 복선 전철 능곡역, 지하철 3호선 대곡역, KTX 행신역, 외관순환고속도로 등 광역 교통망이 잘 갖춰져 있는 교통의 요충지라고 할 수 있다. 이와 같은 장점으로 인해 용산 국제업무지구, 상암 DMC에는 각각 20분 내외, 5분 내외면 도착할 수 있을 것으로 예상된다. 또한 능곡 뉴타운 주변으로 행신2지구, 식사지구, 삼송 택지개발지구 등 대규모 개발이 진행되고 있어 이들 지역과의 시너지 효과까지 기대할 수 있는 곳이 바로 능곡 뉴타운이다.

2009년 12월부터 기반시설을 조성해 나갈 계획인 만큼 최적의 매수 타이밍은 올해가 될 전망이다. 따라서 실수요자라면 올해 안으로 적극적으로 능곡 뉴타운 입성 전략을 실천하는 것이 유리하다. 그러나 뉴타운 지역의 경우 실수요자가 아닌, 즉 투자목적인 수요자가 매수하기란 현실적으로 거의 불가능하다. 만약 투자목적인 경우라면 뉴타운 지역 내로 진입하기보다는 차선책으로 능곡 뉴타운 수혜지역을 노려보는 것도 좋은 전략이라고 할 수 있다.

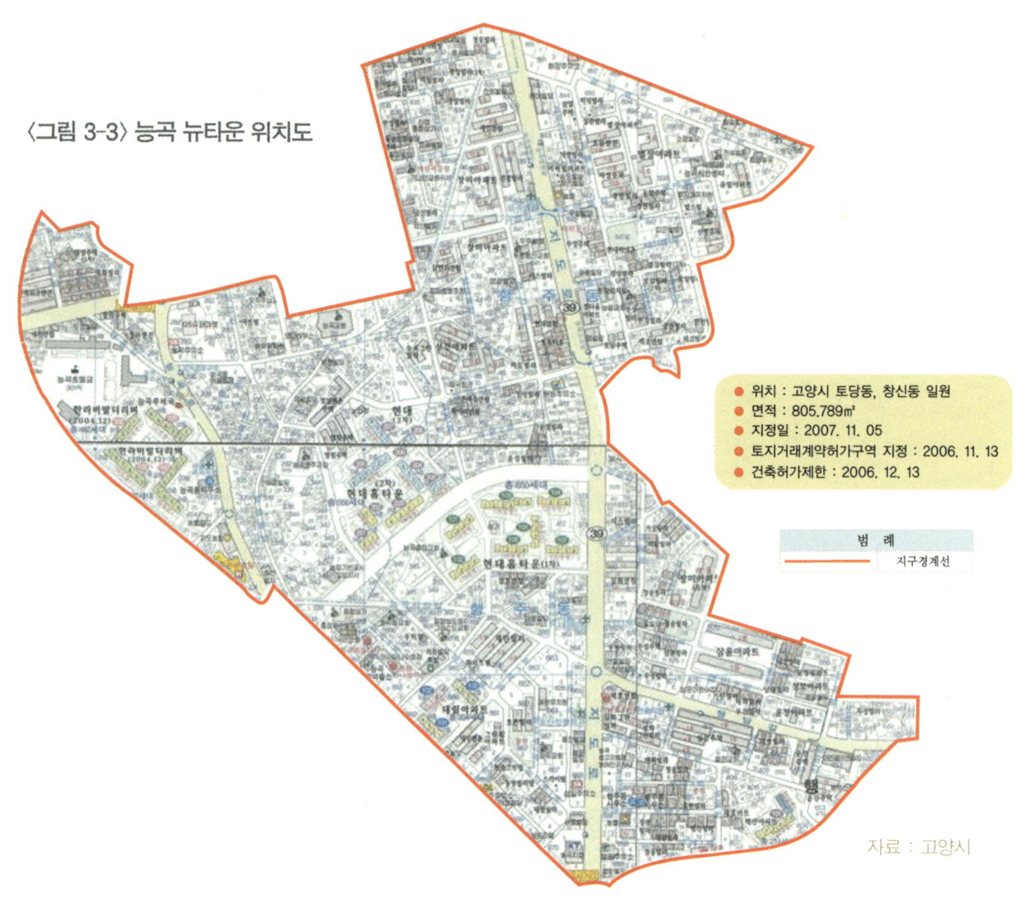

능곡 뉴타운의 최대 수혜지역이라고 할 수 있는 곳은 능곡 뉴타운과 인접해 있는 화정동 화정지구 별빛마을 기산, 벽산9단지, 부영8단지, 한일, 코오롱, 건영10단지, 화정지구 옥빛마을 건영13단지, 부영14단지, 능곡지구, 행신동 무원 라이프, SK VIEW 3차, 윤창, 무궁화, 장미7차와 그 주변 지역 토지 및 건물을 들 수 있다.

능곡 뉴타운 주변 지역의 3.3㎡당 시세를 보면 화정지구 별빛마을 건영 1,236만 원, 기산9단지 1,025만 원, 벽산9단지 1,025만 원, 부영8단지 694

만 원, 한일 1,025만 원 수준이고, 옥빛마을은 부영14단지 694만 원, 건영 850만 원 수준이며, 행신동 SK VIEW 1차 1,262만 원, 2차 1,114만 원, 무원 라이프 1,283만 원, 윤창 757만 원, 무궁화 817만 원 수준이다. 능곡 뉴타운 지역 내 매물들과 시세를 비교해보았을 때 아직까지는 뉴타운 호재요인이 덜 반영된 측면이 강하다고 할 수 있다. 따라서 능곡 뉴타운 수혜지역에 대한 적극적인 매입전략이 필요한 시점이라고 볼 수 있다.

한편 능곡 뉴타운 지역 내 시세는 고양시 3곳의 뉴타운 사업지구 가운데 서울 접근성이 가장 뛰어나다는 점이 반영되어 상당히 높게 형성되어 있는 상태로 3.3㎡당 평균 1,500만~1,800만 원 수준이고 토지거래허가가 필요 없는 20㎡ 이하는 2,000만~2,500만 원 수준으로 형성되어 있다. 이와 같은 시세는 단기적으로는 수익을 거둘 수 없다는 것을 의미하는 것인 만큼 장기적인 측면에서 접근하는 것이 필요하다고 할 수 있다. 뛰어난 입지 조건과 편리한 서울 접근성의 확보로 인해 장기적으로 꾸준한 가격상승이 예상되기 때문이다.

일산 뉴타운

일산 뉴타운은 고양시 일산 서구 일산동, 탄현동 일원 59만 6,572㎡ 규모의 면적에 주거지형으로 개발되는 뉴타운으로 오는 2020년 사업이 완료될 예정이다.

일산 뉴타운은 남측으로 일산신도시와 접하고 북측으로 탄현 택지개발지구, 동측으로 일산동 일원의 주택지 조성사업이 완료될 계획이며, 학교 및 생활편의시설이 비교적 잘 갖춰져 있는 곳이다. 따라서 노후·불량 주택이 새롭게 재탄생하게 된다면 일산신도시, 덕이지구, 탄현 택지개발지구와 함께 시너지 효과를 기대할 수 있을 전망이다. 여기에 경의선 일산

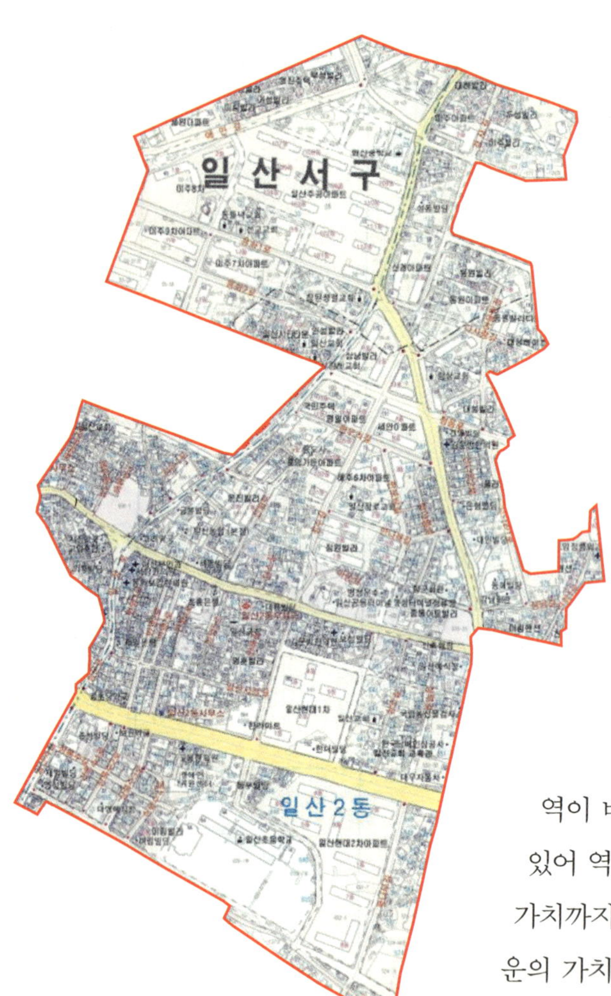

〈그림 3-4〉 일산 뉴타운 위치도

● 위치 : 고양시 일산동, 탄현동 일원
● 면적 : 596,572㎡
● 지정일 : 2007. 12. 31
● 토지거래계약허가구역 지정 : 2006. 11. 13
● 건축허가제한 : 2006. 12. 13

범 례	
———	지구경계선

자료 : 고양시

역이 바로 지구 앞에 위치하고 있어 역세권 아파트 단지로서의 가치까지 더해진다면 일산 뉴타운의 가치는 한층 빛나게 될 것으로 예상된다.

일산 뉴타운의 수혜지역으로는 뉴타운 동쪽에 접하고 있는 산들마을 베르빌, 동문굿모닝힐, 대림e-편한 세상, 중산마을 경남10단지, 동신10단지, 두산9단지, 코오롱2·7단지, 두산1단지, 일신3단지, 동부5단지, 태영6단지, 건영5단지와 지구 서쪽에 접하고 있는 일신 휴먼빌1차, 동문2·3차, 태영 레스빌, 동양 메이저, 탄현2구역 내 동신, 삼환, 풍림, 주은2차, 서광아파트 그리고 지구 맞은편의 일산 신도시 후곡마을 1단지 대우, 벽산, 2단지 동양, 대창, 3단지 현대, 4단지, 금호, 한양, 5단지 영풍, 한진, 6단지 건영, 동부아파트, 성저마을 건영빌라, 동익12차, 삼익, 풍림15차 등을 들 수 있다.

현재 일산 뉴타운의 3.3m²당 시세는 33m² 이하 1,050만~1,300만 원, 33m²~66m²는 1,000만~1,100만 원, 66m²~99m²는 700만~750만 원 수준이다. 이와 같은 시세를 감안할 때 추가적인 상승 여력은 충분하다고 할 수 있는 만큼 적극적인 매수전략이 유효할 것으로 판단된다.

02

부천시, 환골탈태의 핵심 뉴타운

부천시에는 중심지형으로 개발되는 소사, 주거지형으로 개발되는 고강, 원미 뉴타운 등 3곳의 뉴타운 사업지구가 있다. 중동, 상동이라는 신도심에 밀리고 노후·불량 주택이 많아 발전에서 소외돼왔던 부천 구도심이 뉴타운 사업을 통해 본격적인 부활을 위한 기지개를 켜고 있는 것이다.

소사 뉴타운

소사 뉴타운은 부천시 소사구 소사본동 일원 약 250만m² 규모에 중심지형으로 조성되며 오는 2020년 완공될 예정이다. 소사 뉴타운은 경인로, 동남 우회로를 이용할 경우 인천, 서울 구로까지 접근이 편리하며, 외곽순환고속도로를 이용할 수 있어 분당, 일산 등으로의 접근성 역시 편리하다는 장점이 돋보인다.

자료 : 부천시

또한 소사 뉴타운은 지구 북쪽으로 소사역, 역곡역이 위치하고 있는 역세권 뉴타운이다. 이 외에도 소사 뉴타운의 가치를 더욱 돋보이게 해줄 지하철 사업이 진행 중이라는 점 역시 호재가 아닐 수 없다. 2010년 말 개통 예정인 지하철 7호선 온수역~부평구청 구간, 2014년 개통 예정인 소사~원시선 구간이 바로 그것이다. 특히 소사~원시선 구간이 개통되면 강남 접근성이 편리해질 뿐 아니라 소사역이 환승역세권으로 변모하게 돼 소사 뉴타운에 대형 호재가 아닐 수 없다. 이 밖에도 소사 뉴타운은 홈플러스, 이마트, 소사시장, 농축산물센터 등 생활편의시설이 잘 갖춰져 있는 곳이라고 할 수 있다. 소사 뉴타운에 주목해야 하는 이유다.

소사 뉴타운은 '걷고 싶은 도시 살고 싶은 소사'를 비전으로 제시하고, 경인옛길, 괴안회주로 등을 보행 중심 가로로 탈바꿈시키는 등 도시 전체에 보행자 가로를 조성하여 보행자 중심의 안전하고 활기찬 도시로 개발할 계획이다. 소사 뉴타운의 개발에 따라 가장 큰 수혜가 예상되는 곳은 그 주변 지역인 범박동 현대홈타운과 지구 내 존치대상인 소사본동 SK VIEW, 괴안동 삼익세라믹, 삼익3차 등 아파트 단지들과 환승역세권으로 예정되어 있어 상권 확장이 예상되는 소사역 주변 수익성 부동산을 들 수 있다. 이들 아파트들의 현재 시세를 보면 삼익세라믹아파트는 66㎡가 1억 500만~1억 2,000만 원, 85㎡ 1억 8,000만~2억 1,000만 원, 105㎡ 2억 5,000만~2억 6,500만 원, 132㎡는 3억 4,000만~3억 6,000만 원의 시세가 형성되어 있다. 삼익3차는 69㎡가 1억 5,000만~1억 6,000만 원, 105㎡ 2억 5,000만~2억 6,500만 원, 132㎡ 3억 4,000~3억 6,000만 원 수준이고, SK VIEW는 105㎡가 3억 1,000만~3억 3,500만 원, 105㎡ 3억 1,500만~3억 4,500만 원 수준이다. 범박동 현대 홈타운은 1·2단지는 3.3㎡당 942만 원, 3단지는 3.3㎡당 979만 원, 4단지는 3.3㎡당 1,012만 원, 5단지는 3.3㎡당 1,157만 원, 6단지는 3.3㎡당 886만 원 수준에 형성되어 있다.

현재 소사 뉴타운의 시세는 거래가 자유로운 20㎡ 미만은 3.3㎡당 1,750만~2,650만 원 수준이고 20㎡~39㎡는 3.3㎡당 1,100만~1,600만 원 수준이며, 40~60㎡는 3.3㎡당 1,200만~1,270만 원 수준이다. 현재 시세와 인근지역 아파트 시세를 감안할 때 무조건적인 투자는 곤란한 수준이라고 할 수 있으나, 소사 뉴타운을 둘러싸고 있는 각종 호재요인들이 본격적으로 반영되는 시점까지 긴 호흡으로 투자힐 수 있는 투자자 또는 실수요자라면 여전히 매력적인 투자대상이라고 할 수 있다. 결국 소사 뉴타운의 매입 여부는 투자기간을 어떻게 설정하느냐에 달려 있다고 볼 수 있겠다.

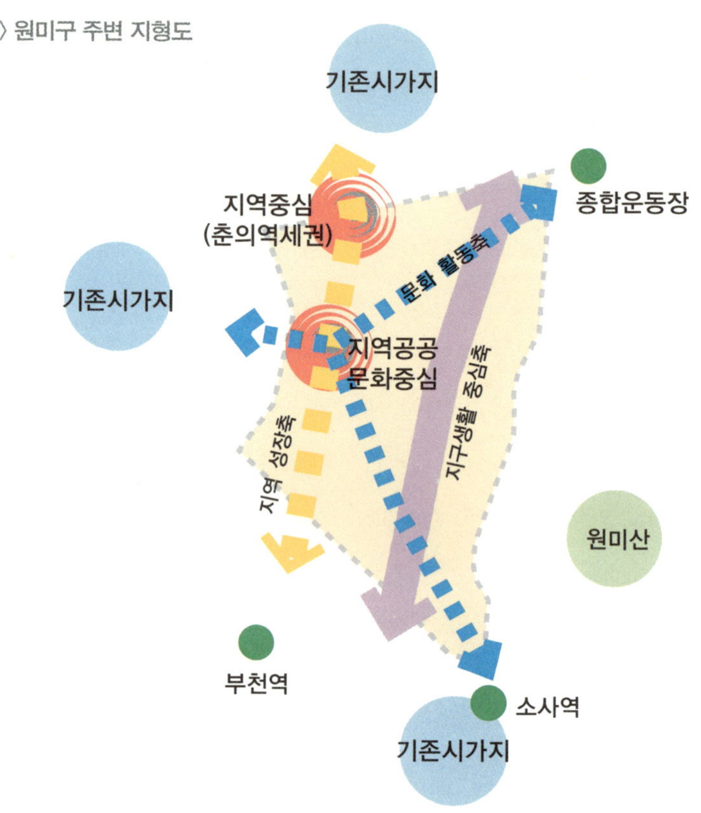

원미 뉴타운

　원미 뉴타운은 부천시 원미, 춘의, 심곡 ,소사동 일원 212만 8,327㎡ 규모로 주거지형으로 조성되며 오는 2020년 완공될 예정이다.

　원미 뉴타운 역시 훌륭한 입지여건을 갖추고 있다. 특히 지구 앞에 지하철 7호선 춘의역이 입지할 예정이어서 역세권 뉴타운으로 큰 기대를 모으고 있는 곳이라고 할 수 있다. 이와 같은 장점을 최대한 활용하기 위해 원미 뉴타운은 춘의역을 지역중심으로 설정하고, 중앙로 인근에는 공공문화 중심지를, 원미로 인근에는 생활중심지를 집중 조성할 계획이다. 또한 원미산과 중앙공원을 연결하는 강력한 녹지축이 확보되고, 춘의 문화

자료 : 부천시

거리, 시연의 거리, 영화/만화거리 등 특성 있는 테마거리도 설치될 예정이다.

원미 뉴타운 개발에 따른 수혜지역으로는 지구 인근에 건설되고 있는 주상복합아파트 '리첸시아 중동', 송내e-편한세상과 중동신도시를 들 수 있다. 현재 원미 뉴타운의 3.3㎡당 시세는 심곡동1-3구역의 경우 20㎡ 미만은 1,900만~1,950만 원, 20~40㎡는 1,370만~1,850만 원, 40㎡ 초과는 800~900만 원 수준이다. 원미동의 경우 원미1-1구역은 20㎡ 미만이 1,850만~2,600만 원, 20~40㎡는 1,050만~1,650만 원, 41~60㎡는 980만~1,050만 원, 61㎡ 이상은 750만~1,070만 원 수준이고, 원미 1-2구역은 20㎡ 미만이 1,800만~2,500만 원, 41~60㎡는 1,150만~1,450만 원 수준이며, 원미1-3구역은 20㎡ 미만이 1,300만~2,100만 원, 20~40㎡는

1,300만~1,800만 원, 41~60㎡는 1,100만~1,500만 원 수준이고, 원미1-4~6구역까지의 시세 역시 비슷한 흐름을 보이고 있다.

전체적으로 보았을 때 원미 뉴타운은 허가가 필요 없는 20㎡ 이하가 3.3㎡당 2,200만~2,500만 원, 그 외는 3.3㎡당 1,400만~1,500만 원 수준이다. 인근 지역 아파트 시세를 고려할 때 비교적 저렴한 매물을 노려보는 전략이 좋을 것으로 예상된다.

고강 뉴타운

고강 뉴타운은 부천시 오정구 고강동, 원종동 일대 약 177만㎡ 규모로 주거지형으로 조성되며 오는 2020년 완공될 예정이다.

환경부 에코시티(Eco-City) 시범지구로도 선정된 고강 뉴타운은 양호한 자연환경을 활용해 친환경 주거공간으로 개발될 계획이다. 고강 뉴타운은 다양한 자연, 역사적 요소를 갖고 있을 뿐만 아니라 서울, 마곡지구, 인천 등과 인접해 이들 지역의 배후 주거도시로서의 가치가 있으며, 오는 2016년 원종역이 입지할 예정이어서 향후 역세권을 중심으로 한 다양한 개발이 가능하다는 장점이 돋보이는 곳이라고 할 수 있다.

또한 뉴타운지구 내에 열린공원, 선사유적공원 등 대규모 공원 2개가 조성되고 자족기능 강화를 위해 다양한 직업이 창출되는 도시를 모토로 콜센터, 데이터베이스 관리, 도시농업, 한지공예, 전시모형제작, 열대어 분양 등 워킹홈(Working Home)이 계획되어 있다. 앞으로 생활권별로 교육복합시설을 배치해 환경과 교육, 산업 등이 조화를 이루는 환경주거도시로 조성될 예정이다.

현재 고강 뉴타운의 시세를 보면 거래가 자유로운 20㎡ 이하가 3.3㎡당 1,800만~2,200만 원, 20㎡ 이상은 1,300만~1,500만 원 수준으로 시세가

형성되어 있다. 현재 시세와 고강 뉴타운의 미래가치를 비교했을 때 투자가치는 충분하다고 할 수 있다. 다만 한 가지 고려해야 할 부분이 있는데 고강 뉴타운의 경우 일반분양 물량이 없다는 점이 바로 그것이다. 이는 조합원수가 많기 때문이다. 향후 적은 대지지분을 갖고 있는 조합원인 경우 입주권을 받지 못하는 청산대상이 될 수도 있는 만큼 좀 더 신중한 접근이 필요하다. 또한 공시가격에 비해 지나치게 높은 가격으로 매입할 경우 보상가가 낮게 나와 낭패를 당할 수 있다는 점 역시 충분히 고려해야 한다.

<표 3-1> 고강 뉴타운 SWOT 분석

Strength (강점)	Weakness (약점)
• 다양한 자연 역사적 요소(선사유적, 향토유적) 분포 • 서울, 마곡지구(3.4km), 인천(13km) 등이 인접하여 배후 주거도시로서 형성 용이	• 김포공한 인접지역으로 최고고도지구의 놀이제한(수평표면 해발 57.86m 이하) • 경인고속도로 인한 단절로 열악한 대상지 접근성
Opportunity (기회)	**Threat (위험)**
• 주변개발(김포공한, 마곡지구 등)에 따른 기능 증대 • 복선전철계획으로 원종역 입지(2016년)및 신월청수장 공원화 사업	• 김포–중국노선 개통으로 소음피해 증대 우려 • 주변(주거도시)개발에 따른 수요 분석

자료 : 촉진지구 PT

03

돋보이는 구리시,
돋보이는 인창 · 수택지구 뉴타운

구리 인창 · 수택 뉴타운은 구리시 인창동, 수택동, 교문동 일원 약 207만 m² 규모에 주거지형으로 조성되는 뉴타운으로 오는 2015년 완공될 예정이다.

　구리 인창 · 수택 뉴타운이 위치하고 있는 구리시는 경기 동북부 및 강원지역을 잇는 서울의 관문이었으나, 최근 주변지역의 급격한 개발로 중

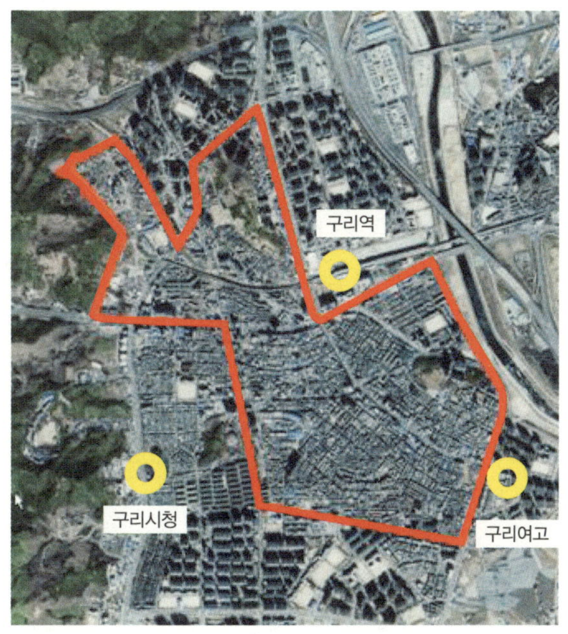

〈그림 3-9〉
구리 인창 수택 뉴타운 위치도
자료 : 구리시

심지 위상이 약화된 곳이다. 이에 따라 도시개발의 목표를 중심지 기능 부활과 친환경개발에 두고 '삶이 풍요로운 친환경 미래도시'를 도시계획 목표로 설정해 개발할 예정이다. 또한 서쪽으로 노원구, 중랑구, 광진구와 접해 있는 점에서 보듯 서울 인접지역이라는 강점을 활용해 적극적인 기업유치에 나서는 한편, 전철역을 중심으로 대규모 상업지구를 조성해 지역경제 활성화를 도모하고 그린벨트, 왕숙천, 한강 등을 이용해 여가공간 조성을 함으로써 친환경 도시로 개발할 계획이다.

인창·수택 뉴타운은 반경 10㎞ 내에 4곳의 균형발전 촉진지구와 5곳의 뉴타운지구, 2곳의 택지개발지구, 2곳의 재정비촉진지구가 있는 등 개발 호재의 중심지에 위치하고 있다. 또한 교통 편리성 역시 뛰어나다. 서울외곽순환고속도로가 완전 개통되었고, 판교~구리 간 고속도로, 경춘

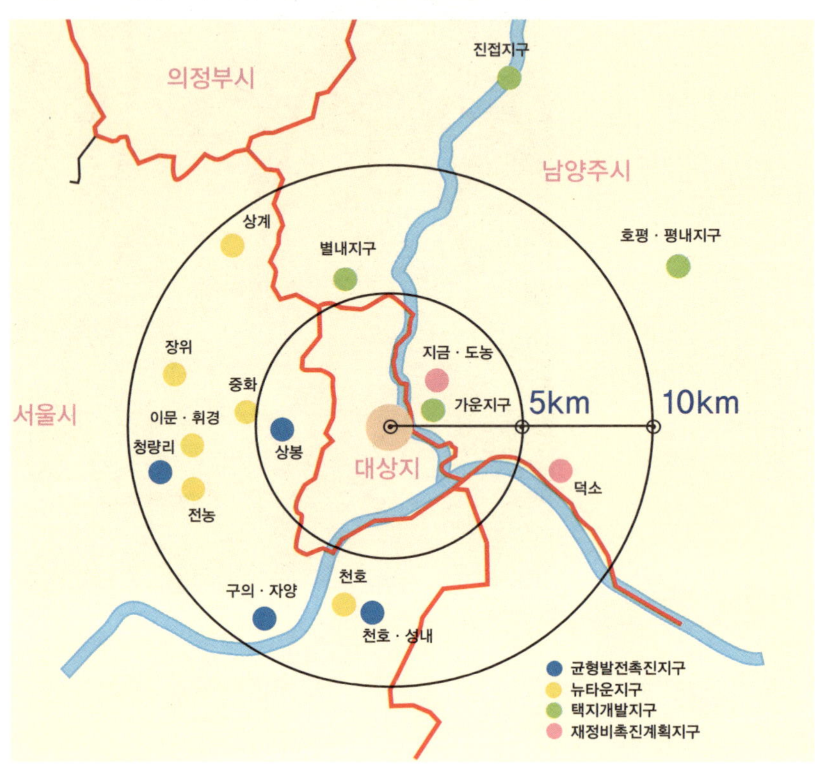

자료 : 촉진지구 프레젠테이션 자료집

국도, 경춘철도를 시가지를 통과하고 있어 이를 이용해 서울 도심으로 손쉽게 접근할 수 있다. 게다가 오는 2016년 8호선 연장사업인 별내선(암사~구리~남양주 별내)이 구리역을 통과할 예정이고, 2010년 암사대교가 완공되면 서울 강동구로의 접근성이 크게 개선되는 등 교통 편리성이 현재에 비해 괄목상대하게 좋아질 것으로 예상된다. 이와 같은 요인들로 인해 장기적으로 인창·수택지구 뉴타운의 가치는 군계일학이라는 표현이 어울릴 정도로 급상승할 것으로 예상된다.

<표 3-2> 주변지역 개발 현황

구 분		면적(m²)	주 요 내 용
균형 발전 촉진 지구	상봉	505,738	동북1권의 새로운 전략거점 조성
	청량리	357,700	일과 삶이 어우러지는 복합기능 중심도시
	구의·자양	385,340	행정, 첨단산업, 교통이 조화된 중심도시
	천호·성내	277,100	U-Biz + City
뉴타운 지구	상계	643,608	U-valley 뉴타운(자연+미래)
	중화	517,000	물의 혜택을 누리는 편안한 뉴타운
	전농	904,000	21C 교육 문화 도시
	천호	412,000	서울의 창, 클린 천호
	장위	1,851,020	Easy Newtown 장위
택지 개발 지구	진접	2,058,453	수도권 동북부의 자연친화형 미니신도시
	별내	5,092,574	인간, 자연, 문화 중심의 복지신도시
	호평·평내	1,963,950	수도권의 부핵심적인 전원형 도시
	가운	494,410	친환경적 생태도시
재정비 촉진지구	지금·도농	597,064	중심지형으로 개발 추진 중
	덕소	635,771	주거지형으로 개발 추진 중

내 아파트인 주공1·2·4·6단지, 삼환·신일아파트와 2006년 입주해
새 아파트라는 점이 돋보이는 대림e-편한 세상 2차와 토평지구 내 아파트
인 삼성래미안, 신명, 우남, 토평상록, 대림영풍, 한일, 동양, 금호1단지,
금호베스트빌 등을 들 수 있다. 이들 수혜지역 아파트들의 시세를 살펴보
면 토평지구의 경우 금호1단지 79m²가 2억 6,000만~3억 3,000만 원, 금
호베스티빌 135m² 7억~7억 5,000만 원, 대림영풍 112m² 4억 7,000만~6
억 원, 동양 152m² 6억 8,000~8억 2,000만 원, 토평상록 115m² 4억 3,000
만~5억 원, 한일 82m² 3억 1,000만~3억 6,000만 원, 신명 115m² 4억
8,000만~5억 8,000만 원, 삼성래미안 128m² 6억 5,000만~7억 2,000만

원 수준이고, 인창지구는 주공1단지 85㎡ 1억 8,000만~2억 1,000만 원, 주공2단지 109㎡ 2억 8,000만~3억 4,500만 원, 주공3단지 89㎡ 1억 8,000만~2억 1,000만 원, 주공6단지 85㎡ 1억 9,000만~2억 4,000만 원, 삼환ㆍ신일 125㎡ 3억 8,000만~4억 5,000만 원, 대림e-편한세상 2차 110㎡ 3억 5,000만~4억 원 수준이다.

한편 인창ㆍ수택 뉴타운 지구 내 시세는 거래시 허가가 필요 없는 20㎡ 미만은 3.3㎡당 3,300만~4,000만 원, 20~40㎡ 미만은 1,400~2,300만 원, 40~60㎡ 미만 1,350만~2,000만 원, 60~99㎡는 1,000만~1,300만 원 수준으로 형성되어 있다. 따라서 20㎡ 미만의 경우 이미 개발 호재가 대부분 가격에 반영되어 있다고 볼 수 있어 신중한 접근이 필요한 상태라고 할 수 있다. 그러나 그 외의 경우에는 여전히 저렴한 매물을 구입해 일정 수준 이상의 초과수익을 거둘 수 있을 것으로 예상된다.

요약하면 인창ㆍ수택 뉴타운 투자의 성패는 20㎡ 미만인 경우는 현재 형성되어 있는 시세보다 얼마나 저렴하게 매입하느냐에 달려 있고 그 외 면적 규모에 투자시는 목표투자기간이나 목표수익률, 자금 성격에 달려 있다고 할 수 있다.

04

광명시 투자 포인트, 광명 뉴타운에 물어라

광명시 하면 우선 떠오르는 것이 광명역세권 개발과 이에 연계한 교통체계 구축을 발판삼아 수도권 서남부 지역 교통 허브, 국제 업무기능 등을 담당할 예정인 도시라는 점이다. 광명시는 수도권의 요충지라고 할 수 있다. 서울, 경기, 인천의 중심부에 위치하고 있어 지리적인 접근성이 매우 탁월하기 때문이다. 여기에 뉴타운, 철산동 · 하안동 일원에 대한 대규모 재건축, 소하 택지지구개발, 광명역세권 택지개발사업, 광명경전철 등은 광명시를 더욱 매력적인 투자처로 급부상시키고 있는 요인이라고 할 수 있는데 그중에서도 시간이 지날수록 광명 뉴타운에 주목하는 투자자들이 증가하고 있는 추세다. 구도심 재생이 가져올 엄청난 파급 효과에 주목하고 있기 때문이다.

광명 뉴타운

광명 뉴타운은 광명시 광명1 · 2 · 3 · 4 · 5 · 6 · 7동과 철산1 · 2 · 3 · 4동 일원 224만 8,282㎡ 규모에 주거지형으로 조성되는 뉴타운으로 오는 2020년 완공 예정이다.

광명 뉴타운은 뛰어난 교통 환경을 자랑하는 대표적인 뉴타운이다. 지구 내 지하철 7호선 광명사거리역이 있고 철산역과 접해 있으며, KTX 광명역, 제2경인고속도로, 외곽순환고속도로 등을 이용하기 편리하다. 오는 2013년 강남고속도로가 개통 예정이고, 올해 말 착공되는 광명경전철(1호선 관악역~ KTX 광명역~ 7호선 철산역을 연결하는 10.3㎞ 거리에 총 8개의 역사가 들어서게 됨)은 광명시의 교통 편리성을 한층 강화시켜줄 것으로 기대를 모으고 있다.

또한 자족기능 강화에 따른 직접적인 수혜가 기대된다는 점 역시 광명 뉴타운을 주목해보아야 하는 이유라고 할 수 있다. 현재 자족기능 형성에 중요한 역할을 담당하고 있는 가산디지털단지와 함께 광명 뉴타운 인근에 개발이 진행 중인 광명역세권 개발사업지구 내에 자족기능의 중요 축을 담당할 첨단음악산업밸리가 조성될 계획이다. 또한 음악산업단지와

연구소가 14만㎡ 규모로 오는 2012년까지 광명역세권 개발사업지 내에 조성되는 한편 숭실대 제2캠퍼스를 유치해 문화콘텐츠 산업개발에 적극 나설 예정이다. 이와 같은 강점 요인들을 바탕으로 광명시는 올해 10월경 재정비촉진계획 수립을 위한 용역에 착수해 2009년 상반기 내 결정·고시를 목표로 사업추진에 박차를 가하고 있는 상태이다. 따라서 본격적인 공사 착공 시기는 2010년 하반기가 될 것으로 예상된다. 그렇다면 광명 뉴타운의 수혜지역은 어디일까?

답은 당연히 뉴타운 인근지역이다. 구체적으로 살펴보면 광명동 현진

에버빌, 월드메르디앙, 중앙하이츠3차, 철산동 롯데 낙천대, 두산위브, 광명 푸르지오, 브라운스톤 광명, 리버빌 주공, 소하동 금호어울림, 동양메이저2차, 동양아파트 등이 해당된다. 전체적으로 역세권이라는 장점까지 더해져 있어 실수요자뿐만 아니라 투자자들의 이목이 집중되고 있는 지역들이라고 할 수 있다. 또한 광명사거리역 주변 수익성 부동산 역시 주목할 필요가 있다. 이미 상권이 잘 형성돼 있는 상태에서 뉴타운 사업이라는 대형 호재 요인까지 더해져 상권 확장이 예상되기 때문이다.

 광명사거리역 주변 수익성 부동산이 매력적인 투자대상인 것은 분명하나 개발 호재가 일정 부분 이상 시세에 반영되어 있기 때문이다. 따라서 이미 1급 상권이 형성되어 있는 지역보다는 뉴타운 사업 이후 상권이 확장될 가능성이 높은 지역에 관심을 두고 철저한 분석을 통해 매수하는 전략이 효과적일 것으로 판단된다.

2008년 4월 현재 광명뉴타운 시세를 보면 토지거래허가가 필요 없어 거래가 자유로운 20㎡ 미만은 3.3㎡당 2,300만∼2,650만 원 수준이고, 그 외는 대지 지분 33㎡를 기준으로 대략 3.3㎡당 1,800만 원 수준에 시세가 형성되어 있는 상태다. 뉴타운 인근지역 기존 아파트 중 강세를 보이고 있는 광명동 월드메르디앙(1,173만 원/3.3㎡), 현진에버빌(1,180만 원/3.3㎡), 철산동 광명푸르지오(1,340만 원/3.3㎡), 브라운스톤 광명(1,230만 원/3.3㎡), 소하동 금호어울림(1,370만 원/3.3㎡), 동양메이저2차(1,345만 원/3.3㎡) 등의 시세와 비교했을 때 실수요자가 아닌 투자자가 접근하기에는 다소 부담스러운 수준이라고 할 수 있다. 그러나 광명 뉴타운을 둘러싸고 다양한 개발 호재가 진행 중이라는 점을 고려한다면

05

뉴타운, 군포시를 춤추게 하다

군포시에는 금정역세권 뉴타운, 군포역세권 뉴타운 등 총 2곳의 뉴타운 사업지구가 있는데 2곳 모두 역세권 뉴타운으로 조성된다는 특징이 있다.

금정역세권 뉴타운

금정역세권 뉴타운은 군포시 산본동, 금정동 일원에 87만 2,082㎡ 규모 중심지형으로 조성되며 오는 2015년 사업이 완료될 예정이다. 금정역세권 뉴타운은 4호선, 1호선 환승역세권인 금정역을 중심으로 주변에 산본(구)주공아파트 재건축 사업이 시행 중이고, 1분 거리에 수도권 제1기 신도시 중 하나인 산본신도시가 자리 잡고 있으며, 외곽순환도로 등을 편리하게 이용할 수 있는 등 뛰어난 입지조건을 자랑하고 있는 뉴타운이라고 할 수 있다. 또한 이미 산본신도시로 인해 잘 갖춰진 생활편의시설을 공유할 수 있다는 장점과 함께 뉴타운 인근의 기존 공장지대가 첨단산업단지로의 재편이 진행되고 있어 첨단자족기능을 갖추게 될 것이라는 점 역시 돋보이는 부분이라고 할 수 있다. 금정역세권 뉴타운이 보령제약과 금정역, 상업지역 등을 연계한 촉진계획 수립을 통해서 상업과 업무, 교육이 접목되는 랜드마크를 형성하게 될 것이라는 점 역시 큰 기대를 모으고 있는 부분이라고 할 수 있다.

군포시는 2009년 1월 중 재정비촉진계획을 승인받아 본격적인 사업추진에 나설 계획이다. 그렇다면 금정역세권 뉴타운의 수혜지역은 어디가 될까? 답은 뉴타운 지구와 인접해 있는 산본신도시와 금정역세권 뉴타운

자료 : 군포시

에서 제외되었지만 인접해 있는 금정역 주변지역이라고 할 수 있다. 2008
년 4월 현재 금정역세권 뉴타운의 3.3㎡당 시세는 토지거래허가가 필요
없어 거래가 자유로운 20㎡ 미만은 2,600만~3,200만 원, 20~40㎡ 이하
는 2,050만~2,600만 원, 41~60㎡는 1,450만~2,100만 원 수준에 형성
되어 있다. 바로 옆에 재건축이 진행 중인 산본(구)주공아파트의 112㎡의

시세가 3.3㎡당 1,500만~1,600만 원 수준이라는 점과, 삼성래미안으로 재탄생하는 산본(구)주공아파트의 시세가 3.3㎡당 대략 1,800만~2,000만 원 수준은 가능할 것으로 예상된다는 점에서 아직은 추가적인 가격상승 여력이 있다고 볼 수 있는 만큼 금정역세권 뉴타운 지역 내 매물들에 대한 적극적인 매수전략도 좋은 선택이 될 것으로 예상된다.

군포역세권 뉴타운

군포시를 춤추게 할 또 하나의 뉴타운이 바로 군포역세권 뉴타운이다. 군포역세권 뉴타운은 군포시 당동 군포역 일원에 29만 7,200㎡ 규모로 중심지형으로 오는 2015년까지 사업을 마무리 지을 계획이었다. 그러나 올해 1월 금정동과 당동 일부지역에 대해 뉴타운 추가지정을 위한 건축허가 제한을 공고함으로써 추가로 56만 1,329㎡가 뉴타운 지구에 포함되게 되었다. 이로써 군포역세권 뉴타운은 총 85만 8,529㎡가 뉴타운사업을 통해 경쟁력 있는 도심으로 재탄생하게 될 예정이다.

군포역세권 뉴타운은 주변에 당정역 신설, 당정2지구, 부곡지구 등 개발재료가 많다는 특징이 있는 곳이다. 그만큼 부동산 시장이 활동적이라는 의미이다. 활동적인 부동산 시장이 가격상승을 몰고 온다는 점을 감안할 때 충분히 투자 유인이 되고도 남음이 있다고 하겠다. 군포역세권 뉴타운 사업은 인접하고 있는 금정역세권 뉴타운과 시너지 효과를 발휘하게 될 것으로 예상된다. 따라서 금정역세권 뉴타운과 군포역세권 뉴타운의 수혜지역은 상당 부분 겹치고 있다. 가장 대표적인 경우가 바로 산본신도시이다. 수혜지역은 뉴타운 주변지역인 당동, 금정동 일원이다. 특히 당정역이 들어서게 됨으로써 실질적인 의미에서의 역세권으로 거듭나게 되는 당동 일대 아파트, 수익성 부동산 등이 가장 큰 수혜가 예상된다.

<그림 3-13> 군포역세권 뉴타운 위치도

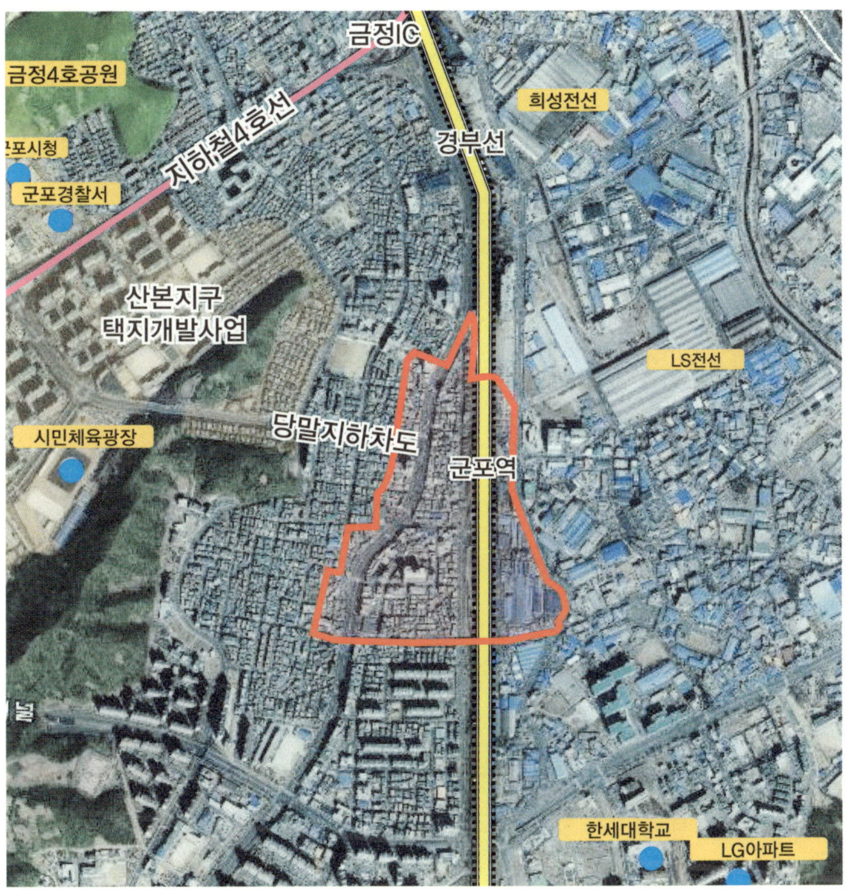

자료 : 군포시

　현재 당동 일대 부동산의 3.3.㎡당 시세를 살펴보면 LG빌리지의 경우 1,200만 원, 금강KCC는 1,170만 원, 쌍용은 1,150만 원 수준에 평균 시세가 형성되어 있는 상태이다. 한편 수익성 부동산의 경우에는 상가주택은 3.3㎡당 520만~1,000만 원 수준에 시세가 형성되어 있고 상가점포인 경우에는 1층을 기준으로 3.3㎡당 1,300만~1,900만 원 수준에 시세가 형성되어 있는 상태다.

한편 군포역세권 뉴타운 내 부동산의 시세는 2008년 4월 현재 연립·다세대는 3.3㎡당 1,800만~1,900만 원, 단독 및 다가구주택은 3.3㎡당 900만~1,500만 원 수준에 시세가 형성되어 있는 상태이다.

이와 같은 시세흐름을 볼 때 군포역세권 뉴타운 지역 시세는 인근 지역에 비해 다소 높게 형성된 측면이 있다. 이는 기반시설이 잘 갖춰져 있는 데다 뉴타운 사업에 따라 미래가치가 증가할 것으로 예상되면서 미래가치가 일정 부분 현재 시세에 반영된 것이라고 풀이할 수 있다. 따라서 단기적인 관점에서 본다면 뉴타운 지구 내에 투자하기보다는 인근지역에 대한 투자를 고려하는 것이 좋다고 볼 수 있다. 하지만 장기적인 관점에서 본다면 여전히 추가적인 가격상승 여력이 있는 만큼 투자적합지역으로 분류할 수 있다.

한편 뉴타운 인근 지역의 수익성 부동산 시세흐름을 보면 여전히 매력적인 투자처가 될 수 있다고 볼 수 있다. 따라서 뉴타운 사업에 따른 상권 변동 가능성 등을 면밀히 체크한 후 적극적으로 매수에 나선다면 임대수익과 함께 자산 가치상승이라는 두 마리의 토끼를 모두 잡을 수 있는 상가주택이나 상가점포를 구입할 수 있을 전망이다. 요약하면 군포역세권 뉴타운에 대한 투자는 지구 내 투자는 장기적 관점에서 접근하되, 인근 지역 아파트와 수익성 부동산은 즉시 투자해도 좋다.

04 부동산 재테크, 또다시 길을 주목하다

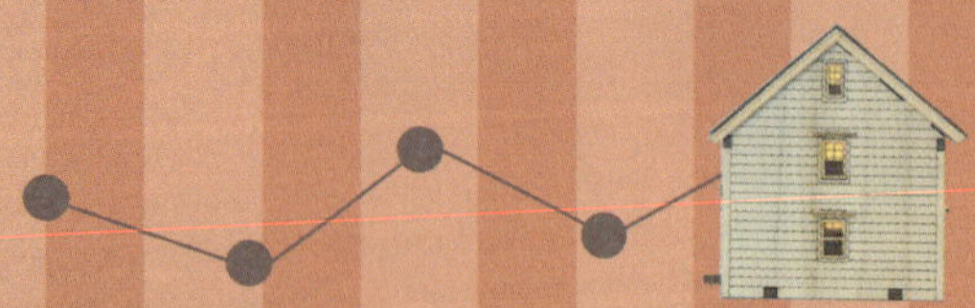

"황금은 결국 길에 묻혀 있었다!"
수십 년간 부동산 투자를 해온 부동산 재테크의 고수의 경험이다. 그렇다. 적어도 우리나라 부동산 시장에서만큼은 도로, 철도 등 교통의 편리성이 개선되는 곳들은 어김없이 부동산 가격이 상승해왔다. 2008년, 또다시 길에 주목해야 한다.

길이 나는 곳에 돈이 난다

1. 제2경부고속도로, 40여 년 만에 찾아온 황금 기회

2. 제2서해안고속도로, 수도권과 서해안을 연결하는 도로

3. 수도권 제2외곽순환도로, 서울을 둘러싸는 중추 순환 도로

4. 제2영동고속도로, 동서로 연결하는 또 하나의 개발축

5. 용인 경전철, 미래가치가 돋보이는 유망지역

6. 성남~여주선, 돈 되는 전철 노선

길이 나는 곳에 돈이 있다

"황금은 결국 길에 묻혀 있었다!"

수십 년간 부동산에 관심을 갖고 이곳저곳 돈 될 만한 곳이라면 가리지 않고 발품을 팔아 이제는 경제적 부를 이루는 데 성공한 한 재야 부동산 재테크 고수의 경험담이다. 그렇다. 적어도 우리나라 부동산 시장에서만큼은 도로, 철도 등이 놓이게 됨에 따라 교통 편리성이 개선된 곳들은 어김없이 부동산 가격이 상승하는 현상을 보여왔다. 서울지하철 1~4호선을 필두로 경부고속철도, 경의선 복선전철, 분당선 등의 철길 그리고 경부고속도로, 영동고속도로, 서해안고속도로, 수도권 외곽순환도로 등 굵직굵직한 국가적 사업에서 시·군 도로에 이르기까지 그 정도의 차이는 있으나 누군가는 경제적 혜택을 입었으며 현재도 경제적 혜택은 진행형이다.

2008년은 또다시 길을 주목해야 할 시점이다. 1969년 전구간이 개통된 이래 40년 가까이 우리나라 성장과 함께해왔고, 지나가는 주변을 대한민

자료 : 제4차 국토종합계획 수정계획

국 투자 1번지로 탈바꿈시켜 왔으나 지나친 교통수요의 집중으로 그 기능을 다하지 못하고 있는 경부고속도로를 보완해줄 제2경부고속도로를 필두로, 제2영동고속도로, 제2서해안고속도로, 수도권 제2외곽순환도로, 그리고 수도권 소외지역을 새롭게 수도권으로 편입시켜줄 것으로 기대를 모으고 있는 성남~여주 간 복선전철사업, 호재 만발 용인시 도심을 연결해줄 용인경전철 등 대형 사업들이 줄지어 대기 중이기 때문이다. 이는 곧 새로운 투자기회, 그것도 수십 년에 한 번 찾아오는 엄청난 기회가 아닐 수 없다. 2008년에 또다시 길을 주목해야 하는 이유이다.

01

제2경부고속도로,
40여 년 만에 찾아온 황금 기회

최근 부동산 시장에 큰 파급 효과를 가져올 고속도로 계획이 확정되었다. 바로 제2경부고속도로 조기착공이다. 제2경부고속도로는 경기도 동서울(구리)에서 용인, 안성, 천안을 거쳐 세종시(공주시 장기면)를 연결하는 총 길이 128.8㎞의 고속도로다. 국토해양부는 오는 2010년 가장 교통체증이 심각한 구간인 동서울~용인 구간 39.5㎞를 우선 착공한 후 2015년 완공하고, 나머지 구간들은 오는 2017년까지 단계적으로 완공할 계획이다.

제2경부고속도로에 주목해야 하는 가장 큰 이유는 역설적으로 경부고속도로에서 찾을 수 있다. 경부고속도로가 어떤 곳인가? 개발의 중심축이 아닌가! 수도권 제1기 신도시와 수도권 제2기 신도시 중 판교신도시, 동탄1·2신도시, 광교신도시와 메머드급 국제도시인 평택 고덕국제도시,

〈그림 4-2〉 제2경부고속도로

자료 : 국토해양부

택지개발지구인 용인 홍덕, 보라/공세, 죽전, 신갈, 구갈, 상갈, 구성, 동백지구, 수원 영통, 화성 태안, 봉담, 청계, 동지, 오산 궐동, 세교 등 이름만 들으면 알 만한 알짜 주거지역들이 모두 경부고속도로 축에 몰려 있다는 사실은 경부고속도로가 얼마나 중요한 개발축으로 자리매김하고 있는가를 짐작할 수 있게 해주는 대목이 아닐 수 없다.

제2경부고속도로는 기존의 경부고속도로와 중부고속도로 사이를 지나게 될 전망이다. 따라서 제2경부고속도로는 경부고속도로축에 몰려 있는 중심기능뿐만 아니라 새로운 개발수요까지 수용할 수 있을 것으로 분석된다. 이는 곧 제2경부고속도로가 경부고속도로 못지않은 새로운 개발축으로 자리매김하게 될 것이라는 의미다. 그렇다면 제2경부고속도로 개통에 따라 수혜가 예상되는 지역은 어디일까? 답부터 말하자면 단연 수도권이라고 할 수 있다.

가장 먼저 제2경부고속도로와 함께 제2영동고속도로가 교차하게 될 하남시를 들 수 있다. 교통기능의 집중으로 인해 물류, 주거, 상업 등 다양한 부동산 수요가 증가할 것으로 예상되기 때문이다. 다음으로 그동안 지리적으로는 수도권에 속해 있으면서도 교통 여건의 미비로 찬밥 신세를 면치 못하던 용인 동부권과 안성 중부권 역시 직접 수혜지역이라고 할 수 있다. 좀 더 구체적으로 살펴보면 용인시 모현면, 남사면, 이동면, 백암면 등이 수혜지역이 될 전망이다. 특히 '2020년 용인시 도시기본계획'에서 시가화예정용지로 지정한 남사면 봉무리, 봉평리 일원 남사복합신도시 예정지는 동탄2신도시와도 인접하고 있다는 점에서 제2경부고속도로가 대형 호재요인으로 작용해 주변지역 부동산 시장 전체를 뒤흔들 가능성 이 매우 높다.

안성 역시 주목해야 하는 수혜지역이라고 할 수 있는데, 그 이유는 만 성적 교통정체 현상에서 벗어날 수 있다는 점에 있다. 현재 경부고속도 로, 중부고속도로, 평택~음성 간 고속도로 등이 지나고 있음에도 불구하 고 만성적인 교통정체 현상을 빚고 있는 안성시는 제2경부고속도로 개통 에 따라 교통량 분산이 이루어져 교통 여건이 크게 좋아질 것으로 예상된 다. 이런 이유로 향후 안성시에 개발 수요가 몰릴 것으로 예상된다. 개발 수요의 집중이 부동산 가격상승으로 이어질 수밖에 없다는 점에서 안성 시 중부권에 주목해볼 것을 권하고 싶다. 세교 택지개발지구, 뉴타운 사 업 등이 추진되고 있는 오산시 역시 서울 접근성이 크게 좋아질 것으로 예상됨에 따라 간접적인 수혜가 기대되는 지역이라고 할 수 있다.

위 지역들은 기존의 경부고속도로 주변 부동산에 비해 비교적 저평가 되어왔다는 점에서 투자에 따른 수익확보가 유망하다는 장점까지 돋보이 는 지역들이라고 할 수 있다.

한편 현재 대규모 택지개발이 진행 중이고 신도시가 들어서 있어 만성 적 교통체증 현상을 빚고 있는 기존 경부고속도로축, 즉 용인 수지·성복 등 서부권과 동탄신도시, 동탄2신도시 등 화성 동부권, 판교신도시 역시 제2경부고속도로 개통에 따른 수혜가 예상되는 곳이라고 할 수 있다. 제2경부고속도로가 기존 경부고속도로에 과도하게 편중된 교통량의 상당 부분을 분담할 것으로 분석되기 때문이다. 이는 기존 경부축 선상에 위치하고 있는 주거지역 입장에서 볼 때 자신들을 짓누르고 있던 악재요인으로부터의 탈출을 의미하는 것인 만큼 경부축 부동산 시장을 강력한 상승 추세로 전환시킬 수 있는 대형 호재요인이 될 전망이다.

이상에서 보듯 제2경부고속도로는 40여 년 만에 찾아온 황금 기회라고 할 수 있다. 그러나 제2경부고속도로축에 투자하는 것이 아직은 그렇게 호락호락 하지 않다는 점이 문제이다. 아직 확실하게 노선이 정해지지 않았기 때문이다. 따라서 제2경부고속도로축에 투자하고 싶다면 개발 일정을 세심하게 챙겨야 낭패를 면할 수 있다. 아직까지는 불확실성도 높고 투기수요 유입에 따른 지가상승 가능성이 높아 토지거래허가구역 등 각종 규제가 집중될 것으로 예상되기 때문이다. 따라서 투자기간을 길게 잡고 투자에 나서는 것이 효과적일 전망이다.

02
제2서해안고속도로,
수도권과 서해안을 연결하는 도로

지난 2001년 개통된 서해안고속도로는 인천~목포 간 353㎞를 4시간 만에 오갈 수 있도록 해주었을 뿐만 아니라 접근성이 크게 개선된 충청권 토지 가격이 크게 상승하는 원동력으로 작용했다. 그러나 늘어나는 교통량으로 인해 서서히 진행되어오던 서해안고속도로의 교통체증은 갈수록

잦아져 심각한 수준에 이르게 되었다. 이런 이유로 제2서해안고속도로의 필요성이 대두되고 있는 시점에 국토해양부가 제2서해안고속도로의 조기 건설을 확정했다.

제2서해안고속도로는 시흥~서평택~아산~예산~홍성을 연결하는 총 연장 108.6㎞ 구간으로 1단계사업으로 민자 사업인 시흥시 월곶동~평택시 청북면 고잔리 구간(42.6㎞)이 2013년 개통을 목표로 우선 착공되었다. 2단계 사업인 평택~홍성(66㎞)을 연결하는 구간은 1단계 사업이 완료되는 오는 2013년 착공해 2018년 마무리될 전망이다.

제2서해안고속도로를 주목해야 하는 이유는 서해안고속도로에 과도하게 집중되고 있는 교통량을 분산시켜줌으로써 서해안권으로의 접근이 보다 수월하게 될 것으로 예상된다는 점과 함께 평택~홍성 구간, 즉 내륙 구간으로 연결됨으로써 이 도로가 통과하게 될 지역과 그 주변지역 부동산 시세흐름에 긍정적인 영향을 주게 될 것이라는 점 때문이다.

벌써부터 시화 MTV사업을 추진하고 있는 시흥시와 안산시, 송산 그린시티 사업을 추진하고 있는 화성시, 그리고 평택항으로의 접근성이 크게 개선됨에 따라 수혜가 기대되는 평택시의 부동산 시장에 긍정적인 영향을 주고 있는 상태이다.

제2서해안고속도로 1단계 구간인 시흥시 월곶동~평택시 청북면 고잔리 구간 개통시 수혜가 예상되는 지역으로 인근 지역인 광명, 안양, 인천 등지에 비해 토지 가격이 저렴한 시흥시 신천동, 월곶동, 송상 그린시티와 접하고 있고 제2서해안고속도로가 관통하는 화성시 송산면 등 화성시 서부권, 평택 청북지구 등 평택 서부권이 주목 대상이라고 할 수 있다.

또한 2단계 사업구간이 지나게 되는 아산~예산~홍성 구간 역시 추가적인 가격상승 가능성이 높게 점쳐지는 만큼 관심을 갖고 사업진행 상황을 점검해볼 필요가 있는 지역이라고 할 수 있다.

03

수도권 제2외곽순환도로,
서울을 둘러싸는 중추 순환도로

기존의 수도권 외곽순환도로가 수도권 제1기 신도시를 연결하는 도로였다면 수도권 제2외곽순환도로는 수도권 제2기 신도시를 연결하는 중추 순환도로라고 규정할 수 있다. 이는 수도권 제2외곽순환도로가 인천~김포~파주~양주~포천~화도~양평~이천~오산~봉담~송산~안산의 총연장 224.33㎞을 원형으로 연결하는 도로라는 점을 통해서도 잘 나타나고 있다.

수도권 제2외곽순환도로는 가장 먼저 인천 구간(인천~김포)이 오는 2013년 완공을 목표로 올해 내로 착공될 예정이다. 전체 구간 개통은 2013년부터 단계적으로 개통돼 오는 2020년 완전 개통될 전망이다. 수도권 제2외곽순환도로가 개통될 경우 기존의 내부순환도로, 외곽순환도로와 함께 서울을 중심축으로 하는 3중 고리 형태의 순환도로망을 갖추게 된다. 이렇게 되면 서울로 유입되는 교통량을 기존의 외곽순환도로, 제2외곽순환도로가 분산 흡수할 수 있어 한층 원활한 교통 편의성을 확보할 수 있을 것으로 예상된다.

수도권 제2외곽순환도로 인천 구간 개통시 수혜가 예상되는 지역으로는 겹호재가 돋보이는 청라지구, 검단신도시라는 개발 호재가 있는 검단, 서구 경서동 일원 '김포한강신도시'와 '양촌 지방산업단지라'는 호재요인이 돋보이는 김포, 제2외곽순환도로·시화 MTV사업 및 능곡·장현·목감지구 등 택지개발지구 개발이 활발한 시흥시 등이 손꼽히고 있다.

한편 송산 그린시티사업이 추진 중인 화성시 송산면 일원, 동탄1·2신

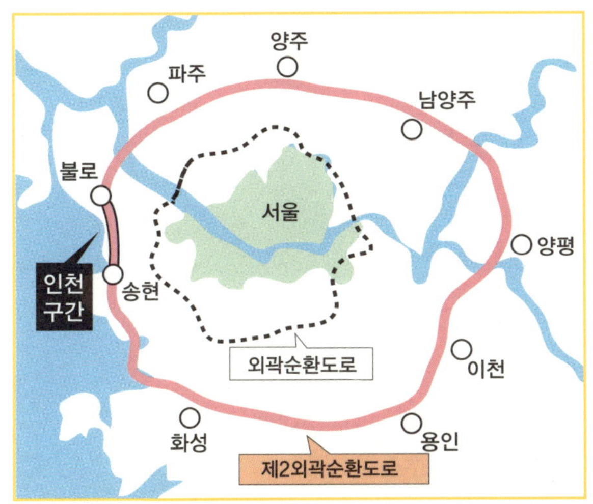

도시, 양주 고읍동 일원 고읍 택지개발지구와 양주신도시, 오산시 원동 일원, 파주시 운정신도시 및 교하읍 일원, 화도 IC가 들어서게 될 남양주시 화도읍 일원, 제2외곽순환도로가 시내를 관통할 예정인 동두천시 역시 수도권 제2외곽순환도로 개통시 수혜가 예상되는 지역이라고 할 수 있다. 특히 남양주 화도 IC 부근과 동두천시 생연지구, 송내지구를 주목할 필요가 있는데 화도 IC 부근은 경춘고속도로가 교차하게 될 예정이어서 중부내륙고속도로와의 연계가 가능해 편리한 교통여건이 돋보이는 지역으로 탈바꿈하게 될 것이라는 점 때문이고, 동두천시 생연지구, 송내지구는 제2외곽순환도로 외에 경원선 동두천역과 내행역에 접하고 있는 등 교통 편리성이 돋보이게 될 지역이라는 점 때문이다.

기존에는 수도권 외곽순환도로가 개통되면서 그 주변 지역 부동산 가격이 크게 상승하는 현상을 보였다. 따라서 수도권 제2외곽순환도로 역시 통과하는 지역의 부동산 시장을 들썩이게 만들 것으로 예상된다. 그러므로 일정 수준 이상의 투자수익을 계획하고 있다면 제2외곽순환도로 통과 지역을 선점하는 전략이 필요할 전망이다. 다만 한 가지 주의할 사항은 최종 개통 예정이 2020년이라는 점이다. 아직은 변동 가능성이 있는 만큼 단계별 진행 상황을 보다 면밀히 체크하는 세밀함이 요구된다.

04

제2영동고속도로,
동서로 연결하는 또 하나의 개발축

경기도 광주에서 원주, 양평, 여주를 거쳐 원주를 연결하는 총 56.95㎞의 제2영동고속도로가 올 하반기 착공되어 오는 2013년 완공될 예정이다. 제2영동고속도로가 개통될 경우 기존의 영동고속도로를 이용할 경우에 비해 동서울에서 원주까지 약 30분 이상 단축된 50분대면 도달할 수 있을 전망이다. 제2영동고속도로가 개통될 경우 기존 영동고속도로와 함께 수도권 동부를 동서로 연결하는 또 하나의 개발축이 형성되는 셈이다.

제2영동고속도로 개통에 따른 수혜지역으로는 우선 나들목이 입지하게 될 지역을 들 수 있다. 광주시에서는 오는 2011년까지 단계적으로 개통 예정인 성남~장호원 간 고속도로가 관통하는, 교통 편의성 측면에서의 호재가 돋보이는 지역이라고 할 수 있는 초월읍, 실촌읍 이 투자 유망하다. 또한 한때 분당급 신도시 후보지로 거론되던 오포읍 일대 역시 수혜가 예상되는 지역인 만큼 투자를 고려할 만하다.

여주군에서는 한반도 대운하, 성남~여주 간 복선 전철이라는 대형 호재가 겹쳐 있는 대신면과 금사면, 홍천면이 투자 유망하다고 할 수 있다.

양평군은 원주 기업도시의 배후도시인 동시에 제2영동고속도로 개통시 서울 접근성이 크게 개선될 것이다. 한편 투자 유망지는 팔당상수원 특별대책지역에서 제외되어 양평군 내 여타 지역에 비해 개발에 따른 제약이 적은 양동면 일원이다.

원주시에서는 지정면이 투자 유망한 지역으로 손꼽힌다. 지정면 가곡

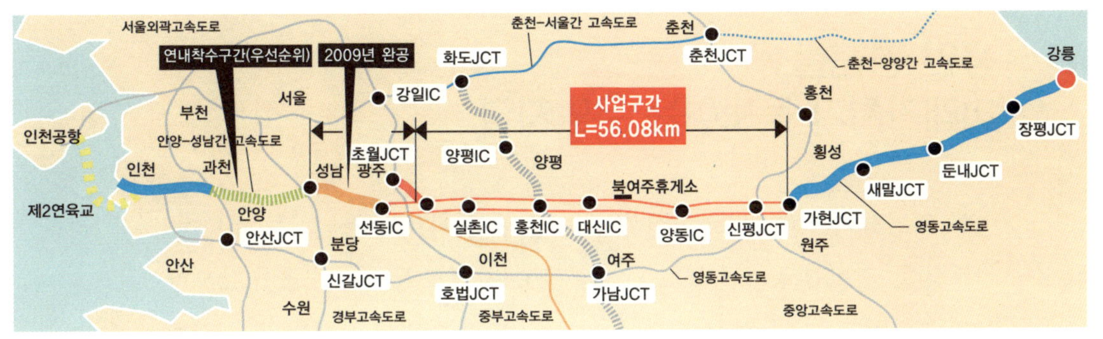

리와 신평리, 호저면 무장리 일원 531만 1,000㎡에 조성되는 원주 기업도시의 교통 편의성을 개선시켜줄 호재요인이기 때문이다.

이들 지역은 한결같이 서울과 지리적으로 인접하고 있음에도 불구하고 교통 여건이 좋지 않아 부동산 가격이 약세를 보여왔다는 공통점이 있는 지역들이다. 따라서 제2영동고속도로 개통에 따라 악재요인이 제거될 경우 이 지역 부동산 가격은 강력한 상승세를 타게 될 것으로 예상된다. 다만 새로 나들목이 들어서는 곳에 투자할 때는 반드시 나들목이 호재요인으로 작용할 수 있는 적정거리 내의 토지나 건물을 매입하는 지혜가 필요하다. 너무 가까워도 좋지 않고 또 지나치게 멀어도 직접적인 수혜를 기대하기 어렵기 때문이다. 경험적으로 보았을 때 대략 나들목에서 3~5㎞ 정도 범위 내의 부동산을 취득하는 것이 좋다.

05

용인 경전철,
미래가치가 돋보이는 유망지역

용인 경전철이 2009년 하반기 개통 예정이다. 이로써 용인시는 분당선, 신분당선, 경전철 등 3개 철도 노선이 주요 지역을 통과하는 광역 교통망을 구축하게 될 전망이다. 기흥에서 에버랜드를 연결하게 되는 용인 경전철은 극심한 교통 체증에 따른 도로 기능의 마비로 한계상황에 직면하고 있는 경부축 주요 지역의 미래가치를 한 단계 끌어올릴 수 있을 것으로 예상된다.

용인 경전철 개통에 따른 수혜지역으로는 우선 역세권 주변 아파트 단지를 들 수 있다. 대표적으로 환승역세권으로 주목받고 있는 구갈역 개통에 따라 역세권 프리미엄을 기대할 수 있는 구갈2지구, 강남대역·어정역 역세권 아파트로 거듭나게 될 구갈3지구, 어정역·동백역·초당역을 편리하게 이용할 수 있게 될 동백지구 등이 여기에 해당된다. 특히 2008년 들어 110㎡를 기준으로 했을 때 고점대비 6,000만~7,000만 원 수준의 가격하락이 발생한 동백지구가 투자 유망하다고 할 수 있다.

용인 경전철은 신도심뿐만 아니라 기존 도심의 활성화에도 크게 기여할 것으로 예상된다. 기존 시가화지역인 삼가역, 명지대역, 기존 상업지역인 김량장역, 공설운동장역 주변의 활성화에 큰 도움을 주게 될 전망이다. 특히 용인시가 '2020년 용인시 도시기본계획'에서 구성역 전면부, 삼가역 역사 인근 국도 42호선 주변 지역, 명지대 역 인근 국도 42호선 주변 지역, 에버랜드 입구 기존 시가지 지역을 정비하겠다고 밝힌 만큼 투자가

<그림 4-6> 용인시 경전철 노선도

자료 : 용인시

유망하다고 할 수 있다. 또한 행정타운과 행정타운 배후 상업용지로의 개발이 추진되고 있는 시청역 주변은 수익성 부동산 투자가 유망하다고 할 수 있고, 시가화예정용지가 주변에 입지하고 있는 고진역(복합주거타운), 보평역, 수포역 주변은 장기적 관점에서 투자 유망한 지역이라고 할 수 있다. 결국 용인 경전철은 역세권을 중심으로 새로운 상권이 형성되도록 함과 동시에 기존 주거지역의 교통 편리성을 개선시키는 두 가지 긍정적 기능을 담당할 전망이다. 따라서 용인 경전철 라인은 미래가치가 돋보이는 투자 유망지역으로 손색이 없는 곳이라고 할 수 있다.

06

성남~여주선, 돈 되는 전철 노선

2011년 개통 예정인 총길이 56.3㎞의 성남~여주 간 복선 전철은 돈 되는 노선으로 많은 기대를 모으고 있는 노선이다. 그도 그럴 것이 무늬만 수도권이었던 곳을 본격적으로 수도권에 편입시키는 효과가 기대되는 전철 노선이기 때문이다. 광주에 삼동역(삼동), 광주역(역동), 쌍동역(쌍동리), 곤지암역(곤지암리) 등 4개의 역사가 들어서게 되고, 이천시에 신둔, 이천, 부발 등 3개 역이, 여주군에 능서, 여주 등 2개 역이 들어서게 된다.

를 들 수 있다. 광주시는 지도에서 나타나고 있듯이 성남~여주 간 복선 전철은 신분당선 판교역과 연결될 예정인데 곤지암, 쌍동, 광주, 삼동역을 통해 광주시에서 빠르게 연결될 수 있다는 장점이 있다. 이렇게 되면 광주시는 사실상 분당·판교 생활권이 되는 셈이다. 광주시는 역세권 주변을 체계적으로 개발하기 위해 시가화예정용지로 지정했다. 광주역이 들어서는 역동 일원(0.231㎢), 쌍동역 주변인 초월읍 쌍동리 일원(0.290㎢), 곤지암역이 들어서는 실촌읍 곤지암리 일원(0.127㎢) 등이 해당된다. 따라서 향후 역세권 지역 인근 부동산들이 강한 상승세를 보일 가능성이 높다는 점에서 투자 유망지역이라고 할 수 있다.

되는 곳이라는 점에서 투자 유망지역이라고 할 수 있다. 여타 수도권 지역에 비해 그동안 저평가 되어왔던 부동산 가격도 매력적이지만 오는 2010년 이천에서 서울 잠실까지의 접근성을 크게 개선시켜줄 것으로 기대를 모으고 있는 성남시~이천~장호원 간 자동차 전용도로가 개통 예정이라는 점이 매우 의미 있는 호재요인이기 때문이다. 성남~이천~장호원 간 자동차 전용도로가 개통되게 되면 승용차로 약 30~40분 정도면 잠실로 진입할 수 있을 것으로 기대된다. 여기에 대운하, 증일동·중리동·진리동 일원에 90만㎡ 규모로 오는 2012년까지 미니 신도시가 조성되고 자족 기능 강화를 위한 장호원 산업단지, 설성 산업단지 등이 완공을 눈앞에

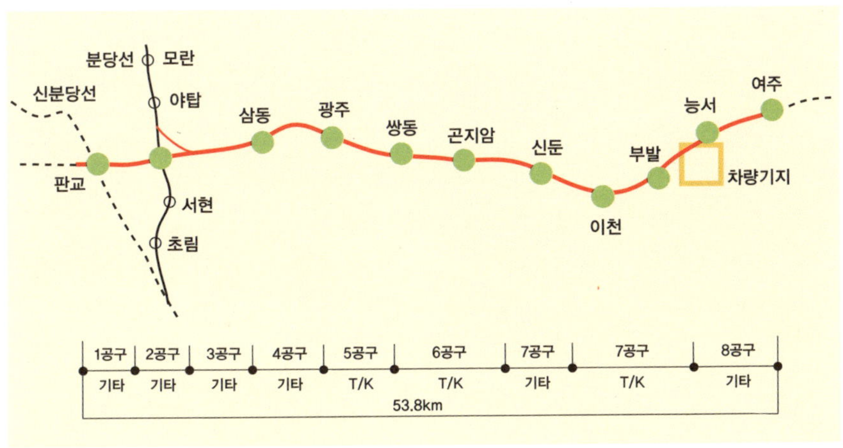

두고 있는 등 지역 호재요인이 많아 시너지 효과를 기대할 수 있을 것으로 예상된다. 따라서 신둔, 이천, 부발역 역세권 주변 토지와 성남~이천~장호원 간 자동차 전용도로 수혜지역을 중심으로 한 투자 전략이 유망할 것으로 보인다.

능서, 여주 등 2개의 역이 들어서는 여주군 역시 투자 유망지역으로 손색이 없는 곳이다. 성남~여주 복선 전철이 개통될 경우 1시간이면 서울에 진입이 가능하기 때문이다. 여주군에서는 가남면 일대가 투자 유망지역이라고 할 수 있다. 역세권이면서 종합행정타운, 종합유통단지 등의 지역호재가 뒤를 받치고 있기 때문이다.

성남~여주 복선 전철은 저평가 되어왔던 수도권 미개발 지역에 새로운 성장 동력을 불어넣는 전철노선이라는 점에서 향후 돈이 흐르는 노선으로 바뀔 전망이다. 따라서 성남~여주 복선 전철 노선을 따라 투자한다면 적지 않은 투자수익을 거둘 수 있을 것으로 예상된다.

딱 1년 전인 2007년 6월에 출간한 《돈이 되는 부동산 핵심전략을 짚어주는 부동산투자 교과서》는 부동산 초보 투자자를 위한 부동산 재테크의 일반론을 짚어보았다면, 이번에 출간하는 《돈이 되는 유망지역만 콕 찍어주는 경기도 부동산 실전투자 교과서》는 'BUY 경기도의 실전투자 교과서'라 할 수 있다. 필자는 이 책에 많은 투자지역 가운데 대한민국의 미래가치를 여는 경기도 투자지역들만 모았다. 부동산 실전투자에 도움이 될 수 있도록 경기도 각 지역의 개발청사진이라 할 수 있는 도시개발계획과 투자 포인트를 세세하게 분석하고 제시했다.

지금은 하늘나라에 계시는 사랑하며 존경하는 아버님께서 평생 안타까워하셨던 것 가운데 하나가 '30년 넘게 과천에 살았으면서도 저렴할 때 부동산을 제대로 사두지 못했다'는 점이다. 하기야 평생 농사꾼으로 보내신 당신께 가장 중요했던 것이 봄이면 씨앗을 뿌리고 여름에는 장마와 가뭄에서 벼를 보호하고 가을에는 결실을 맺는 농사일이었으니, 부동산 재테크에 관심을 기울일 만한 여유도 관심도 없으셨으리라. 만약 그때도 요즘처럼 부동산 재테크 정보가 많이 공개되었거나, 부지런하기만 하면 누구든지 그 정보를 활용하여 경제적인 부를 향유할 수 있는 환경이 조성되었다면, 과연 어떠했을까 하는 생각이 들기도 한다.

평생직장이라는 개념이 사라진 현 시대에서, 재테크는 선택이 아닌 필수가 되어버렸고 그 중심에는 부동산 투자가 자리를 잡고 있다. 이런 시대적 흐름에 편승해 단타를 노리는 투기가 극성을 부리고, 또한 이를 이용하여 부당한 이득을 챙기는 기획부동산이 사회의 부정적인 문제로 대두되기도 한다. 이런 세태가 생긴 가장 큰 이유는 미래에 대한 불확실성 때문이다. 그렇다면, 부동산의 미래가치를 미리 가늠할 수만 있다면, 어떻게 될까? 부동산 투자의 가치는 전혀 달라질 것이며, 단타에 목을 매는 투자도, 기획부동산에 의한 투기피해도 생기지 않을 것이다. 모든 일이 그렇듯 아는 만큼 보이고 투자도 아는 만큼 성공하기 마련이다.

끝으로 이 책이 세상에 빛을 보기까지 아낌없는 도움과 조언을 해주신 비전코리아 이범상 대표님, 박창석 실장님, 류승인 대리님과 주간경기 김정대 주간님, 경기방송 김기태 PD님, 한없는 애정과 관심으로 용기를 북돋아주시는 스승이신 유세준 교수님과 윤창구 교수님, 영혼의 스승이신 문한별 목사님과 친구 동빈이, 준균이, 사랑하는 아내, 두 아들 연수와 완수에게 감사함을 전한다.

2008년 6월 인천 연구원에서

김종선

돈이 되는 유망지역만 콕 찍어주는

경기도
부동산
실전투자
교과서

초판 1쇄 발행 2008년 7월 18일
초판 2쇄 발행 2008년 8월 5일

지은이 김종선
펴낸이 이범상
펴낸곳 (주)비전비엔피 · 비전코리아

기획 편집 박창석 박승범 윤수진
영업 관리 박석형 한상철 이미자
디자인 류승인 전공주

주소 121-865 서울시 마포구 서교동 377-26번지 1층
전화 02)338-2411 | **팩스** 02)338-2413
이메일 ekwjd11@chol.com/visioncorea@naver.com
블로그 http://blog.naver.com/visioncorea

등록번호 제313-2005-224호

ISBN 978-89-87224-96-1 03320

· 값은 뒤표지에 있습니다.
· 잘못된 책은 구입하신 서점에서 바꿔드립니다.